떨어지다, 붙잡다
날다,

FLYING, FALLING, CATCHING
An Unlikely Story of Finding Freedom
by Henri J. M. Nouwen, Carolyn Whitney-Brown

Copyright ⓒ 2022 by The Henri Nouwen Legacy Trust
and Carolyn Whitney-Brown
All rights reserved.

Korean translation copyright ⓒ 2023 by Where the Wind Blows
Published by arrangement with HarperOne, an imprint of HarperCollins
Publishers through EYA Co.,Ltd.

이 책의 한국어판 저작권은 EYA Co.,Ltd를 통해 HarperOne, an imprint of
HarperCollins Publishers사와 독점 계약한 바람이 불어오는 곳에 있습니다.
저작권법에 의하여 한국 내에서 보호를 받는 저작물이므로
무단 전재 및 복제를 금합니다.

완전한 자유에 눈뜨는 뜻밖의 이야기

Flying

날다, 떨어지다, 붙잡다

Falling

헨리 나우웬·캐럴린 휘트니브라운 지음 | 윤종석 옮김

Catching

바람이불어오는곳

남편 제프리 휘트니브라운에게
아무도 혼자 날 수는 없기에

·····

헨리 나우웬의 소중한 친구이자
독창적으로 나는 사람이며
이 이야기를 살려내 준
수 모스텔러 수녀를 위하여

내가 처음 본 로드레이 공중그네 곡예단은 삶의 모든 중요한 요소를 한데 모아 놓은 것 같았습니다. 하나의 공연 속에 다 들어 있었습니다.

— 헨리 나우웬

이어진 10분간의 곡예를 통해 나는 여태 이해하지 못했던 세계를 엿볼 수 있었다. 훈련과 자유, 다양성과 조화, 모험과 안전, 개성과 공동체, 무엇보다도 나는 동작과 잡는 동작이 어우러진 세계였다.

— 헨리 나우웬

차례

머리말: 1996년 9월					10

제1부 소명					17
제2부 낙하					59
제3부 팀워크					127
제4부 잡는 사람을 믿어야 한다			175
제5부 비행					251

맺는말						312
감사의 말					317
주						324
헨리 나우웬 저서 목록				358
그룹 나눔 자료: 함께 이야기하기 위하여		372

머리말

1996년 9월

로드레이 공중그네 곡예단의 다섯 단원은 헨리의 사망 소식을 전화로 전해 듣고 망연자실했다. 그다음 공연 때 로드레이 스티븐스는 반짝이는 은빛 망토를 벗기 전에 심호흡을 한 뒤, 이번 공연을 자신들의 친구 헨리 나우웬의 영전에 바친다고 짤막하게 말했다.

헨리의 장례식 날 로드레이는 아내이자 동료 곡예사인 제니 스티븐스와 함께 270킬로미터를 운전하여 네덜란드 위트레흐트의 성 카타리나 대성당으로 갔다. 고딕 양식의 아치형 석조 건물 내부를 둘러보니 놀랍게도 그 거대한 공간이 조문객으로 가득 차 있었다.

"이리될 줄을 우리가 예견했어야 하는데." 로드레이가 제니에게 나지막이 말했다. 그들도 알았듯이 헨리는 저서가 수백만 부나 인쇄되고 수십 개 언어로 번역된 유명 인사였다. 그들은 또 헨리가 네덜란드 출신의 천주교 신부로서 한때 예일과 하버드 교수였으나 지난 10년간 교수직을 떠나 캐나다에서 지적 장애인들과 함께 살고 있다는 것도 알았다.

5년 넘게 헨리를 잘 알던 그들에게 고인의 "고뇌"와 "상처"가 깊었다는 누군가의 조사는 충격으로 다가왔다. 로드레이는 엉거주춤 자세를 고쳐 앉으며 딱딱한 나무 의자의 끄트머리를 꽉 붙잡았다. 그러지 않으면 자신이 강대상 앞으로 뛰쳐나가 그 말을 바로잡아 줄 것만 같았다. 그가 알던 사뭇 다른 헨리의 모습과 기억이 뇌리 속에 가득했다. 두 사람은 쭉 만나며 서신을 주고받았을 뿐 아니라 바룸 서커스단의 독일과 네덜란드 순회공연에 동행하기까지 했다.

1996년 9월의 갑작스러운 죽음으로 인해 미완에 그치고 말았지만, 헨리가 가장 중요하게 여긴 저서는 로드레이 공중그네 곡예단과의 조우에 기초한 논픽션 창작물이었다. 헨리의 갈망과 내적 고통을 잘 알던 그의 많은 친구들이 이 사실을 알았다면 깜짝 놀랐을 것이고, 그의 내면이 드러나 있는 신앙 서적을 헤를 거듭하며 읽어 온 많은 독자들도 똑같이 놀랐을 것이다.

지금부터 읽을 이야기는 실화다. 헨리를 호텔 창문으로 구조해 낸 것까지 모두 실제로 있었던 일이다. 얇은 인용 서체로 된 부분은 헨리의 저서, 미간행 원고, 강연, 인터뷰 등에서 따온 그 자신의 말이다.

헨리는 영적 지혜에 관한 저작으로 호평과 성공을 얻었지만, 다른 종류의 책을 쓰려는 구상은 로드레이 공중그네 곡예단의 감화에서 비롯했다. 그해의 그 돌연사에도 불구하고 이 신작의 단초는 남아 있었다. 1991년 곡예단을 처음 만난 직후의 구술을 풀어낸 녹취록, 이후에 집필한 두 장(章)의 글, 곡예단을 따라 순회하던 동안에 쓴 일기장, 기타 논평과 감상과 메모와 일기 등이다.

2017년 헨리 나우웬 유작센터의 출판위원회에서 내게 공중그네에 관한 헨리의 미간행 원고로 "뭔가 창작해" 달라고 청탁했다. 내가 작가이며 헨리를 잘 아는 건 사실이다. 브라운 대학교에서 영문학 박사학위를 받고 영국과 캐나다에서 영성 지도자로 훈련받은 나는 1990년부터 1997년까지 남편과 아이들과 함께 라르쉬 데이브레이크에서 살았는데, 헨리도 그 공동체 식구였다. 헨리의 타계 직후에는 그의 책 『데이브레이크로 가는 길』 개정판 서문을 썼고, 그 밖에도 그에 대한 내 글이 여기저기에 몇 편 수록되었다. 하지만 헨리의 미완성 유고를 이어받을 자신은 없었다. 글쓰기와 로드레이 곡예단에 대해 그와 많은 대화를 나눈 기억은 있지만, 공중그네의 은유는 내 상상력을 사로잡은 적이 없었다. 나는 높은 곳을 싫어하는 사람이다.

그런데 헨리의 글을 읽다 보니 두 가지 의문이 내 호기심을 불러일으켰다. 첫째로, 로드레이 공중그네 곡예단의 공연과 삶이 그 시기의 헨리를 그토록 강타해 온 이유가 무엇일까? 둘째로, 왜 그는 공중그네에 대한 책을 더 쓰지 않고 단편으로 그쳤을까? 1991년과 1996년 사이에 다수의 책을 썼고, 그 책을 쓰고 싶다고 입버릇처럼 말했으면서 말이다. 어찌된 일일까?

알고 보니 내가 할 일은 헨리의 책을 이어 쓰는 게 아니라 헨리와 로드레이 곡예단의 이야기를 하는 것이었다.

공중그네에 관한 헨리의 메모와 초고는 물론이고 나머지 저서와 미간행 원고까지 꼼꼼히 톺아보니, 그의 생애 마지막 몇 년이 점차 전체적인 윤곽을 드러냈다. 두드러진 경험은 네 가지였다. 이 시기의 헨리는 예술과 아름다움에 천착했고, 어떻게 몸이 영적인 이야기를 하는지를 때로 자기 몸의 반응에 힘입어 기술했고, 특수한 공동체들에 심취하는 변환점이 있었으며, 쾌활하고 느긋하고 즐거운 순간과 유머가 많아졌다.

헨리의 경험을 지면에 옮길 구상도 점차 떠올랐지만,

실화이되 픽션처럼 흡인력 있게 읽힐 만한 세부 사항은 헨리와의 우정을 담은 로드레이 스티븐스의 회고록 "헨리, 어찌 좋은 친군지"를 읽고 나서야 파악되었다. 나를 괴롭히던 의문도 이 회고록 덕분에 풀렸는데, 바로 고민이 많고 까다로운 편인 헨리가 유쾌하기도 했다는 부분이었다. 로드레이의 글을 읽다가 나도 우리의 어색하고도 예리한 열성파 친구가 떠올라 너털웃음을 터뜨리곤 했다. 세월이 흐른 지금도 친구들이 그를 그리워하는 데는 그만한 이유가 있다.

헨리는 이 이야기를 '논픽션 창작물'로 쓸 계획이었다. 물론 그의 글쓰기는 다 창의적이다. 간행된 일기에만도 그의 예술성이 여실히 드러나 있다. 직접 이야기의 등장인물이 되어 내용을 선별해서 소개한 결과다.

이야기의 창의성을 살리려는 헨리의 바람을 존중한다 해도, 나는 그가 첫 심장 발작을 일으킨 그날 정확히 무슨 일이 있었는지를 알아야 했다. 응급 환자를 어떻게 창문으로 이송해 낼까? 데니 울터켄스는 1990년대에 이런 응급 구조 간호사를 양성하던 전문가였다. 그가 내 이메일에 답신을 보내 그 과정을 자세히 설명해 주었다. 당시 호출에 응했던 결정적 인물의 신원이 파악되지 않아서, 나는 감사의 뜻으로 그 간호사를 '데니'라고 부르기로 했다. 그런 위기 상황 속에서도 헨리라면 자신을 돌보아 주는 사람의 이름을 알려고 했을 것이다.

'데니'를 제외하고는 모든 사람이 실존 인물이며 이름도 실명이다. 내가 작가의 재량으로 상상해서 보탠 부분은 주로 1996년 9월 16일 네덜란드에서 심장 발작이 진행되는 동안 헨리가 지난날을 반추한다는 설정이다. 이 책은 전기가 아니므로 헨리의 삶에서 중요한 인물과 경험도 많이 생략되어 있다.

독자에게 헨리의 목소리를 최대한 직접 들려주고 싶어 그의 글을 인용 서체로 구분하되 전혀 고쳐 쓰지는 않았다. 간혹 축약하거나 사실 관계만 바로잡았다. 출전은 책 말미의 주에 자세히 밝혀 놓았다.

"로드레이 일행을 위대한 영적 진리의 예화로 사용할 생각은 없었고 단지 좋은 이야기를 쓰려 했습니다." 헨리가 독일의 자기 편집자에게 했던 말이다. 나는 이것이 헨리의 바람대로 아주 좋은 이야기라고 믿는다. 독자들도 읽다가 뜻밖의 깨달음을 얻을지도 모른다. 나도 그랬다.

우선 뛰어들어 이야기를 즐기라!

2021년 9월 16일
캐나다 브리티시컬럼비아주 코위천베이에서
캐럴린 휘트니브라운

제1부

소명

1

빳빳한 흰색 제복 차림의 두 응급 구조사가 헨리의 호텔 방으로 뛰어 들어온다. 그들은 헨리의 모국어인 네덜란드어로 속사포처럼 말한다. 아직 여행 복장으로 호텔 침대에 누워 있던 헨리는 그들을 보고 안도한다.

하나가 자신을 데니라고 소개하며 헨리에게 악수를 청한다. 안경 속 헨리의 눈빛은 또렷하지만, 데니가 보기에 그의 악수는 힘이 없고 손도 차갑다. 데니는 헨리에게 자신이 브로더 데 브리스 앰뷸런스 회사의 공인 간호사라고 설명한다.

다른 하나는 자신을 앰뷸런스 운전사이자 역시 정식 응급 구조사라고 소개한다. 그는 쾌적한 실내를 둘러보며 혹시 헨리가 병원에 가야 할 경우에 대비해 재빨리 그의 소지

품을 확인한다. 헨리는 아직 짐 가방을 풀기 전이다.

데니는 헨리의 눈에 불빛을 비추어 눈동자를 살핀다. 또 헨리의 맥을 짚고 팔뚝에 혈압 측정기를 두르며 계속 묻는다. "성함이 어떻게 되십니까? 어디서 오셨습니까?"

헨리는 지쳐 있고 어지럽지만 최대한 똑똑히 답한다. 자신이 헨리 J. M. 나우웬 신부이며, 캐나다 토론토발 밤 비행기로 그날 아침 암스테르담 스히폴 공항에 도착하여 곧장 호텔로 와서 쉬던 중이라고 말이다.

"오늘이 며칠이고 여기가 어디인지 아십니까?"

"예." 헨리는 오늘이 1996년 9월 16일 월요일이고 여기는 힐베르쉼의 라퍼쇼엑 호텔이라고 답한다. 몇 호실인지는 기억에 없지만 위층이라는 것도 안다.

"주로 어디가 불편하신가요? 다른 데도 이상이 있습니까?"

"가슴에 통증이 심합니다. 팔도 아프고, 몸이 더웠다 추웠다 해요."

"언제부터 그랬나요? 전에도 이런 적이 있습니까?"

"아니요. 어제 몸이 좋지 않았지만, 별일 아닐 테니 도착해서 쉬면 되겠거니 했어요. 그런데 한 시간쯤 전에 호텔에 투숙한 뒤로부터 악화되었습니다."

데니는 헨리의 혈압을 잰다. 질문이 중단된 게 헨리로서는 다행이다. 머릿속에 많은 말과 영상이 맴돌고 있지만 말하려면 너무 힘들다.

헨리의 생각에 이 일은 방해물이다. 그래서 심정이 착잡하다. 이전에도 그의 삶에 방해물이 많았다. 그중 더러는 오히려 전화위복이 되기도 했다.

·····

그로부터 5년 전, 헨리는 독일 프라이부르크에서 책을 집필하던 중 로드레이 곡예단의 공중그네 공연을 처음 보았다. 보고 나니, 사춘기 아이처럼 달뜬 기분이 돌연 그의 온몸을 휘감았다. 숨이 가빠지다 못해 눈물이 날 지경이었다. 그의 나이 어언 59세였으니, 연로하신 아버지와 함께 서커스를 보러 갈 때만 해도 자신이 이렇게까지 매료될 줄은 미처 몰랐다. 공연이 위험해 보였으므로 처음에는 그런 느낌이 그냥 불안인 줄 알았는데, 나중에야 자기 몸의 전율임을 인지했다. 워낙 격한 반응이라서 그는 자꾸 그것을 말로 표현하려 애썼다. 일단 녹음테이프에 구술을 시도했다. 캐나다에 있는 자신의 비서 코니가 나중에 글로 풀어낼 수 있도록 말이다. 두서없는 말인 줄 뻔히 알면서도 어쩔 수 없었다.

나를 정말 감동시키고 매료한 것은 공중그네 곡예사들이다. 내가 그 서커스에 푹 빠진 것은 바로 그 때문이다.

처음 보았을 때부터 그들은 매혹 그 자체였다. 공중그네 곡예단은 5인조인데 넷은 남아프리카공화국 사람이고 하나는 미국인이다. 이 단체가 내게 어찌나 인상 깊었던지 그들 생각을 떨칠 수 없었다. 그들이 공중에서 선보인 묘기는 믿기 어려울 정도였다. 알고 보니 중요한 건데, 과거에 내가 서커스에 갔던 이유도 늘 그것 때문이었다. 동물 때문은 아니었고 어릿광대 때문은 더더욱 아니었다. 내가 늘 고대했고 나를 정말 사로잡은 것은 바로 공중그네 곡예사들이었다.

이 사람들은 정말 놀라웠다. 다 남자는 아니고 남자 셋 여자 둘인데, 기막히게 도약하여 공중을 자유롭게 누비고 서로 잡아 주는 그 모습이 나를 매료했다. 몸을 놀리는 솜씨가 그야말로 황홀할 정도였다.

아울러 그들의 일사불란한 팀워크도 나를 똑같이 매료했다. 모든 걸 그토록 협력해서 하려면 서로 한 몸처럼 친해야 할 테니 말이다. 모든 게 철저히 서로의 신뢰와 정확한 타이밍에 달려 있다.

처음부터 느꼈지만 이 단체는 정말 사이가 좋아야 한다. 내가 보기에도 그들은 이 일을 정말 재미있게 즐겼다. 그들의 열정이 내게도 고스란히 전염되었다.

"우와"하는 감탄사가 절로 나왔다! 솔직히 내가 본 그들은 어떤 면에서 신(神) 같았다. 나로서는 감히 근처에도 못 갈 정도로 멀어 보였고, 소질이나 재능이 정말 나보다 까마득히 위라고 느껴졌다. 이 사람들은 이렇게 훌륭한 예인(藝人)인데, 나는 누구인가? 그들을 알고 싶어 하는 초라한 존재에 불과하다. 내가 이 사람들을 직접 안다는 것은 상상조차 불가능해 보였고, 알고 보니 그 감정이 아주 강했다. 감탄에 또 감탄이라서 내 마음은 음악가나 예술가를 흠모하는 팬의 심정 이상이었다. 마치 이 사람들이 정말 천국에 살고 있기라도 하듯이 말이다. 그들은 공중에 사는데 나는 땅에 산다. 그러니 나는 그들에게 말을 걸어서는 안 된다. 그만큼 양쪽의 거리가 멀다.

나의 감정 상태에 잔뜩 사로잡혀 있다 보니 그들에게 가서 말을 건다는 게 조금도 편하게 느껴지지 않았다. 그러면서도 서커스가 끝난 지 오래도록 그들을 뇌리에서 지울 수 없었다.

그래서 가서 서커스를 또 보았다. 물론 앞에 다른 순서도 많았지만, 로드레이 공중그네 곡예단이 등장하자마자 나는 온통 다시 전율에 빠졌다. 그들은 천막 안으로 들어와 꼭대기로 올라가더니 연거푸 엄청난 비행의 묘기를 선보였다. 음악과 전체 분위기, 서로 건네는 미소, 본인들의 즐거움, 타이밍 등 모든 것이 내 눈으로 보면서도 믿어지지 않았다. 두 번째 볼 때는 처음보다 더 매료되었다. 그야말로 상상을 초월했다. 게다가 끝난 후 그들에게 말을 걸 거라고 생각하니 속이 못내 긴장되었다. 꼭 다른 행성에서 온 사람들을 만나는 것 같았다.

헨리는 이 경험을 머릿속에서 떨칠 수 없었다. 공중그네 곡예단을 뜻밖에 처음 만난 일은 어쩌면 집필의 방해물이 아닐지도 몰랐다. 오히려 의미심장한 신작의 첫출발일 수도 있었다. 분명히 이 경험을 기술할 방도가 있을 터였다. 이 정도로 놀랍고 박진감 넘치는 일이라면 마땅히 나누어야 했다.

·····

그런데 지금은 1996년이고 그는 암스테르담 인근의 호텔 침대에 누워 있다. 옆에 두 응급 구조사까지 있다. 아버지와 함께 그 서커스에 다녀온 뒤로 어느새 5년이 흘렀다. 그 일을 잊은 적은 없지만 생각만 많았을 뿐, 그동안 글로 옮긴 거라고는 몇 장의 단편과 몇 주간의 일기가 전부다. 적어도 아직까지는 로드레이 공중그네 곡예단에 대한 책을 쓰는 데 실패한 셈이다.

이제 와서 그만두면 기분이 어떨까? 잠시 헨리는 의료 기구를 꺼내는 데니를 바라보며 의문에 잠긴다.

제1부 소명

결국 나는 그 책을 쓰지 않았구나. 속으로 그렇게 말해 본다. 다 끝난 일인 양 이렇게 인정하자니 기분이 야릇해진다. 마치 쓸 수도 있었는데 쓰지 않은 것처럼 말이다. 물론 혼자서 그냥 지나가듯이 해 보는 말이다. 하지만 누가 듣고 날카롭게 이유를 캐묻는다면 어떻게 될까?

그러면 헨리도 자신에게 답이 없음을 안다.

2

데니는 심장 박동을 들어 보려고 헨리의 셔츠 단추를 풀고 속옷을 걷는다. 실내가 딱히 춥지는 않지만 헨리는 특히 남들 앞에서 맨가슴을 드러내는 데 익숙하지 않다. 그래서 몸이 떨린다.

·····

로드레이 공중그네 곡예단을 만난 지 몇 달 후, 헨리는 자신의 당시 구술을 풀어낸 타자 원고를 다시 읽다가 웃음이 났다. 그 신기한 날들은 기억만 해도 좋았다. 그는 성긴 머리칼을 쓸어 올리며 원고를 평가해 보았다. 자신이 하려는 말을 잘 담아내지 못했다. 더 정확히 말하자면 전달 방식이 이게 아니었다. 그는 단지 자신의 전율을 기술하려 한 게 아니라 독자들도 똑같이 느끼기를 원했다. 좌절감에 한숨이 나왔다. 그는 이야기를 하고 싶었다. 로드레이 공중그네 곡예단에 매료되어 아예 사랑에 빠진 이야기였다. 하지만 왕성한 작가인 그도 '이야기'를 써 본 적은 없었다.

늘 열심히 배우는 그는 글쓰기에 관한 책을 두 권 구입했다. 시오도어 체니의 『논픽션 창작물 쓰기』에 그가 하려는 일을 담아낸 듯한 대목들이 있었다. 그는 여백에 구체적인 세부 사항을 살려낼 것이라고 썼고, "이야기를 한 장면씩 전개해 나가라"라는 말에 밑줄을 그었다.

그는 다시 시도했다. 유럽에서의 한 장면을 정교하게 설정한 뒤, 스스로 영성 작가가 되어 사랑과 내적 자유에 대한 따뜻한 책을 차분히 써 나갔다.

> 독일 남부 도시 프라이부르크는 갈 때마다 내게 큰 즐거움을 주었다. 지난 수십 년간 가장 평화롭고 기쁜 추억들은 라인강과 블랙 포레스트 끝자락 사이에 멋지게 둥지를 튼 그 도시의 산물이다.
>
> 1991년 4월에 나는 다시 그곳에서 한 달 동안 글을 썼다. 1986년부터 나의 집이 된 토론토의 라르쉬 데이브레이크 공동체에서 내게 권하기를, 1년에 적어도 두 달은 정신 장애인들과 함께 사는 치열하고 바쁜 삶에서 벗

어나 죄책감 없이 생각과 아이디어와 이야기를 정리하는 데 "실컷 몰두하라"고 한다. 성령 하나님이 어떻게 우리 가운데 치유의 임재를 드러내시는지 새롭게 보고 글로 나누라는 것이다.

나는 우리 데이브레이크가 참 좋다. 사람들도, 일도, 축일 행사도 다 좋다. 그러나 내 모든 시간과 에너지가 거기에 완전히 소진될 수 있음도 안다. 그러면 계속 이렇게 자문하기가 사실상 불가능해진다. "우리는 왜 이 일을 하고 있는가?"

이곳 작은 프란체스코회 수도원의 3층 객방에서 하루의 대부분을 보내며 『이는 내 사랑하는 자요』를 집필했다. 지난 여러 해 동안 내가 데이브레이크 입주자들 덕분에 새삼 깨달은 단순하고도 심오한 진리가 있다. 장애 여부를 떠나 모든 사람은 하나님이 사랑하시는 그분의 아들딸이며, 이 진리를 자신의 것으로 주장할 때 내면의 참 자유를 얻을 수 있다는 것이다.

이 영적 통찰이 내게 아주 깊은 영향을 미쳤기에, 꼬박 한 달 동안 그것만 생각하며 글로 옮기고 싶었다. 자기를 거부하려는 뿌리 깊은 유혹을 극복하는 데 이 책이 나나 다른 사람들에게 도움이 되기를 바라서다.

"논픽션 작가는 자신을 제한하여, 세상이 자기 눈에 어떻게 보이는지만 말하고 모든 해석은 독자의 몫으로 남겨 둔다."
헨리는 이 문장을 읽고 밑줄을 쳤다. 여기서부터는 그도 해석 없이 이야기만 한다.

그런데 이번에 프라이부르크에서 특이한 일이 있었다. 여태 상상하지 못했던 선물이었다. 그 선물은 바로 사랑받는 인류에 대한 전혀 새로운 은유인데, 앞으로도 두고두고 이 은유가 내 영혼을 지배할 것이다. 워낙 뜻밖이고 참신하고 뜻이 풍부해서 나를 새로운 여정으로, 꿈에서조차 예견한 적 없는 길로 이끌어 줄 것이다.

내막을 말하자면 발단은 나의 아버지였다. 네덜란드에 사시는 아버지가 프라이부르크로 나를 꼭 방문하고 싶다고 하셨다.

아버지와 함께 지내던 그 주에 나는 글쓰길랑 접어 두었다. 아버지의 심장이 약해서 오래 걸으실 수 없는데도 우리는 시간 가는 줄 모르고 "싸돌아다녔다." 박물관과 교회를 관람하기에는 기력이 달려서 대신 즐거운 음악회나 영화를 물색했다. 신문도 훑어보고 사람들에게 가볼 만한 재미있는 행사를 알아보던 중에 누가 농담처럼 "시내에 서커스가 들어왔던데요!"라고 말했다. 서커스라니! 서커스라면 가 본 지도 아주 오래됐거니와, 코네티컷주 뉴헤이븐에서 링글링바넘과 베일리 서커스를 본 뒤로는 생각조차 해 본 적도 없었다. 아버지께 "서커스 보러 가실래요?" 하고 물었더니 아버지는 잠시 머뭇거리다가 "가고 싶구나. 가 보자!"라고 말씀하셨다.

프란츠 조나와 부인 레니와 아들 로버트 그리고 우리 부자가 함께 서커스에 갔다. 그 도시에 이제 막 들어온 지모나이트 바룸 서커스단이었다. 무슨 내용일지 나는 전혀 몰랐다. 그저 아버지한테 즐겁기를, 그리고 우리 일행 모두가 마음껏 웃고 깜짝 놀라고 유쾌하게 대화하고 나중에 맛있는 식사를 나누는 등 좋은 저녁 시간을 보내기를 바랄 뿐이었다. 이 경험이 내 미래의 사고와 독서와 글쓰기에 깊은 영향을 미칠 줄은 손톱만큼도 미처 몰랐다.

프로그램은 아주 전형적이었다. 말, 호랑이, 사자, 얼룩말, 코끼리가 등장했고 기린과 코뿔소도 있었다. 다 즐겁고 재미있었다. 그러나 '로드레이 공중그네 곡예단'이 아니었다면 나는 며칠 내로 그날 저녁을 잊었을 것이다. 서커스 생각일랑 전혀 없이 다시 『이는 내 사랑하는 자요』를 집필했을 것이다.

중간 휴식 시간 직전의 마지막 공연으로, 여자 둘 남자 셋으로 구성된 5인조 공중그네 곡예사들이 왕과 여왕처럼 무대에 등장했다. 그들은 헐렁한 은빛 망토를 한 바퀴 휙 돌리는 동작으로 관중에게 인사한 뒤 망토를 벗어 진행 요원들에게 건넸다. 그리고 널따란 그물 위로 올라선 다음, 밧줄 사다리를 타고 천막의 양쪽 꼭대기로 올라갔다. 그들이 등장하던 순간부터 나는 완전히 시선이 고정되었다. 당당하고 기쁘게 들어와 미소 지으며 관중에게 인사한 뒤 공중그네 장치 위로 올라가는 그들을 보니, 오늘 저녁에 내가 보려는—아니, 경험하려는—것이 그 무엇과도 다르리라는 직감이 왔다.

"장면은 삶의 동작을 재현한다. 삶은 동작이고 행동이다." 헨리는 이 말이 좋았다. 공중그네에 대해 그가 소통해야 할 것도 동작이고 행동이었다. 그의 다른 책들은 자신이 전달하고자 하는 메시지를 근간으로 했지만 이 책만은 달랐다. 그도 이번 경험이 어떤 의미인지 아직 다 확실하지는 않았다. 다만 몸까지 찌릿할 정도로 워낙 위력적인 것이라서 꼭 나누고 싶었다.

이어진 10분간의 곡예를 통해 나는 여태 이해하지 못했던 세계를 엿볼 수 있었다. 훈련과 자유, 다양성과 조화, 모험과 안전, 개성과 공동체, 무엇보다도 나는 동작과 잡는 동작이 어우러진 세계였다.
나는 그대로 좌석에 얼어붙었다. 내 눈으로 보면서도 믿어지지 않았다.

그래, 이거야. 나는 동작과 잡는 동작, 이거야말로 내가 늘 갈망해 온 모든 것이 아닌가. 헨리는 글을 쓰다 말고 그런 생각이 들었다.

그날 저녁에 정확히 어떻게 된 일인지는 지금도 모른다. 많은 사람에게 공중그네 곡예는 두 시간짜리 서커스 프로그램 중 한 즐거운 순서에 불과한데, 거기서 내가 영원한 무엇을 본 것은 88세 되신 아버지가 곁에 계셨기 때문일까? (아버지와 상관있는 건 분명하다. 부자가 둘 다 노인일 때만 맛볼 수 있는 쌍방의 놀라운 자유와 결속을 이번 방문 중에 경험했으니 말이다.) 아니면 나 자신이 사랑받는 존재임을 영원한 선물로 주장해야 한다는 소명, 그리고 이 사랑받는 존재라는 정체성을 다른 사람들에게도 조건 없이 선포해야 한다는 소명에 그때 마침 내가 잔뜩 골몰해 있었기 때문일까?

   의심의 여지없이 내 마음과 사고는 새로운 것을 보고 듣는 성향이 농후하다. 그러니 하나님의 천사들이 공중그네 곡예단의 모습으로 나를 찾아오지 못할 이유가 무엇이겠는가? 아울러 새로운 통찰에 내 마음이 열린 이유는 평소에 공동체에서 맡고 있던 내 임무와 책임에서 멀리 떨어져 시간과 공간을 임의로 쓸 수 있는 특별한 기회가 주어졌기 때문일 수도 있다.

그 서커스장에서 나는 얼마든지 마음대로 내가 보아야 할 것을 볼 수 있었다. 아무도 강제로 내 시야를 좁혀 그 공연을 훌륭하되 완벽하지는 못한 공중 곡예로만 보게 할 수는 없었다.

헨리는 이 문단을 다시 읽었다. 아무도 강제로 내 시야를 좁힐 수는 없었다. 이 말을 왜 썼을까? 생각이 다소 어려 보인다. 마치 자신의 지각이나 경험을 제한하려는 외부의 비판적 권위에 저항해야 한다는 듯이 말이다. 하지만 그는 어리다는 느낌이 어쩌면 바로 요점일 수도 있음을 깨달았다. 로드레이 곡예단의 광경이 그를 어린 시절의 한 순간으로 되돌려 놓았기 때문이다.

5인조 곡예단이 무대에 등장하던 순간부터 한 가지 확실한 게 있었다. 그들은 나를 43년 전으로 데려다 놓았다. 당시 열여섯 살 청소년이던 나는 네덜란드의 어느 서커스에서 공중그네 곡예단을 처음 보았다. 공중그네를 빼고는 기억나는 게 거의 없다. 공중그네 공연은 내 안에 다른 어떤 종류의 예술도 불러일으킬 수 없는 갈망의 불을 지폈다. 일상의 모든 벽을 무너뜨릴 수 있는 사랑의 공동체에 속하고 싶다는 갈망이었다.

나는 운동 신경도 둔하고 경쟁하는 스포츠에 깊이 참

여해 본 적도 없지만, 공중그네는 내 꿈이 되었다. 내게 공중그네 곡예사란 자아를 넘어서려는 인간의 갈망을 실현했다는 상징이었다. 자신을 초월하여 삶의 본질을 엿보는 것이다.

프라이부르크의 서커스장에 아버지와 함께 앉아 있는데 청소년 때의 그 갈망이 내게 걷잡을 수 없이 되살아났다. 그런 생각 없이 40년도 더 살았건만, 이제 와서 그것이 어찌나 생생하고 절절하던지 마치 그 긴 세월이 1초 만에 휙 지나간 것 같았다. 1948년과 1991년 사이에 벌어진 일은 하고많고도 별로 없었다. 어쩌면 그동안 벌어진 모든 일은 자아를 초월하려는 동일한 갈망의 다양한 변주에 불과했는지도 모른다. 신부가 되고, 심리학과 신학을 공부하고, 전 세계를 돌아다니고, 각양각색의 독자와 청중을 상대로 집필과 강연 활동을 하고, 조국을 떠나고, 여러 대학에서 가르치고, 마침내 정신 장애인 공동체에 들어간 것―이 모두가 나는사람과 잡는사람이 되려는 시도가 아니었던가?

1991년 4월의 프라이부르크, 그 서커스장에 앉아서 나는 내 순전한 갈망이 눈앞에서 행동으로 옮겨지는 것을 불현듯 보았다. 알고 보니 그 5인조 곡예단이 하는 일이야말로 온통 내 평생 하고 싶었던 일이었다.

일상의 모든 벽을 무너뜨릴 수 있는 사랑의 공동체. 내 순전한 갈망. 헨리는 혼자서 그렇게 되뇌었다.

로드레이 곡예단은 아주 멋있었다. 여자들의 복장은 그에게 수영복을 연상시켰고, 남자들은 웃통을 벗은 채 반짝이는 스판덱스 타이츠를 입었다. 헨리는 늘 남자에게 매력을 느꼈고, 자신의 그런 면을 어려서부터 알았다. 친한 친구들에게는 자신이 게이로서 신부의 독신 서원에 진지하게 임한다는 사실을 밝혔다. 하지만 그를 감동시킨 것은 그들의 육체미만이 아니었다. 그들 사이에는 또한 자유와 팀워크, 아름다운 공동체와 기쁨이 있었다.

헨리는 방금 쓴 대목을 다시 읽었다. 자아를 초월하려는 동일한 갈망의 다양한 변주. 혹은 도피나 소속을 향한 갈망이었을까? 이 경험을 글로 쓰기만 하는데도 뭔지 모를 감정이 북받치면서 눈물이 났다. 그래도 그는 멈추지 않고 힘써 써 나갔다.

> 그 저녁의 깨달음이 있은 지 며칠 후 아버지는 네덜란드로 귀국하셨고 나는 집필에 복귀했다. 프란츠와 레니 조나 부부와 아들 로버트 그리고 특히 나의 아버지가 그 서커스를 즐기기는 했지만, 이제 우리는 그 얘기를 별로 하지 않았다. 다른 일과 다른 사람들에게 관심을 기울여야 했다. 익숙한 세계로 돌아가려는 인간의 성향 때문에

서커스 경험은 즐거웠던 오락 정도로 일단락되었다.

그런데 프란체스코회 수도원으로 돌아온 나는 수도원장이 한 학생에게 "오늘밤에 서커스를 보러 갑시다!"라고 하는 말을 우연히 들었다. 똑같은 영화를 또 보고 싶었던 기억은 없지만, 그 서커스를 다시 본다고 생각하니 전율이 밀려왔다. 어렵지 않게 수도원장과 학생들에게 청하여 나도 동행하게 되었다. 떠나기 전에 내 방으로 가서 며칠 전에 구입했던 서커스 안내 책자에서 공중그네 곡예단이 소개되어 있는 페이지를 펼쳤다. 이렇게 적혀 있었다.

의료 기술자, 정규 간호사, 체육 교사, 조선(造船) 기사, 어릿광대가 출연하여 힘과 기품을 선보인다. 단장 로드레이, 부인 제니, 누나 칼린, 잡는사람 조한 조나스는 모두 남아프리카공화국 출신이고, 잡는사람 2호인 존은 링글링 서커스단에서 활약한 미국인이다. 이 모든 실력파가 호흡을 맞추어 최고의 공중그네 곡예를 공연한다.

5인조 곡예단에 대한 설명을 읽자니 벌써부터 내 심장 박동이 빨라졌다. 마치 내 평생 가장 감동적인 공연의 막후를 들여다보는 것 같았다. 문득 낯선 감정이 몰려

왔다. 호기심과 감탄과 어떻게든 친해지고 싶은 마음이야 이미 있었지만, 거기에 외경심과 거리감과 이상한 수줍음까지 겹쳐진 것이다. 나는 누구의 열렬한 팬이 되어 본 기억이 없다. 스포츠 영웅이나 음악 스타의 포스터를 방에 붙여 본 적도 없다. 그런데 이제 내 감정에 숭배와 두려움이 묘하게 섞여 있었다. 사춘기 아이가 무대 위의 범접할 수 없는 아이돌과 사랑에 빠지면 꼭 이런 심정일 것 같다.

3

데니는 담요 밑으로 손을 넣어 헨리의 발과 발목을 만져 본다. 약간 부어 있지만, 이는 헨리가 기내에 앉아 밤을 새운 지 얼마 되지 않아서일 수 있다. 데니는 동료에게 모니터가 딸린 라이프팩 10 제세동기를 건네 달라고 한 뒤, 헨리의 흉부에 심전도 검사용 전극 셋을 부착한다.

이어 헨리의 오른손 손가락에 집게를 꼽으면서 혈액의 산소량을 측정하는 용도라고 말해 준다. 헨리는 절차를 설명해 주는 데니가 고맙다. 더 안심이 된다.

"정맥 주사를 꽂아 혈당치를 확인하고 어쩌면 투약도 해야 합니다." 데니의 말이다. "혹시라도 혈압이 떨어지신 정맥을 찾기가 더 힘들어지니까 지금 하겠습니다. 오른손잡이인가요 왼손잡이인가요?"

제1부 소명

오른손잡이라고 답한 헨리는 간호사가 왼쪽 손등에 주
삿바늘을 찌르자 움찔한다.

"고개를 드실 수 있겠습니까?" 데니가 묻는다. 고개를
들려던 헨리는 금세 현기증이 나고 어지럽다. 갑자기 실내
가 부산해진다. 데니는 제세동기의 모니터를 들여다보며 휴
대용 무전기를 꺼낸다.

헨리에게 들리는 그의 말소리가 어느새 다급해져 있다.
본부의 배치 담당자에게 그는 소방서에 알려 라퍼쇼엑 호텔
위층의 환자 구조에 최우선으로 지원을 요청해 줄 것을 부
탁한다. 힐베르쉼 병원으로 이송될 심장 질환자 헨리를 그
곳 의료진이 중환자실에서 대기하고 있도록 조치하는 것도
배치 담당자가 할 일이다.

헨리는 숨 가쁜 순간이 지나가기를 기다린다. 당장 위
험하다는 느낌은 없는데 무전 연락이 비상사태처럼 들려서
다.

앰뷸런스 운전사는 호텔 접수처로 전화를 걸어 지배인
에게 곧 소방차 두 대가 올 것을 알린다. 아울러 직원을 올려
보내 가장 큰 창문을 열어 달라고 부탁한다. 즉시 그러겠다
는 답변이 돌아온다.

데니는 무전기를 제자리에 꽂고 헨리에게로 돌아온다.
그가 보니 헨리는 방금 들려온 말의 의미를 이해하려 애쓰
고 있다. 무언의 질문에 대한 시원한 답을 들을 수 있다면 그

로서는 고마울 것이다.

데니는 친절히 설명해 준다. "좀 특수한 상황입니다. 주차장에 앰뷸런스가 대기 중이지만 승강기가 너무 작아 들것이 들어가지 않아요. 신부님의 몸이 수평으로 유지되어야 해서 승강기로는 내려갈 수 없습니다. 계단으로도 안 되고요. 혈압이 낮은데 계단이 너무 가파르거든요."

헨리는 설명을 알아듣는 것 같다. 데니는 심호흡을 한 후 그와 눈을 맞춘다. 다음에 이어질 말이 가장 중요하기 때문이다.

"소방서에 연락했어요. 소방대원들이 신부님을 창문으로 이송해 낼 겁니다."

헨리의 눈이 휘둥그레진다. 고통스럽거나 두려운지는 데니도 잘 모른다. 긴장된 것 같지는 않다. 헨리는 뭔가 말하고 싶은 듯한데 침묵을 지킨다.

창문으로 나가다니, 이 고생의 와중에도 헨리는 흥미롭다는 생각이 든다. 불과 9개월 전에 프라하에서 그는 일기에 창밖으로 내던지기(defenestration)라는 단어를 새로 배웠다라고 썼다. 알고 보니 1419년과 1618년에 사람들이 적을 창밖으로 내던졌고, 아마 1948년에도 그랬을 거라고 했다. 헨리는 농담처럼 이렇게 덧붙였다. 이런 별난 '풍습'은 금시초문이다. 내 방의 창문은 다 닫아 두어야겠다!

그를 창밖으로 내보내겠다는 두 응급 구조사는 다행히

우호적이다.

·····

평생 헨리는 어느 분야든 정상에 오른 사람의 성공담에 유난히 매료되었다. 대학 시절 친구들의 눈에도 그는 야심가로 비쳐졌다. 하지만 그는 중요한 사람들과만 관계를 가꾼 게 아니라 각계각층의 모든 사람에게 관심이 있었다. 아버지처럼 그도 실력과 예술성과 훈련과 소신을 갖춘 사람을 좋아했다. 세상을 다른 관점에서 경험하고 타인의 입장이 되어 보려는 이 끈질긴 갈망과 폭넓은 호기심은 어디서 왔을까?

그것은 호기심보다 깊어 어쩌면 자기를 거부하는 데 가까웠다. 평생 헨리는 다른 몸을 원했다. 그의 몸의 허기는 어려서부터 영영 채워지지 않았다. 어머니는 그가 아기였을 때 자신이 받았던 엄한 교육, 즉 아기가 아무리 배고프다고 보채도 네 시간 단위로만 먹여야 한다던 그 원칙을 탓했다. 어머니가 보기에 헨리는 늘 허기졌고, 나면서부터 그게 몸에 새겨져 있었다. 전시(戰時)의 네덜란드에서 자라면서 1944-1945년 대기근의 배고픈 겨울을 겪는 사이에 몸의 허기는 더욱 깊어졌다.

아울러 헨리는 자신의 몸이 늘 불편하게 느껴졌고, 끝

까지 신체적 욕구와 갈망을 차마 말로 표현하지 못했다. 그의 몸은 더 많은 자유를 원했다. 십대 때부터 그는 공중그네 곡예사가 되고 싶었다. 몸을 쓰는 예술 공동체의 자유와 초월성을 조금이나마 맛보고 싶었던 것이다.

•••••

헨리는 자꾸만 데니에게 자신에 대해 더 말해 주고 싶어진다. 분명히 데니도 로드레이 공중그네 곡예단에 관심을 보이리라. 1995년에 어느 인터뷰에서 "로드레이 곡예단의 원리를 앞으로 어떻게 삶에 적용하시겠습니까?"라는 질문을 받았을 때, 헨리는 열정을 다해 이렇게 답했다. "한 가지 원리는 내가 더 자유로워지고 싶다는 것입니다. 더 모험을 감행하면서 거기에 자신을 맡기는 거지요. 사실 이미 그러고 있습니다. 캠핑용 자동차를 빌려 서커스단을 따라 독일을 순회하는 것만도 나로서는 정말 파격적인 일이거든요. 특히나 내 나이 예순을 넘었으니 일단 약간 제정신이 아니지요. 그런데 마음 깊은 곳에서 내 인생은 이제부터라는 느낌이 듭니다."

그러나 데니의 관심이 자신의 몸에 집중되어 있음에도 불구하고 헨리는 너무 피곤해서 일일이 다 설명하지 못한다. 그가 로드레이 곡예단을 따라다닌 것은 서커스를 보고 나서 한참 후의 일이다.

4

C. S. 루이스는 『헤아려 본 슬픔』에서 아무도 자신에게 슬픔이 꼭 두려움처럼 느껴진다고 말해 준 적이 없다며, "똑같이 안절부절못하는 초조한 심정을…… 나는 자꾸 속으로 삼킨다"라고 썼다. 헨리도 속으로 삼킨다. 호텔 방에서 그에게 든 감정은 두려움 같으면서도 또한 다른 무엇과 비슷하다. 5년 전에 그를 사로잡았던 전율과 이상하게 비슷하다. 아무도 그에게 두려움이 꼭 사춘기의 갈망처럼 느껴진다고 말해 준 적이 없다. 똑같이 심장이 두근거리고, 속이 거북하고, 자꾸 어색하게 경련이 일고, 불안한 감정이 눈물로 새어 나온다. 힐베르쉼에서 그의 몸이 보인 반응은 1991년 로드레이 곡예단을 처음 만났을 때의 느낌과 별로 다르지 않다.

⋯⋯

서커스 안내 책자에 실린 다섯 곡예사의 사진을 보노라니 10분간의 공중 발레가 탄생하기까지 그들의 삶이 서로 얽힌 경위가 문득 궁금해졌다. "로드레이는 누구일까? 제니는 누구일까? 칼린은 누구일까? 조한은 누구일까? 존은 누구일까? 독일에까지 와서 서커스장 텐트에서 서로 날고 잡아 주는 이 사람들은 누구일까? 그들과 대화하고, 가까이서 보고, 손도 잡아 보고, 어쩌면 친구까지 될 수 있다면 좋으련만." 그런 혼잣말이 터져 나왔다.

나 자신의 갈망이 당혹스러웠지만 그냥 그 당혹감에 너무 구애받지 않기로 마음먹었다. 어차피…… 보는 사람도 없었고…… 집에서 멀리…… 일터에서 멀리…… 직무와 의무에서 멀리…… 평소의 일상에서 멀리 떨어져 있었다. 십대 소년, 팬, 열렬한 숭배자가 되지 못할 것도 없지 않은가? 잃을 게 무엇인가?

속에 상념이 그렇게나 많은 것으로 보아 분명히 나는 달뜬 감정을 처리하느라 애먹고 있었다. 잠시 후 프란체스코회 식구들과 함께 서커스장에 들어설 때도 자꾸 이런 생각이 들었다. '어떻게 하면 곡예사들을 만날 수 있을까? 그들은 나를 반가이 대하며 대화에 응해 줄까? 시간을 들여 관심을 표해 줄까? 아니면 그냥 나를 호기심에 실없는 질문을 쏟아내는 많은 팬 중의 하나로 대할까? 마멀레이드 병에서 벌을 쫓아내듯 털어내야 할 사람으로 말이다.' 나와 동행한 이들은 이런 의문이 하나도 없었고 이해하지도 못할 게 분명했다.

입구는 수많은 작은 조명으로 꾸며져 있었고, 그림 속의 사자와 호랑이와 광대의 얼굴도 화려했다. 들어가려는데 거기에 서커스 단장 게르트 지모나이트가 서 있었다. 그를 보는 순간, 서커스단을 만날 방도를 찾으려면 기회는 이때다 싶었다. 일행이 텐트 안으로 들어가 좌석을 찾는 동안 나는 그에게 다가가 독일어로 말했다. "안녕하세요, 단장님. 며칠 전에 서커스를 보았는데 특히 로드레이 공중그네 곡예가 아주 즐거웠습니다. 혹시 그 곡예사들을 만나 보는 게 가능할까요?"

단장의 반응은 자못 뜻밖이었다. 어린 여자아이를 데리고 팝콘과 음료수 판매대 앞을 지나가던 한 여자를 가리키며 "저 분이 단원입니다. 가서 물어보시지요"라고 말했던 것이다.

칼린은 서커스단 소유주인 지모나이트 씨가 자신을 가리켜 보이자 뜨끔했다. 배우가 무대 밑으로 내려와 관객에게 분장한 모습을 보여서는 안 된다는 게 서커스단 규율이었다.

그런데 그녀는 딸 카일에게 포장마차에서 아이스크림을 사주기로 약속했었다. 지모나이트는 그녀를 책망하기는커녕 키가 훤칠하고 호리호리한 중년의 네덜란드인을 그쪽으로 보냈다.

"안녕하세요. 영어를 하십니까?" 그가 물었다.

"그럼요. 남아프리카공화국에서 왔답니다." 칼린이 말했다.

헨리는 희색이 만면했고, 그녀도 어찌나 안도했던지 단박에 그가 오랜 친구처럼 느껴졌다. 어린 딸 카일은 아이스크림을 먹느라 여념이 없었다. 헨리는 말을 잇지 못할 정도로 넋을 잃은 와중에도, 곡예단을 만나고 싶은 마음만은 똑똑히 밝혔다. 칼린은 그런 그를 재미있어 하면서, 자기네 순서가 끝난 후 중간 휴식 시간에 무대 뒤쪽으로 오면 전원을 만날 수 있다며 그를 초대했다. 머리가 희끗희끗한데도 스타를 동경하는 이런 팬이라면 동생 로드레이도 좋아할 것 같았다. 어느새 칼린과 카일은 급히 시야에서 벗어나 은밀한 무대 뒤쪽으로 사라졌다.

서커스장 텐트로 돌아가 일행의 자리를 찾는데, 마치 방금 내가 일대 도약을 이룬 느낌이었다. 못할 줄 알았던 일을 해낸 게 마치 무슨 위험한 금기라도 깬 것 같았다. 일행과 합류한 뒤에는 게르트 지모나이트 단장에게 시선을 집중했다. 그가 손에 마이크를 들고 무대 한복판으로 나와 공연 시작을 알렸다. 첫 순서는 사샤 후크와 아라비아 종마들이었다. 그런데 내 생각은 다른 데 가 있었다. 종마 곡예와 이후의 여러 공연을 보는 동안 마음이 조급했다. 이윽고 40분도 더 지나서 모로코 사람 몇이 대형 그물을 가지고 들어오더니 번개 같은 속도로 무대 전체를 뒤덮게 높이 그물을 쳤다. 양쪽 끝의 가림막은 텐트 가장자리에까지 닿았다.

공중그네 곡예 준비가 다 끝날 때까지 한 광대가 좌중을 즐겁게 했다. 마침내 단장이 아주 침착하게 발표했다. "위험하고 화려하며 미적인 쾌감까지 안겨 줄 이번 공연의 주인공은……(여기서 뜸을 들여 긴장을 고조시켰다)…… 로드레이 공중그네 곡예단입니다." 우레 같은 박수를 받으며 무대에 들어선 그들은 은빛 망토를 한 바퀴 휙 돌리고는 벗었다. 그리고 그물 위로 올라선 다음 밧줄 사다리를 타고 올라가 공연을 시작했다.

또다시 나는 눈부신 곡예에 완전히 빨려들었다. 그런데 이번에는 묘한 두려움이 느껴졌다. 칼린의 말대로 잠시 후면 그들을 모두 만날 거라고 생각하니 이상하게 그들의 안위가 걱정되었던 것이다. "아무런 실수도 없이 다 잘돼야 할 텐데." 자꾸 그 생각이 들던 바로 그때였다. 텐트 꼭대기에서 날아 내려간 칼린을 다른 사람이 잡아야 할 순간에 착오가 생겼다. 잡는사람의 손을 놓치고 그물로 추락하는 칼린을 보며 내 몸이 바짝 굳었다. 그녀의 몸은 반동으로 솟아올랐다가 다시 떨어져 멈추었다. 관중은 기겁했으나 금세 안도했다. 칼린이 일어나 그물에서 풀쩍 뛰어오르더니 밧줄 사다리 쪽으로 이동하여 다시 올라가 공연을 속행했던 것이다.

저렇게 위험하게 몸을 내던질 때 어떤 심정일까? 그 생각으로 아찔했던 당시의 기분이 떠올라 헨리의 온몸이 부르르 떨린다. 그런 공연에는 실패의 가능성이 얼마든지 상존한다. 칼린은 그냥 사다리를 다시 올라가 곡예를 이어 갔지만, 헨리는 감정 반응을 거의 주체할 수 없었다. 몸의 추락만이 아니라 실망한 관중에게 공공연히 수모와 혹평을 당할 가능성마저 있었던 것이다.

그 후로는 차마 더 보기가 힘들었다. 매점에서 잠시 만났던 그 여자가 무사한 줄은 알았지만, 갑자기 공중 발레의 다른 면이 내 앞에 다가왔다. 몸을 다칠 위험뿐 아니라 실패와 수치심과 죄책감과 좌절과 분노를 겪을 수도 있다는 것이었다.

5

데니는 헨리가 떠는 것을 보고 그의 상념을 중단시킨다. "자, 소방관들이 우리한테 들것을 올려 보낼 겁니다. 이동에 쓸 창문은 복도 끝에 있는데, 그들이 도착하면 거기까지는 우리가 신부님을 이송할 수 있어요. 충분히 넓은 그 창문으로 들것이 빠져나가면 바로 소방차에 달린 리프트 위에 놓이게 됩니다. 리프트가 지상으로 내려가는 동안 제가 신부님 곁을 지키겠습니다."

잠시 헨리는 이게 해괴한 꿈이 아닌가 싶다. 밤에 깜빡 잊고 항불안제를 먹지 않았을 때 찾아오는 뒤숭숭한 꿈처럼 말이다. 그는 7년 넘게 아티반을 복용해 왔다. 약을 끊어 볼까 생각한 적은 있었다.

봄이 오기를 기다리던 불과 6개월 전에 그는 뉴저지주

에서 의사에게 약 문제를 거론했다. 안식년 동안 그가 쭉 보던 의사였다. 그가 설명한 불편한 경험은 친구들과 함께 점심을 잘 먹고 활기찬 대화를 나눈 뒤에 찾아왔다.

"집에 왔을 때는 몹시 지쳐 있었습니다. 피곤하고 어지럽고 눈의 초점이 흐릿했어요. 이유를 알고 보니 자기 전에 아티반을 먹지 않은 날이 있었더군요. 그날은 약을 먹었는지 안 먹었는지 잘 모르겠어서 다시 먹지는 않았습니다." 의사에게 말하던 헨리는 잠시 말소리가 끊겼다가 다시 생각을 추슬렀다. "1989년 1월에 수술을 받은 뒤로 그 약에 중독된 것 같습니다. 약을 안 먹으면 꿈자리가 사납고 불안해서 잠을 설치게 되거든요. 그날도 종일 몸이 찌뿌드드하고 의욕이 없었습니다."

의사는 알겠다고 고개를 끄덕인 뒤에 답했다. "아티반을 끊으려면 적어도 두 주 동안은 이런 불편을 감수하셔야 합니다."

헨리는 곰곰 생각하다가 마침내 인정했다. "아직 그럴 마음은 없습니다. 시간과 에너지만 낭비할 것 같아서요."

그날 헨리는 출간을 염두에 둔 안식년 일기에 의사와의 대화를 신중히 기록했다. 이런 연약한 모습을 털어놓는 게 어쩌면 독자들에게도 유익하리라고 본 것이다. 많은 사람이 각종 약에 의지하여 건강한 삶을 유지하고 있으니, 그들도 헨리의 동병상련을 알면 혼자라는 느낌이 덜할 것이다. 인간 보편의 경험을 글로 쓰는 것도 헨리의 사역이었고, 다른 사람들을 위해 자신의 삶을 내려놓는 한 방식이었다.

이제 헨리는 남들도 실수로 약을 거르면 건장한 응급 구조사에게 붙들려 창밖으로 내던져지는 꿈을 꾸는지 어렴풋이 의문이 든다. 하지만 곧 이게 꿈이 아니고, 자신이 정말 힐베르쉼의 한 호텔에서 소방차가 오기를 기다리고 있음을 깨닫는다.

갑자기 헨리는 두렵고 불안하고 긴장된다. 말로는 늘 자신의 삶이 인기 교수의 지성에서 지적 장애인 공동체 생활의 마음으로 이동했다가 더 최근에는 육체를 새롭게 발견했다고 표현하던 그였다. 머리에서 가슴을 거쳐 몸으로 나아가는 멋진 전개는 그가 건강했을 때는 그럴 듯하게 들렸다. 그러나 이제 그의 머리는 어찔어찔하고, 심장은 발작을 일으켰으며, 몸은 창문으로 이송될 참이다. 혼자 창밖으로 내던져지는 셈이다.

그는 새 친구들을 처음 만나던 그 가슴 벅차던 날로 애써 생각을 돌린다.

•••••

공연을 마친 곡예단이 박수를 받고 커튼 안쪽으로 사라지자마자 나도 일행에게 양해를 구한 뒤 그곳을 찾아갔다.

 다섯 곡예사는 무대 뒤쪽의 어두운 구석에서 평복으로 갈아입고 있었다. 나를 본 칼린은 가까이 오라고 손짓하면서, 공연 전에 나를 만나 공연 후에 오라고 초대했던 일을 단원들에게 말했다. 정식 소개는 없었다. 그들은 "안녕하세요"라고만 말하고는 내가 곁에 있는 채로 공연 평가에 들어갔다.

로드레이는 한숨을 쉬며 무대 뒤쪽으로 왔다. 왜 칼린이 잡는사람의 손을 놓쳤는지 점검해야 할 시간이었다. 실패했을 때는 진상을 규명하는 게 특히 중요했다. 실수를 반복하지 않기 위해서다.

 일행에 합류한 로드레이는 낯선 사람의 존재가 썩 반갑지 않았다. 공연 중에 문제가 발생한 날이라 특히 더했다. 이제 그들끼리만 대화할 수 없게 되었다. 예의를 지키며 얌전히 들을 사람이라면 옆에 있어도 상관없겠지. 우리는 할 일이 있으니까. 그는 그렇게 설명해야겠다고 생각했다.

 로드레이의 누나 칼린이 그들에게 새 친구 헨리를 소개했다. 진심에서 우러난 헨리의 감탄과 칭찬에 로드레이의 언짢은 심기는 어느새 가라앉았다 이어 곡예단은 빙 둘러서서 공연을 평가했다. 그런데 헨리가 원 한가운데로 뛰어들어 대화를 끊고는 큼지막한 양손을 휘저으며 질문 공세를 퍼부었다. 로드레이는 성가시면서도 재미있어서 일단 헨리의 흥분을 가라앉히려 했으나, 그가 한사코 각 사람 바로 앞에 서는 바람에 그들끼리 서로를 볼 수가 없었다. 전혀 고의성이 없는 결례인 데다 헨리의 얼굴 표정이 너무 웃겨서, 회의가 끝나기도 전에 다섯 곡예사 모두 웃음을 터뜨렸다. 헨리는 개의치 않는 것 같았다. 오히려 폭소 때문에 그의 마음이 더 편해졌다. 로드레이가 헨리에게 왜 말하는 사람 바로 앞에 서느냐고 묻자 헨리는 낯선 어휘가 귀에 잘 들어오지 않아서 말하는 사람에게 집중하고 싶었노라고 설명했다. 로드레이는 그 말에 수긍하면서, 행여 헨리를 다시 만나거든 꼭 큰 소리로 더 똑똑히 말해야겠다고 생각했다.

그들이 주고받는 말을 들으며 내가 완전히 새로운 세상에 들어와 있음을 깨달았다. 분명히 영어로 말하는데도 한 문장도 다 알아들을 수 없었다. "도약", "회전", "통과", "요람" 같은 단어가 들렸고, 이해는 고사하고 발음조차 할 수 없는 다른 표현도 많았다. 어쨌든 10분 공연의 모든 부분을 분석하고 평가한 것만은 분명하다. 칼린이 그물로 추락한 일은 나한테는 최대 관심사였으나 크게 문제시되지 않았다. 얘기가 나오기는 했지만 길고 복잡한 전체 과정의 일면으로만 다루어졌다.

대화를 마친 곡예단은 텐트에서 나와 자기네 차량 쪽

으로 갔다. 내가 따라가니까 그중 한 사람이 돌아보며 말했다. "저는 로드레이입니다……. 자, 지금이 저한테 질문하실 수 있는 기회입니다." 그 말을 듣는데 왠지 거리감이 느껴졌고 달갑잖은 침입자가 된 것 같아 두렵기까지 했다. 게다가 딱히 물어볼 것도 없기에 이렇게 말했다. "이 공연에 너무 감동해서 곡예사 분들을 만나 보고 싶었습니다. 공중그네 곡예라는 게 무엇인지 좀 더 알 수 있다면 더 좋겠고요……. 특별한 질문은 없습니다. 아는 게 너무 없어서 무엇을 물어야 할지도 몰라요."

헨리는 서커스와 그들의 공중그네 곡예를 단번에 다 간파하기로 작정한 듯 보였다. 그래서 로드레이는 주객을 전도시키는 뻔한 수법을 써서 헨리의 직업을 물었다.

"저는 신부입니다. 캐나다에서 장애인들과 함께 살면서 책도 쓰고 있습니다." 헨리가 대답했다.

로드레이는 깜짝 놀라 쳐다보았다. 무력한 표정으로 마냥 어리둥절해 하는 장신의 대머리 사내에게서 들으리라 예상하지 못한 답변이었다. 두꺼운 안경 너머에서 반짝이는 헨리의 큰 눈과 환하고도 진지한 미소에 그의 마음이 끌렸다.

동시에 그는 헨리를 가장 신속히 관중석으로 돌려보낼 방법도 알았다. 이튿날의 연습 시간에 그를 초대하는 것이었다.

로드레이는 씩 웃으며 말했다. "원하시면 내일 아침 11시에 우리가 연습할 때 여기로 오세요. 그러면 공중그네 곡예가 무엇인지 직접 보실 수 있습니다!" 나는 초대받고도 선뜻 믿어지지 않아 그를 보았다. 왜 나를 초대할까? 왜 와서 직접 보라는 걸까? 그 직종에 대한 나의 관심을 나보다 그가 더 진지하게 받아들인 것 같았다. 속에 의문이 난무했지만 내 답변에는 의문의 여지가 없었으므로 얼른 이렇게 말했다. "저도 오고 싶습니다. 초대해 주셔서 감사합니다. 내일 11시에 꼭 오겠습니다."

로드레이는 막간의 특이한 일을 재미있어 하며 급히 차량으로 돌아갔다. 이튿날 헨리가 정말 오리라고는 예상하지 못했다.

5인조가 텐트 구역과 공연 차량 주차장을 가르는 작은 문으로 들어갈 때 나는 작별의 손을 흔들며 "내일 봅시다"라고 말했다. 텐트 안으로 돌아가 보니 프란체스코 회 일행은 휴식 시간에 내가 어디로 사라졌는지 궁금해하며 서 있었다. 나는 그들에게 말하지 않았다. 그냥 말없이 앉아서 호랑이와 사자와 광대와 체조 곡예사를 구경했다. 생각은 다른 데 가 있었다. 휴식 시간에 잠깐 찾아갔다가 그 이상으로 발전하게 된 방금 전의 그 일만 자꾸 생각났다.

서커스 악단이 음악을 연주하고 후반부 공연이 이어지는 동안, 어느새 나는 결심이 서 있었다. 로드레이 공중그네 곡예단이 이곳에 머무는 한 연습이든 실제 공연이든 매번 가서 보기로 한 것이다. 이를 통해 분명히 삶의 신비를 이해하는 데 성큼 더 다가가게 되리라! 남들은 다 이 서커스를 유쾌한 오락이나 반가운 방해물이라 할지 몰라도 나는 새로운 소명이라 부르기로 했다!

공상에서 깨어나 보니 피날레 순서가 되어 단장 게르트 지모나이트가 출연진 전원을 무대로 불러냈다. 그때 그들을 또 보았다. 로드레이 공중그네 곡예단은 빨간색과 금색으로 꾸며진 화려하게 빛나는 복장 차림으로 관중의 환호에 손을 흔들어 답했다. 그들이 사자 조련사, 광대, 줄타기 곡예사, 종마 조련사, 체조 곡예사 사이에 서서 손을 흔드는데 내 눈에 눈물이 차올랐다. 나는 이날 저녁이 새로운 영적 모험의 시작임을 알았다. 이 모험의 끝은 하나님만이 아실 것이다.

뜻밖에도 감정이 격해진 시간이었다. 이야기를 감정 반응 중심으로 쓰기는 했지만, 그래도 헨리는 이를 이해하고 잘 설명하고자 부심했다. 일부 독자들이 보기에 그는 속을 너무 많이 드러냈고 내면생활을 무턱대고 쏟아 냈다. 본인도 그것을 알았다. 하지만 그는 그것이 신기루라는 것도 알았다. 사실이기는 하지만 자신의 전부가 아니라 단면에 불과했던 것이다. 사실 헨리는 글로 옮길 부분에 신중을 기했다. 그래서 그날 저녁의 이야기를 이렇게 마무리했다.

> 프란체스코회 수도원으로 돌아오는 동안 수도원장과 학생은 서커스에 대해 말이 별로 없었다. 즐거웠다는 말뿐 대화가 금방 다른 주제로 넘어갔다. 나는 그들에게 내 '비밀'을 말하지 않았다. 서커스장에 적어도 하루에 두 번씩 갈 예정이라고 어떻게 설명할 수 있겠는가? 그럴 필요가 없었다! 작은 비밀은 나만의 즐거움이었다. 어린 시절 집 뒷마당에 굴을 파고 거기에 내 보물을 숨겨 놓았을 때처럼 말이다.
>
> 그날 밤 잠을 잘 못 잤다. 상상 속에서 눈을 들면 자꾸만 여자 둘과 남자 셋이 자유로이 공중을 누비는 게 보였다. '나는 동작과 잡는 동작―삶도 바로 저런 게 아닐까!' 하는 생각이 들었다. 나의 아버지도 분명히 동의하실 것이다.

헨리의 이야기에 담긴 극적인 아이러니를 독자들도 알아차리지 않을까? '작은 비밀'을 언급하면서 그는 자신이 보물을 숨겼다고 털어놓는다. 비밀로 간직하면서도 아버지의 인정을 바라는 그는 어떤 면에서 여전히 어린아이다. 헨리는 비밀을 좋아했고, 생각 속은 안전했다. 모든 것을 다 쓰려 하지는 않았던 것이다.

제2부

낙하

6

두려움과 흥분은 똑같은 것으로 느껴질 수 있다. 라퍼쇼엑 호텔의 침대에 누운 헨리는 그런 생각이 든다. 심장 주위의 통증 때문에 호흡이 불안정하다. 그는 아버지가 그립다. 아버지의 심장이 약해서 늘 걱정이었는데 자신의 심장이 더 문제일 수도 있다니 얼마나 얄궂은가. 아버지는 93세지만 이 상황을 아신다면 분명히 한달음에 오실 것이다. 헨리는 자신이 아버지를 그리워하면서도 멀리 떠나 사는 영원한 탕자가 아닐까 하는 생각이 든다.

1988년 헨리가 큰 사고를 당했을 때도 아버지는 대서양을 건너오셨다. 당시 헨리는 밴의 사이드미러에 치여 내출혈로 거의 죽을 뻔했다. 토론토 북부의 번잡하고 미끄러운 빙판길 길가를 무모하게 뛰어가다가 난 사고였다. 다 틀렸다. 이제 내 계획은 다 물거품이 돼 버렸어. 이건 끔찍하고 고통스러운 일이지만 어쩌면 아주 잘된 일인지도 몰라. 그때 그에게 든 생각이었다.

사고가 발생한 이유는 그가 너무 무리했기 때문이다. 겨울 한파와 몸의 한계를 이기고 모든 일을 예정대로 해낼 수 있음을 입증하려 했던 것이다. 그런데 그 춥고 어스레한 아침에 길가에 누워 그는 어떤 강한 손이 나를 멈추어 놓고는 꼭 필요한 일종의 굴복 상태로 나를 이끌어 간다는 느낌을 받았다. 얼마 후 정맥 주사관을 잔뜩 꽂고 각종 모니터에 둘러싸여 있을 때도, 무력감은 들지언정 두렵지는 않다는 데 놀랐다. 죽을 수도 있는 상황에서 양쪽에 난간이 달린 병상이 평안하게 느껴졌다. 고통이 심했는데도 나는 전혀 예상 밖으로 안전하다는 느낌이 들었다.

부상에서 회복되는 동안 그가 깨달은 게 있다. 그의 인생에서 가장 중대한 변화는 모두 방해물 때문이었다. 트라피스트 수도회에서 혼자 보낸 오랜 시간은 분주한 교단(敎壇) 생활을 방해했고, 라틴아메리카에서 직면한 빈곤은 북미의 비교적 안락한 생활을 방해했고, 정신 장애인들과 함께 살아야 한다는 소명은 학자의 길을 방해했다. 여기까지는 의도적인 방해물이었다. 본인도 자주 말했듯이 그는 성질이 급하고 통제 욕구가 강한 네덜란드 사람이었다. 그런 굵직한 '방해물'도 자신이 세심히 계획한 것이었다. 자진해서 선택한 방해물은 그 밖에도 더 있다. 예컨대 1965년 마틴 루서 킹 주니어의 셀마 행진은 캔자스주 메닝거 클리닉에서 심리학을 공부하던 그의 학업을 방해했다.

더 큰 혼란을 부른 것은 어머니의 급작스러운 죽음 같은 예기치 못한 방해물이었다. 또한 깊은 우정이 깨졌을 때는 헨리의 정서적 안정감이 완전히 무너져 내려 집중 치료와 회복에 여러 달이 걸렸다.

1988년에 몸을 다쳐 죽을 뻔했던 사고는 왠지 큰 트라우마로 남지 않았다. 오히려 회복이 더 힘들었다. 수술 받기 전에 그는 공들여 자신의 일생과 화해하고 임박한 죽음을 수용했다. 그렇게 자신의 삶이 화해와 호의에 둘러싸여 있다고 믿는 상태에서, 회복은 맥 빠지는 용두사미처럼 느껴졌다. 삶의 복잡다단한 관계를 재개해야 했기 때문이다.

호텔 방에서 데니와 함께 기다리는 1996년의 헨리는 자신에게 죽음이 임박했다는 느낌은 없다. 오히려 이 방해물 덕분에 여정이 중단되어 다소 안도감마저 든다. 그는 러시아로 가는 길에 잠시 네덜란드에 들른 참이었다. 러시아에서 다큐멘터리 영화에 출연해 렘브란트의 그림 〈탕자의 귀향〉을 논할 예정이었다. 그 화폭의 실물 크기는 거대해서 세로는 헨리의 키의 1.5배, 가로는 그의 몸집의 몇 배에 달했다. 이 인상적인 회화를 배경으로 헨리는 10여 년 전 자신이 그것을 처음 보았을 때의 이야기를 할 참이었다. 그때 그가 그림 앞에 어찌나 오래 머물러 있었던지 결국 상트페테르부르크 에르미타주 박물관 직원이 그에게 자신의 특별한 의자를 내주었다.

영화에서 헨리는 자신의 책 『탕자의 귀향』에 쓴 많은 요점을 생생히 되살리면서 그림의 역동을 설명할 계획이었다. 그런데 그는 다시 볼 원작이 기대되면서도 처음부터 이 여행이 꺼려졌다. 몸이 피곤해서다. 분주한 안식년을 마치고 두 주 전에 공동체에 복귀한 뒤로 그는 쉬지 못했다. 쉬면서 글을 쓰려던 안식년이 오히려 활기찬 여행, 새로운 우정, 복잡한 감정 등으로 가득 찬 한 해가 되었다. 그래서 이토록 금방 다시 길을 떠날 준비가 되어 있지 못했다. 그러니 이 방해물은 어쩌면 전화위복이 될지도 모르리라.

지금 그는 가슴의 통증이 심한 데다 두려움처럼 느껴지는 속마음도 부인할 수 없다. 거북한 느낌이야 전율이나 갈망으로 재해석해 보지만, 흉통까지 있어 꼼짝도 못하는 상황에서 자신이 무엇을 바랄 수 있을지 떠오르지 않느냐. 부사히 지상으로 옮겨지기만 했으면 좋겠다. 그는 그것을 작은 기도로 올려 드린다. 평소에 그가 입버릇처럼 말했듯이,

기도란 단 한순간이라도 지금 여기에 온전히 현존하는 것이다. 그래서 그는 의지적으로 다른 생각일랑 다 떨치고 온전히 현존하려 한다. 비행 중인 공중그네 곡예사처럼 말이다. 중단된 러시아 여행도 내려놓는다. 다 잊어버리자…….

그런데 알고 보니 사실 자신은 이 불안한 순간 속에 온전히 현존할 마음이 없다. 오히려 전혀 다른 시간 속에 온전히 현존하고 싶다. 로드레이 곡예단을 만난 후에 벌어진 일이 떠오른 것이다. 그의 생각은 다시 1991년으로 돌아간다. 로드레이 일행의 연습을 처음 보러 갔던 그날이다.

·····

"나는 여기에 글을 쓰러 왔지 서커스를 보러 온 게 아니야!" 자꾸 나 자신을 다그쳤다. "멀리 캐나다에서 여기까지 온 것은 조용한 시간을 내서 성령의 삶에 대해 읽고 묵상하고 쓰기 위해서다. 어수선한 환경과 방해물에서 벗어나 혼자 있고 싶어서다. 그런 내가 공중그네 곡예단의 연습을 보러 오라는 초대를 받아들이다니!"

이튿날 아침 책상에 앉아 계속 시계만 보았다. 집필에 집중할 수 없었다. 11시 연습 시간에 로드레이 곡예단을 다시 만날 생각밖에 없었다. "다시 만나면 그때는 어떨까? 나를 반겨 줄까?" 내가 그들을 무슨 범접하기 힘든 스타로 대하고 있다는 게 나한테도 분명히 느껴졌다. 연습할 때 오라는 초대에 내 안의 아이가 어쩌나 감동하고 탄복했던지 다른 것은 다 덜 중요해 보였다.

10시 반에 전차를 탄 나는 11시 조금 전에 대형 텐트 안에 들어섰다. 지난밤과는 너무나 달랐다! 관객은 하나도 없고 빈 좌석뿐이었다.

그날 아침 로드레이는 새로운 연기를 짜느라 열심이었다. 날아가 잡는 동작을 자신이 세 차례 반복한 후에 발판으로 돌아올 것이므로 이번 첫 연습에 많은 추락이 뒤따를 것도 알았다. 매번의 시도는 녹화되어 이를 바탕으로 모든 단원이 함께 문제점을 분석하고 개선책을 찾아냈다. 타이밍이 복잡하고 정확성을 요했지만 혁신적인 흐름이 박진감을 주었다. 로드레이는 도전을 즐겼다. 그는 연습 시간에 헨리가 나타나지 않았다 해도 놀라지 않았을 것이다. 그런데 11시에 헨리는 이미 서성거리며 조급하게 시작을 기다리고 있었다.

나는 로드레이 공중그네 곡예단이 나타나기를 기다렸다. 11시에 로드레이가 텐트 안으로 들이왔다. 그는 나를 보고 다가와 아침 인사를 건네고는 무대 주위의 한 벤치를 가리키며 말했다. "앉으시지요. 조금 있으면 칼린이 와서 신부님이 알고 싶으신 것을 설명해 드릴 겁니다."

그의 친절하고도 사무적인 태도에 내 마음이 편안해졌다. 그는 검은색 타이츠에 티셔츠 차림이었다. 사샤가 말들을 데리고 무대에서 나가자 즉시 공중그네 곡예단의 두 남자가 등장해 로드레이를 도와 그물을 설치했다. 이어 칼린 모녀와 다른 여자도 보였다. 모두 곡예사보다는 관리 직원처럼 보였다.

칼린이 내게 와서 "오늘 아침 기분이 어떠세요?"라고 묻기에, 나는 "좋습니다. 이 자리에 와 있어서 기뻐요"라고 대답했다. 칼린은 소형 비디오카메라를 들고 있었다. "녹화하시려나 봅니다." 나는 연습 시간의 기술적인 측면에 약간 놀라며 말했다.

어느새 그물이 완성되어 칼린을 제외한 전원이 텐트 위쪽의 제자리로 올라갔다. "누가 누구인지 알려 주실 수 있나요?" 내 물음에 칼린이 답했다. "네, 물론이죠. 우선 이 곡예단을 설립한 제 동생 로드레이는 아실 테고요. 저쪽 발판에 서 있네요. 그 옆에 서 있는 사람이 올케 제니예요. 가운데 꼭대기에서 잡는 사람은 존인데, 디트로이트 출신으로 몇 년 전에 입단했지요. 오른쪽의 잡는 그네에 앉아 있는 사람은 로드레이와 제니와 저처럼 남아프리카공화국 출신인 조랍니다."

어린 딸 카일이 관중석 밑에서 기어 나와, 엄마와 대화 중인 낯선 키다리 아저씨를 뜯어본다. 지금까지 네 살이 되도록 많은 어른 친구를 새로 만났는데, 이 사람은 좋은 친구가 될 것 같다. 손은 쉴 새 없이 움직이고 큰 눈의 눈매가 부드럽다. 이제 막 톱밥으로 케이크를 만든 카일은 행여 아저씨가 자신을 못 볼까 봐 바로 앞에 서서 큰 소리로 말한다. "제가 생일 케이크를 만들었는데요. 드시고 맛있는 척해 주셔야 돼요. 이리 와 보세요!" 헨리는 놀란 표정이면서도 톱밥이 쌓여 있는 데로 고분고분 따라간다. 케이크에 막대기 둘이 양초처럼 꽂혀 있다. "포크가 있다고 치고 드시는 척만 하세요." "알았어." 헨리는 그렇게 말한 뒤 카일이 시키는 대로 "정말 아주 맛있구나. 케이크를 잘 만드는데?"라고 칭찬해 준다. 아이는 방긋 웃는다. 그런데 아저씨가 너무 진지해 보인다. 혹시 헷갈려서 케이크를 정말 먹는 건 아닐까? 그래서 카일이 다시 알려 준다. "다 가짜인 거 아시죠?"

잠시 카일과 놀다가 고개를 들어 보니 제니가 그물로 떨어지는 중이었다. 제니의 허리에 두른 안전벨트는 기다란 밧줄로 텐트 꼭대기의 도르래에 연결되어 있었다. 이제 로드레이는 손에 밧줄을 들고 바다에 서 있었다. 제니가 묘기를 선보이다 삐끗하자 로드레이가 밧줄을 잡아당겨 추락을 중단시켰다. 그는 칼린에게 다가가 비디오를 재생하여 잘못된 부분을 확인했다. 그러고 나서 제니에게 다시 해 보라고 했다.

칼린이 내게 말했다. "새로운 묘기를 시도하는 중이거든요. 새로 익히려면 늘 시간이 오래 걸려요. 그래도 로드레이는 계속 공연을 발전시키고 싶어 해요. 한번 숙달된 공연은 절대로 바꾸지 않는 곡예사들도 있지만, 로드레이는 늘 새로운 것을 시도한답니다."

"곡예사가 된 지 얼마나 되셨나요?" 내가 물었다.

"아, 저는 완전히 초짜예요. 입단한 지 1년 조금 더 됐으니까요. 카일과 함께 하와이에 살고 있는데 어느 날 동생이 전화해서 그러는 거예요. '이쪽으로 오지 않을래? 내가 공중그네 곡예를 가르쳐 줄게.' 저도 어린아이들에게 체육을 가르친 지 오래다 보니 변화를 주고 싶었죠. 독일에 오니 로드레이가 아인베크 동계 숙영지에서 저를 데리고 곧바로 훈련에 돌입하더군요. 십대 때 많은 것을 함께했던 우리이지만 이런 건 처음이었어요. 처음에는 아주 무서웠는데 금방 배웠어요. 몇 달 지나자 로드레이가 저를 나는사람으로 공연에 투입했고, 그러다 다른 나는사람이 떠나는 바람에 제가 그 뒤를 이어야 했죠. 어쨌든 저한테는 아주 새로운 일이랍니다."

"세상에, 어젯밤에 보여 주신 그 모든 곡예를 아주 단기간에 배우셨군요." 나는 놀라움을 감추지 못했다.

"네, 이미 30대에 들어선 나이에 공중그네를 시작한 건데, 로드레이가 나더러 할 수 있다며 늘 격려해 주었어요. 저도 이 일이 좋아요. 어젯밤처럼 추락하고 나면 당장 그만두고 싶지만요."

로드레이와 존과 조와 제니는 연습하고 칼린은 여러 묘기를 녹화하는 모습, 그것이 나에게 배후에서 벌어지는 곡예단의 삶에 대한 첫인상이 되었다. 잠깐 쉴 때 로드레이가 씩 웃으며 말했다. "공연은 10분이지만 해야 할 일이 많답니다. 그게 보였으면 좋겠네요." 그 말에 수긍하면서도 워낙 처음이라 정확히 무슨 뜻인지는 몰랐다. 공중그네 곡예를 잘하려면 당연히 연습이 많이 필요하겠지만, 로드레이의 말대로 공연 전에도 일이 엄청나게 많았다.

문득 내 안에 조금만 아니라 전말을 다 알고 싶은 마음이 간절해졌다. 머릿속에 많은 의문이 쌓였다. '이 사람들은 정말 누구일까? 곡예에 관심이 끌린 계기는 무엇일까? 어떻게 한 팀이 되었을까? 독일 각지를 돌아다니며 어떻게 함께 살까?'

7

로드레이 공중그네 곡예단을 알게 된 감격이 되살아나 헨리의 숨이 가빠진다. 그때 그는 가슴이 벅차서 안절부절못했고, 눈앞으로 다가온 새로운 세계를 예감했고, 멋진 곡예사들을 만나 신기한 전율에 휩싸였다. 사춘기 아이처럼 달떠 있었다. 정말 마냥 신열을 앓던 나날이었다!

데니는 헨리를 찬찬히 살펴본다. 그의 호흡이 점점 빨라지고 있다. 통증만 있는 게 아니라 필시 두렵기도 할 것이다. 데니는 헨리의 팔에 가만히 손을 얹고 그를 진정시킨다. "저희가 보살펴 드리고 있으니 걱정하지 마세요. 저를 따라 숨을 쉬어 보세요. 그러면 좀 나아질 겁니다."

헨리는 집중하여 데니의 박자대로 호흡을 늦추어 본다. 천천히 들이쉬고 둘 셋, 내쉬고 둘 셋. 다시 들이쉬고 둘 셋,

내쉬고 둘 셋.

몇 번 그러고 나니 데니와 더 일체가 된 기분이다. 자상하고 친절한 데니에게 고마운 마음이 들면서 그가 언제 어떻게 간호사가 되기로 했는지 궁금해진다. 하지만 물어보자니 너무 힘이 부칠 것 같다.

"좋습니다." 데니는 그를 격려해 준다. "이제 제가 산소마스크를 씌워 드릴 텐데요. 그 전에 안경부터 벗겨 드리겠습니다."

헨리는 눈을 감고 로드레이 공중그네 곡예단을 처음 알아 가던 날들을 떠올린다. 그때만 해도 창문을 연다는 표현은 복잡할 것 없는 좋은 은유였다.

·····

공중그네 공연은 혹시 삶이라는 집의 창문이 아닐까? 거기서 전혀 새로운 황홀한 풍경이 열리지 않을까? 그날 아침 연습을 지켜보며 헨리에게 든 생각이다.

내 의문은 거기서 끝나지 않았다. 그동안 이 남자들과 여자들이 내렸을 많은 선택도 궁금했다.

"로드레이는 의료 기술자, 제니는 간호사, 칼린은 교사가 아니었던가? 그런데 왜 직장과 나라를 떠나 서커스에서 나는사람이 되기로 했을까? 잡는사람인 조와 존은 또 어떤가?" 그들에 대해 하나도 아는 게 없었던 만큼 나는 그들의 삶을 육하원칙대로 다 알고 싶어졌다.

그저 호기심일까? 지금 나는 친분도 없는 사람들의 삶을 캐내려는 것일까? 이 의문에 뭐라고 답해야 할지 몰랐지만, 볼수록 더 보고 싶고 알수록 더 알고 싶은 것만은 분명했다. 내 안에 호기심 이상으로 훨씬 많은 게 있다고 믿는다. 이들 5인조가 10분 동안 공중에 연출하는 장관은 위대한 예술가들이 합작으로 그려 내는 살아 있는 그림이 아닐까?

렘브란트 판 레인과 빈센트 반 고흐의 삶도 나는 몇 날이고 몇 년이고 공부해 왔다. 그림을 보는 것만으로 양이 차지 않아, 이 사람들이 누구이기에 날마다 허다한 무리가 그들의 작품을 응시하는지 알고 싶었다. 10분간의 공중 발레도 다섯 명의 화가가 그려 내는 그림 같지 않은가? 매일 오후와 저녁마다 수많은 남녀노소의 넋을 앗아가는 명화가 아닌가?

내가 렘브란트와 빈센트의 사생활에 관심을 보였을 때 아무도 이를 이상하게 여기지 않았다. 다만 그들과는 직접 대화할 수 없으므로 모든 것을 책에서 배워야 했다. 여기 다섯 사람이 공중에 그림을 그리고 있다. 다채롭고 우아하고 한없이 조화로운 선들을 그려 아주 많은 사람의 마음을 고양시켜 준다! 이 수려한 그림의 배후를 알고 싶은 마음이 그저 호기심에 불과할까? 인생의 은밀한 아름다움과 진실을 알고 싶은 갈망일 수도 있지 않을까?

연습이 끝나자 로드레이를 비롯한 남자들이 그물을 걷었다. 헨리와 작별한 그들은 서커스장 경내를 벗어나는 그를 바라보았다. 그는 걸음을 서둘렀다. 점심시간에 지각할 게 뻔했다. 로드레이는 그의 머릿속에 새로운 상념이 가득하겠다는 생각이 들었다. 전선줄에 발이 걸려 넘어질 뻔하고도 알아차리지 못하는 듯한 그의 모습에 로드레이는 혼자 웃으며 고개를 내둘렀다. 미소를 머금은 채 차량 쪽으로 돌아오면서, 오늘은 그의 질문에 답해야 할 일이 없겠구나 싶어 안도했다.

전차를 타고 프란체스코회 수도원으로 돌아올 때는 나의 동기에 대한 의문이 이미 사라진 뒤였다. 확신컨대 이 다섯 명의 곡예사를 만남으로써 정말 내 삶에 새로운 창문이 열렸다. 그 너머를 최대한 오랫동안 유심히 내다보지 않는다면 아주 슬플 것이다.

귀갓길의 전차 안, 바로 거기서 나는 앞으로 모든 연습 시간과 모든 공연과 모든 평가 회의에 참석하기로 결심했다. 로드레이 공중그네 곡예단이 이 도시에 있는 한 나도 곁에 함께 있으리라. 거기서 보게 될 풍경에 내 시간과 에너지를 다 들여도 아깝지 않을 것 같았다.

점심시간에 내 결심을 발설하지 않았다. 어차피 로드레이 곡예단은 렘브란트나 반 고흐만큼 무난한 주제도 아니었고, 또 곡예단에 내 시간과 에너지를 대폭 할애할 가치가 있음을 누구에게 입증할 마음도 없었다. 식후에는 자리에 누워 단잠에 빠졌다. 분명히 나는 밭의 보화를 발견했다. 이제 보화를 숨겨 두고 내게 있는 것을 다 털어서 밭을 사야 한다! 낮잠에서 깨서도 나는 오늘밤 또 서커스를 보러 간다는 생각에 마음이 설렌다.

저녁 공연이 끝난 후, 잡는사람 존 그릭스가 "우리 공연을 좋아하시나 봐요!"라며 내게 말을 걸었다. 나는 "물론입니다. 다시 볼 때마다 더 좋아지네요"라고 대답했다. 존은 내 관심이 불편하지 않은 듯 적극적으로 대화를 이어 갔다. "공연 후에 우리를 찾아오는 사람은 거의 없거든요. 너무 수줍어서 그러겠죠. 중간 휴식 시간에 사람들이 보고 싶어 하는 건 우리가 아니라 동물입니다! 전체 프로그램이 끝날 때쯤이면 다들 워낙 다양한 곡예를 보아서 공중그네는 이미 잊어버렸고요. 그게 정상일 겁니다. 서커스 생활이라는 게 그렇거든요."

함께 트레일러 쪽으로 걸어가다가 존이 "제 방을 보

여 드릴까요?"라고 말했다. "좋지요"라고 말하고 트레일러에 들어가 보니 무척 좁았다. 로드레이와 제니와 칼린과 조와 존이 공중그네 복장으로 함께 찍은 대형 컬러 사진이 걸려 있었다. 내가 "사진이 멋있는데요"라고 했더니 존은 "예, 그게 우리랍니다"라며 자랑스럽게 대답했다.

인상적이게도 존과의 대화는 술술 풀렸다. 거리감도 없고 꾸밈도 없고 망설임도 없었다. 그는 대하기에 아주 편하고 자신감이 넘쳤다. "제가 점심 초대를 해도 될까요? 그러면 더 대화할 수 있겠지요." 내가 물었다.

"예, 좋습니다. 그럼 토요일 낮이 어떨까요? 그날은 연습이 없어서 오후 공연 전까지만 여기로 돌아오면 되거든요."

"저도 토요일 좋습니다. 11시 반에 제가 여기로 데리러 오겠습니다. 괜찮지요?" 존은 내 초대를 좋아하는 것 같았고, 나는 잡는 행위와 수련 과정에 대해 그에게 이것저것 물어볼 기회가 생겨서 기뻤다.

이후 며칠 동안 제니와 로드레이는 헨리에게 점심을 대접했고, 헨리는 답례로 자신의 여러 저서를 선물했다. 그들은 진심으로 감사하며 책을 선반에 꽂았다. 첫 회 공연이 끝난 후 로드레이가 보니 헨리가 무대 뒤쪽에서 마치 자신도 출연한

양 희색이 만면하여 공연의 성공을 열띠게 축하하고 있었다. 나중에 책을 들추어 보다가 로드레이는 어리둥절해지고 말았다. 늘 길을 잃을 것만 같은 재미있고 호리호리한 이 사내가 미국 최고의 명문 대학들에서 신학과 심리학을 가르치던 교수였다지 않은가.

이제 로드레이에게도 헨리 자신이 풀려던 의문이 똑같이 생겨났다. 헨리는 왜 이렇게 공중그네에 관심이 많은 것일까?

8

헨리는 늘 예술가에게 매료되었다. 아름다움, 훈련, 기술 등 각종 예술적 시도가 그를 매혹했다. 매 공연을 마무리하는 로드레이의 극적인 방식도 그에게 전율을 안겨 주었다.

끝날 때 그들은 맨 꼭대기에서 그물로 낙하한다. 그물은 트램펄린과도 같다. 마지막으로 로드레이가 뛰어내리는데 그물의 반동으로 어찌나 높이 되튀어 오르는지 그네를 다시 잡을 수도 있다. 이거야말로 관중이 예상하지 못한 바다. 그 높은 구간을 추락한 그가 그물에 튕겨져 다시 불쑥 솟아올라 그네를 잡는다. 내려온 줄 알았는데 다시 올라가 있는 것이다.

몸의 예술성에 더하여 관중과의 이런 교감이 특히 헨리를 사로잡았다. 그는 1980년대 중반의 어느 밤에 네덜란드에서 겪었던 일을 떠올렸다. 아버지 집에 머물던 그는 텔레비전의 서로 다른 채널에서 동시에 방영되는 판이한 두 공연을 우연히 보고 그 예술적 에너지에 빨려들었다.

> 한 채널에서는 영국 버밍엄에서 열린 티나 터너와 데이비드 보위의 록 콘서트를 보여 주었고, 다른 채널에서는 네덜란드 레이던에 있는 성 베드로 교회에서 바흐의 〈마태 수난곡〉이 연주되고 있었다. 나는 이상하게 양쪽 모두에 마음이 끌려 계속 두 채널을 왔다 갔다 했다.
>
> 티나 터너와 데이비드 보위는 팔을 흔드는 젊은이들의 거대한 인파 앞에서 노래를 불렀다. "사랑뿐이네"인가 뭐 그런 곡이었다. 온몸으로 노래하는데 어쩌나 갈수록 더 정열적인지 청중을 서서히 집단적 황홀경에 빠뜨렸다. 손을 들고 눈을 감은 청중은 드럼의 감각적인 리듬에 완전히 몸을 맡긴 채 파도처럼 일렁였다. 무대 위의 티나와 데이비드는 서로 기묘하게 끌어안은 자세로, 손에 든 마이크에 대고 목이 터져라 열창했다. 티나 터너의 의상과 몸놀림은 누가 보기에도 성적인 감정을 자극하기 위한 것이었고, 깔끔히 면도한 데이비드 보위의 앳된 얼굴을 응시하는 그녀의 고혹적인 눈빛은 청중을

광란의 절정으로 몰아갔다. 그들이 입술을 맞대다시피 하고 긴장을 고조시키며 "사랑뿐이네"를 외치는 동안, 걷잡을 수 없는 격정에 사로잡힌 청중은 혼몽하게 익명의 한 덩어리로 변해 갔다.

채널을 돌리니 예수님의 수난을 노래하는 복음서 저자 마태의 소리가 들려왔다. 예수께서 빌라도 앞에 말없이 서 계시는데, 군중이 "바라바를 풀어 주고 예수를 십자가에 못 박으라"고 외쳤다. 성가대는 구주의 신성한 사랑을 묵상한 바흐의 아름다운 합창곡을 불렀다. '사랑뿐이네'라는 생각이 들면서 깊은 슬픔이 나를 덮쳐 왔다. 성가대원은 모두 나이가 마흔 위쪽이었고, 검은 정장과 드레스와 흰 셔츠와 넥타이 차림이었다. 예수님의 거룩한 말씀을 노래하는 동안 그들은 경직되고 심각해 보였으며 시종 몸에 미동조차 없었다. 지휘자의 몸만 바흐의 선율에 따라 가볍게 움직였다. 텔레비전 카메라는 한 번도 청중을 비추지 않았다. 가끔씩 교회당의 웅장한 건축미를 보여 주고, 화려한 나뭇가지 모양 촛대의 은은한 황색 빛에 잠시 머물렀을 뿐이다.

다시 저쪽 채널로 가 보니 티나와 데이비드가 노래를 더 부르려고 무대로 돌아와 있었다. 그새 의상을 갈아입은 티나가 환호하는 팬들에게 말했다. "여러분, 기다리게 해서 미안해요. 여러분에게 또 예쁘게 보여야 해서요……. 모두들 다음 노래를 들을 준비가 되셨나요?" 그러자 수천의 소리가 "예……" 하고 함성을 질렀다. 반라의 근육질 드러머가 큰북을 둥둥 울리자 군중은 팔을 들고 눈을 감고 발을 구르며 다시금 꿈과 욕망의 낯선 무인 지대로 빠져들었다.

바흐 성가대는 이제 "주여, 편히 쉬소서. 고요히 안식하소서. 사랑하는 구주여, 수난은 끝났사오니 깊은 안식에 드소서"를 노래했다. 끝 소절을 부르는 동안 카메라가 마지막으로 천천히 교회당 내부를 한 번 더 비추었다. 그러고 나서 잠시 정적이 흐른 후 프로그램이 끝났다.

한편 수천의 군중이 박수하고 소리 지르고 발을 구르고 환호하는 동안, 티나와 데이비드는 서로 손을 잡고 고개 숙여 인사하고 폴짝폴짝 뛰고 웃으며 버밍엄 음악당에 키스 세례를 퍼부었다. 두 공연은 똑같은 시간에 끝났다.

헨리는 팔짱을 끼고 앉은 채로 거의 말을 잃었다. 신부이자 유럽인으로서 그에게 친숙하게 느껴진 쪽은 심히 아름답고 영적인 바흐의 음악이었다. 그런데 정작 그를 사로잡은 것은 다른 공연의 빤한 성적인 에너지였다.

아버지의 거실에 앉아서 나는 이 사태가 이해되지 않았

다. 양쪽 다 내 자리 같으면서도 두 행사 모두 아득하게 느껴졌다. 게다가 이것을 집에서 아버지와 함께 보았으니, 이게 무슨 조홧속인가 하는 의문이 들면서 기운이 쭉 빠졌다. **헨리의 글은 그렇게 끝난다.**

어느새 그는 자신도 버밍엄의 거대한 익명의 청중 속이나 심지어 그 무대 위에 있을 수 있다면 얼마나 좋을까 하는 생각이 든다. 자신도 대학 강의실에 신체적 에너지를 불어넣어 인기 교수가 되었지만, 티나 터너와 데이비드 보위의 공연에는 묘한 신바람과 자유가 있었다. 저렇게 자신만만하게 몸으로 마음껏 표현할 수 있다면 얼마나 좋을까?

5년 후 프라이브루크에서 헨리는 또 아버지와 함께 관중이 되어 다시 활력적인 몸의 공연에 압도되었다. 이번에는 공중그네 곡예단 전체와 사랑에 빠졌다. 그는 그들과 교류하며 공중그네 곡예의 모든 것을 자세히 알고 싶었을 뿐 아니라, 그들이 분출하는 창의적 에너지 덕분에 자신도 예술가다운 작가가 되고 싶은 열망에 눈떴다.

9

이후 며칠 동안 나는 서커스에 최대한 자주 갔다. 연습 시간에 참석했고 오후 공연이나 저녁 공연을 보았다. 두 번 다 본 날도 있다.

헨리는 공중그네 곡예의 모든 것을 간절히 알고 싶었으나 세부 세항은 혼란스러웠다. 로드레이는 헨리 옆에 앉아 헨리의 공책에 무대 장치를 그려 가며 참을성 있게 설명을 반복했다. 내용이 그 전날과 똑같을 때도 많았다.

점차 내가 조금씩 한 식구처럼 느껴졌다. 적어도 로드레이 일가에 관한 한 그랬다. 하루는 로드레이가 말했다. "공연에 오실 때마다 돈을 내실 수는 없지요. 그냥 매표소에 우리한테 초대받았다고 말하세요. 그럼 들여보내 줄 겁니다." 그 말대로 했더니 정말 입장권 없이 받아 주었다. 그동안 입구의 안내원들과 서로 낯을 익힌 사이라 굳이 설명할 필요도 없었다.

한번은 평가 회의 후에 남아프리카공화국 출신의 잡는사람인 조에게 말을 걸어 보았다. 미국인 존은 중간 경유지에서 잡지만, 조가 잡는 자리는 발판 맞은편의 그네다. 조는 근육질 몸매와 우락부락한 이목구비와 그을린 피부 때문에 공중그네 곡예사보다는 철공소 직공처럼 보였다. 늘 약간 혼자 떨어져 지내는 듯하고 수줍음도 좀 타는 것 같았다.

"이번 공연을 어떻게 보셨나요?" 내가 물었다.

"아, 좋았습니다. 로드레이가 조금 일찍 날아오는 바람에 잡을 때 제 그네를 약간 조정해야 했지만, 그래도 무사했으니까요."

나야 이르거나 늦다는 말이 무슨 뜻인지 몰랐지만, 잡는사람에게는 분명히 중요한 문제였다. 조의 말은 알아듣기가 무척 힘들었다. 말을 심하게 더듬는 데다 말수도 별로 없다. 그래도 내가 다가가니 대화에 열의를 보였다.

"이 일이 좋습니까?" 내가 물었다.

그는 씩 웃으며 아주 힘주어 말했다. "좋다마다요. 잡는 그네에서 동료들을 잡아 주는 게 참 좋습니다!"

진심으로 하는 말인 게 역력했다. 공연을 많이 보는 사이에 나도 잡는사람의 독특한 역할을 알게 되었다.

"나는사람들만큼 각광받지는 못하지만 당신 없이는 아무것도 할 수 없지요." 내가 말했다.

그가 얼른 말을 받았다. "저는 그게 정말 좋습니다. 주목은 나는사람이 독차지하지만 그들의 목숨은 잡는사람에게 달려 있지요! 저는 박수갈채를 원하지 않아요. 물론 즐겁게 일하고 있고, 또 혼신을 다해야 되지요. 잡는 일은 중요하고 저도 참 좋아하지만, 동료들보다 눈에 덜 띄는 건 다행입니다."

곡예단이 오후 공연을 앞두고 준비 운동을 할 때 헨리도 무대 뒤쪽에 남아서 지켜보고 싶었다. 그런데 그는 절제할 줄 모르고 그들이 휘두르는 팔 앞에까지 너무 바짝 다가서서 질문과 대화를 이어 가려 했다. 결국 그의 안전을 위해 로드레이가 그를 텐트 안으로 돌려보냈다.

그날 새로운 시도가 잘 안 풀려서 로드레이는 가림막이라고 부르는 앞쪽 그물로 떨어졌다. 헨리는 추락을 보고 기겁했다가 그에게 부상이 없자 안도했다. 그러나 나일론 그물에 긁혀 온통 벌게진 쓰라린 상처를 나중에 보고는 경악했다.

"왜 중상을 무릅쏩니까?" 헨리가 물었다. 로드레이는 이전에도 사고가 많았지만 끈기와 노력으로 그런 불상사를 이겨 냈다며 여러 경험담으로 헨리를 안심시켰다. 그러나 그에게는 별 위안이 되지 못했다. 고민을 안고 그곳을 떠난 그는 집으로 가는 내내 서커스 배우의 고되고 특이한 삶을 생각했다.

이튿날 헨리의 질문은 어조가 달라져 있었다.

"더 예측 가능하고 안전한 동작도 많은데 굳이 위험성이 높은 쪽으로 가는 이유가 무엇입니까?"

로드레이는 약간 방어 심리를 느꼈지만, 공연에 대한 비난처럼 들리는 이 질문이 자신들의 안위를 염려하는 말임을 알았다. 그래서 이렇게 설명해 주었다. "헨리, 서커스 사업은 경쟁이 치열합니다. 관중의 반응이 서커스 단장의 양에 차지 않으면 다음 시즌에 우리는 대체됩니다. 고난도와 숙달도 사이의 균형을 찾아내서 공연 내용을 현명하게 짜는 게 제가 할 일이지요."

헨리가 귀 기울여 듣자 로드레이는 내처 말했다. "게다가 우리는 자긍심이 있는 예인(藝人)입니다. 그래서 나는 스스로 도전하여, 아무리 어려운 기술과 순서도 쉽고 매끄럽고 우아해 보이게 하려고 노력합니다. 그래야 긴중이 위험에 신경 쓰지 않고 아름다움에 집중할 수 있으니까요."

토요일 아침에 나는 존의 트레일러에서 그를 만났다. 우리는 전차를 타고 프라이부르크 시내로 나왔다. 어디서 정찬을 대접해야 할지 고민해 보았는데, 조용히 알찬 대화를 나눌 만한 곳은 나의 아버지가 묵었던 레드 베어스밖에 없었다. 그래서 12시 반으로 예약해 두었다. 시간이 30분 남았기에 존에게 웅장한 뮌스터 대성당을 이미 보았느냐고 물었더니 아니라고 했다. 서커스단이 들어온 뒤로 이 도시의 무엇 하나라도 그가 본 적이 있을지 의아했다.

중세의 모든 교회당 중에 내게 최고의 감동을 준 곳은 아마도 뮌스터다. 흥미진진한 역사를 자랑하는 뮌스터 대성당은 도심 광장에 있으며, 웅대한 탑 위로 돌을 가늘게 세공한 뾰족탑이 솟아 있으면서도 내부는 아늑한 느낌을 준다……. 진작부터 나는 이 도시와 사랑에 빠진 만큼이나 뮌스터 대성당과도 사랑에 빠졌다.

그런데 존과 함께 광장을 가로질러 대성당 안으로 들어서면서, 문득 내 마음의 충만한 감동을 그에게 조금이라도 전달할 수 있을지 한없이 막막해졌다.

"보니까 어때요?" 내가 물었다.

"좋네요." 대답은 그렇게 했지만 그는 개밥에 도토리가 된 심정임이 분명했다. 내게 이토록 의미심장한 교회당도 그에게는 생소하다는 생각이 퍼뜩 들었다. 한 바퀴 둘러보는 동안 그에게서 묘한 의무감이 느껴졌다. 내가 가자니까 따라오기는 했지만 그의 마음에 와닿는 게 하나도 없었다. 열두 사도 기둥, 높은 제단의 수려한 세폭 제단화, 화려하게 조각한 성가대석, 성모 마리아상과 그 밑에 놓인 많은 촛불, 그 앞에서 기도하는 사람들……. 아무것도 그에게 울림을 주지 못했다. 나라도 설명해 주고 싶었다. 하지만 디트로이트 출신의 공중그네 곡예사에게 중세 기독교를 어떻게 설명할 것인가?

잠시 후 레드 베어스에 들어서니 여전히 시간이 이르기는 했지만 아까보다는 편안했다. 점심을 주문했다. 프라이부르크에 온 이후로 이렇게 비싼 점심을 주문해 보기는 아마 처음이었다. 주변을 둘러보니 중년 이상의 손님들이 정장 차림으로 앉아 있었다. 웨이터가 우리의 잔을 채우고, 식탁의 촛불을 밝히고, 무릎에 펼쳐 놓을 냅킨도 주었다. 과연 여기가 서커스 단원이 나는 동작과 잡는 동작을 얘기하기에 가장 편안한 장소일지 의문이 들었다.

그러나 서커스에 대한 대화가 시작되자마자 더는 그런 분위기가 내게 신경 쓰이지 않는 것 같았다. 존은 전혀 구애받지 않았다.

"서커스의 매혹은 어디서 나올까요?" 내가 물었다.

존은 잠깐의 침묵 끝에 말했다. "글쎄요, 사람만이 할 수 있는 일을 동물이 하고 동물만이 할 수 있는 일을 사람이 하는 것, 그 모습이 재미있는 게 아닐까요. 사자가 사람처럼 일어나 앉고 사람이 새처럼 날아다니잖아요."

그 말에 둘 다 웃음을 터뜨렸다.

"서커스는 즐거운 세상입니다. 깨끗한 오락을 제공하고요. 그래서 남녀노소 누구나 즐길 수 있지요."

"서커스가 저를 홀린 것만은 분명합니다." 내가 말했다. "지난번 프라이부르크에 왔을 때는 교회당과 박물관을 순례하며 자유 시간을 다 보냈는데, 이번에는 서커스가 제 머릿속을 장악해 버렸거든요."

"예, 진짜 팬이 되셨더군요." 존도 맞장구를 쳤다.

팬이라는 호칭이 약간 어색하게 느껴졌지만 내게 적합한 단어임을 부인할 수 없었다.

서커스에 대해 많은 대화를 나누었다. 존은 내가 알고 싶어 하는 것이면 무엇이든 다 말해 주었다. 나에 대해서는 한 번도 묻지 않았다. 그냥 무엇을 물어야 할지 몰라서일 수도 있다. 존에게는 나도 뮌스터 대성당만큼이나 낯설었을 것이다.

서커스장에 돌아오니 3시쯤 되었다. 오후 공연을 보려는 사람들이 매표소 앞에 줄을 서 있었다. 공연 시간은 30분 후였는데 표가 매진될 것 같았다. 나는 4시 25분에 텐트 안에 들어섰다. 마침 오케스트라 음악이 울려 퍼지면서 로드레이 공중그네 곡예단이 무대에 입장하여 은빛 망토를 한 바퀴 휙 돌리던 참이었다. 웃통을 벗고 흰색 타이츠에 금빛 벨트를 두른 존은 높은 밧줄 사다리를 타고 올라가 텐트 중앙부 꼭대기의 발판을 딛고 서서 함성을 질러 관중의 신명을 돋우었다. 두 시간 전 레드 베어스에서 내가 이 반신(半神)과 함께 점심을 먹었다는 사실이 믿어지지 않았다.

공연은 실수 없이 완벽했다. 로드레이와 제니와 칼린과 조와 존은 무대에서 끝인사를 한 뒤, 2천여 명의 관중이 열광적으로 박수갈채를 보내고 발을 구르는 가운데 커튼 뒤로 사라졌다. 어느새 내 눈에 눈물이 맺혔다. 분명히 나는 이 낯선 단체의 일부가 되어 있었고, 우레 같은 박수 소리가 신기하게 나까지 품어 주었다.

10

헨리의 눈은 여전히 감겨 있다. 데니가 보니 그의 호흡이 다시 빨라지는 중이다. 이렇게 예민해져 있다가는 창문을 통한 이송이 시작될 때는 발작을 일으킬 것만 같다.

"신부님?" 데니가 묻는다. "지금 투약을 시작할 수도 있습니다. 도움이 될 거예요. 링거액에 두 가지 약제가 들어 있습니다. 드로페리돌은 불안과 긴장을 가라앉히는 약이고, 펜타닐은 통증을 완해해 주는 합성 모르핀입니다. 부작용으로 혈압이 더 떨어질 수도 있지만, 그래도 신부님에게 필요해 보입니다. 어떻게 할까요?"

헨리는 아득히 멀리 있는 듯 보인다. 데니가 살짝 건드려 반응을 유도하자 헨리가 눈을 깜빡이다가 번쩍 뜬다. 산소마스크를 쓴 채로 눈빛이 흐릿하다. 데니는 약을 주사하기로 결정한다.

· · · · ·

일요일은 바룸 서커스단이 프라이부르크에 머무는 마지막 날이었다. 오후 공연 후에 로드레이 일가 곁에 서서 이번 공연에 대한 그들의 알쏭달쏭한 대화를 듣고 있는데, 어린 카일이 내게 다가와 말했다. "우리 트레일러를 보러 오실 거죠?" 칼린이 그 말을 듣고는 내게 "신부님이 우리 방을 꼭 보셔야 한다고 저러네요. 피날레 후에 잠깐 와 주세요"라고 말했다.

한 시간 후 칼린 모녀와 함께 그들의 거실에 앉아 있는데, 로드레이가 트레일러 문을 노크하며 우리 셋을 저녁 식사에 초대했다. 그 저녁 식사 자리에서 처음으로 제니와 대화를 나누었다. 그녀는 작은 식탁에서 나를 따뜻이 맞아 주었다.

"공중그네 곡예도 좋지만 제가 진짜 좋아하는 일은 의상 제작이에요." 제니가 말했다.

말을 들어 보니 은빛 망토, 공연 복장, 피날레 복장 등 그 주간에 내가 보았던 모든 의상이 다 제니의 작품이었다.

"로드레이와 결혼하고 싶었을 때 바로 알았죠. 결혼

제2부 낙하

하면 공중그네 곡예사도 되어야 한다는 것을요." 그렇게 말하면서 제니는 웃음을 지었다. "하지만 제가 본격적으로 동참한 때는 의상 제작법을 배우면서부터였어요. 앞으로 우리가 너무 늙어서 곡예를 그만두고 남아프리카공화국으로 돌아가면, 저는 의상 디자인 사업을 시작하고 싶어요."

제니는 숨길 게 하나도 없었다. 자연스럽고 솔직하고 아주 현실적이었다. 덕분에 나도 그 가정이 아주 편하게 느껴졌다. 로드레이도 부인 제니도 누나 칼린도 어린 카일도 이렇게 보니 다 남들과 똑같이 아주 평범했다. 그들은 독일에 와 있는 스티븐스 일가였고, 나는 그들의 저녁 손님이었다. 특별할 게 전혀 없었다. 다만 그들 모두가 공중그네 곡예를 좋아할 뿐이었다.

식후에 로드레이가 말했다. "특별한 게 보고 싶으시면 오늘밤 철거할 때 오세요. 그때 우리 무대 장치를 어떻게 해체하는지 보실 수 있거든요. 그 사이에 모로코 사람들은 텐트를 걷고요. 피날레를 마치고 45분 후면 우리는 서커스 개최장을 떠나 다음 도시로 향합니다. 오늘밤에는 우리가 떠날 때까지 좀 더 계세요. 볼 만할 겁니다."

나는 그때까지 쭉 남아 있었다. 저녁 공연의 중간 휴식 시간에 로드레이와 조와 존은 그물을 비롯한 비교적 작은 공중그네 장비를 이미 트럭에 실었다. 동물을 실은 일부 차량은 벌써 서커스장을 떠나고 있었다. 마침내 피날레가 끝나자 온 사방이 벌집처럼 어수선해졌다. 사람마다 자신이 할 일을 정확히 알았다. 관중석이 철거되는 동안 공중그네 남자들이 자기네 무대 장치를 해체했는데, 마치 잘 안무된 한 마당의 춤 같았다. 계획은 치밀했고 실행은 아주 신속하면서도 신중했다.

10시 5분 전에 로드레이는 트럭을 닫고 트레일러에 연결시켰다. 동시에 존과 조도 각자의 트럭에 시동을 걸었다. 어느새 모두 떠날 준비가 되었다.

"우리는 한 줄로 늘어서서 운전해요." 칼린이 설명해 주었다. "로드레이가 앞장서고 그다음 저와 조와 존의 순서로 쭉 따라가지요. 로드레이와 존의 트럭에 단파 무전기가 있어서 중간중간 서로 소통하면서 가운데 두 차의 상황을 살필 수 있답니다. 신호등이나 뜻밖의 회전 때문에 가끔 서로 놓칠 때도 있지만, 무전기로 서로 도와 다시 길을 찾으면 돼요."

칼린의 말을 들으며 내가 저 대열에 낄 수 없다는 게 슬펐다. 한 주 동안 로드레이 곡예단이 어쩌나 내 삶의 일부가 되었던지 그들이 떠나는 게 이토록 가슴 저릴 수가 없었다. 계속 이곳저곳 옮겨 다니는 그들은 또 얼마나 힘들까 하는 생각도 들었다. 한 군데 오래 있지 않으니 평생의 친구를 사귀지도 못할 것이다.

이것으로 끝인가? 다시는 이들을 못 보는 건가?

그들의 차가 움직이기 시작했다. 그 자리에 서서 나는 한 줄로 천천히 서커스 개최장을 빠져나가는 그들 모두에게 손을 흔들었다.

외로움이 밀려왔다. 고개를 들어 보니 텐트가 천천히 내려앉고 있었다. 이곳을 완전히 다 치우는 데 두 시간이 걸린다는데, 나는 조금도 기다릴 마음이 없었다. 로드레이 일행이 없는 서커스장은 왠지 또 하나의 서커스장일 뿐이었다. 늦게까지 남아 있을 필요가 없었다.

집에 가려고 전차 정류장으로 걸어가면서 약간 혼란스러웠다. 이 새로운 '소명'이 혹시 나의 바보짓은 아닌지 아직도 충분한 확신은 없었다.

11

약이 투여되는데도 데니가 보니 헨리의 몸은 여전히 불안하게 적응 중이다. 하지만 그는 불안정한 상태를 헨리 탓으로 돌릴 수 없다. 창문을 통한 이송은 흔한 일이 아니다.

그런데 지금 헨리는 현 상태를 생각하는 게 아니라 1991년으로 돌아가 있다. 떠나가는 로드레이 공중그네 곡예단을 지켜보던 외로움과 그 대열에 합류할 수 없던 슬픔을 회상하는 중이다. 그의 다리가 움찔한다.

문득 또 다른 기억이 자꾸 되살아나 그를 훨씬 더 이른 시절로 데려간다. 그때 그는 함께 전진하는 사람들의 한 공동체에 온몸으로 합류하고 싶었다. 이 모두가 불안한 감정, 내면의 부담, 집요한 번민, 괴로운 의문으로 시작되었다. 나는 왜 셀마에 있지 않은가? 그 사건 이후에 그가 쓴 글이다.

1965년 3월, 헨리는 캔자스주 토피카의 메닝거 클리닉에서 심리학을 공부하고 있었다. 그즈음 앨라배마주 경찰이 민권운동의 평화로운 행진을 최루탄과 물리력으로 중단시키자, 마틴 루서 킹 주니어는 다시 행진하자며 전국의 교회 지도자와 신앙인에게 앨라배마주 셀마로 집결할 것을 호소했다. 헨리는 네덜란드 국적으로 비자를 받은 신분인지라 얼마든지 가지 않을 이유가 있었다. 거리도 1,300킬로미터나 떨어져 있었다. 친구들은 현지 문제에 외국인이 끼어들어서는 안 된다며 단호히 말렸다. 가 봐야 전율과 흥분을 찾으려는 자신의 욕구나 채울 뿐이라는 것이었다. 하지만 헨리는 호응하고 싶은 마음을 떨칠 수 없었다.

3월 21일 일요일에 행진이 시작되었다. 그날 밤 11시에 헨리는 침대에서 뒤척이다가 불현듯 자신이 잘못 결정했음을 깨달았다. 답은 분명했다. 자정쯤 그는 행진 시위대에 합류하고자 폭스바겐을 몰아 미국 남부로 향했다. 그제야 불안한 마음이 가시고 깊은 확신과 결기가 피부로 느껴졌다.

미시시피주 빅스버그까지 1,100킬로미터쯤 갔을 때 헨리는 차를 얻어 타려는 스무 살의 찰스라는 흑인을 태웠다. 밤새 운전하는 동안 찰스가 미시시피주의 암울한 나날을 내게 말해 주었다. 헨리는 이제부터 찰스도 백인인 자신의 특권을 공유하게 될 줄로 알았다. 둘 중 자신이 연장자인 데다 운전대를 잡고 있었으니 말이다. 그러나 백인과 흑인이 함께 다니면 아무데도 안심하고 정차할 수 없음을 그는 금세 깨달았다. 주유소와 커피숍은 물론이고 화장실도 함께 쓸 수 없었다. 내 무고함과 당연하던 자유가 점차 사라졌다. 애초에 이 먼 길을 떠나게 했던 불안이 이번에는 두려움의 옷을 입고 걷잡을 수 없이 되살아났다. 두려움 때문에 내 눈과 귀와 입이 달라졌다. 출발한 지 18시간 만에 헨리는 찰스와 함께 셀마에 도착했는데, 면도도 못한 채로 몸이 추레하고 피곤했다. 행진 현장에까지 마저 차를 몰고 가는데, 연도에 늘어선 중무장한 주 방위군이 헨리에게 전쟁통에 피점령국 네덜란드에서 자라나던 시절을 연상시켰다.

도착하니 열두 살 아이 둘이 그들을 맞이했다. 그 아이들이 참가자를 행진에 등록시킬 때 던진 질문은 세 가지였다. 이름이 무엇인가요? 어디서 오셨나요? 혹시 무슨 일을 당하실 경우 저희가 누구한테 연락해야 하나요? 세 번째 질문이 냉정하고 섬뜩하게 들렸지만 전체 분위기는 불안하지 않았다. 어떤 상황 속에서도 사람들은 먹고 웃고 대화하고 기도했다. 늘 배고프던 헨리에게는 풍성한 음식이 특히 인상적이었다. 셀마의 신비 중 하나였다. 닷새 동안 셀마와 몽고메리의 도로변과 천막 안에서 수천의 인파에게 음식이 제공되었는데 매번 충분했다. 아무것도 조직된 게 없이 모든 게 늘 갈팡질팡 와해될 것만 같은데도, 신기하게 매번 잘 풀렸다. 임기응변과 순발력이 뛰어난 사람들의 공동생활이 무엇인지 알 것 같았다.

헨리는 마틴 루서 킹 주니어가 몽고메리의 주 의회 계단에서 하는 연설을 들었다. "우리는 전진하고 있습니다." 그의 말은 느리지만 힘이 있었고, 목소리가 높아지면서 탄력을 받았다. 킹은 인간다운 자유를 얻고자 투쟁해 온 흑인의 역사를 되짚으며 많은 순교자를 거명했고, 그들의 죽음이 헛되지 않은 이유를 이렇게 거듭 밝혔다. "우리는 전진하고 있습니다. 장차 후퇴할 때도 있고 계속 힘들겠지만, 보다시피 지금 이렇게 전진하고 있습니다."

행진 시위대를 보호하는 군대의 권한이 정각 4시에 종료되면서 다시 헨리의 온몸에 두려움이 엄습했다. 그는 북쪽 방향으로 가는 흑인 남자 셋을 자진해서 태워다 주었는데, 그들은 그에게 큰길로만 가면서 제한 속도를 엄수하고 어두워진 뒤에는 운전하지 말라고 시종 당부했다. 나중에 헨리는 이렇게 썼다. 그때 우리가 두려웠다는 기억만 남아 있다. 죽도록 두려웠다. 도시를 통과할 때마다 우리는 덜덜 떨었고, 주 방위군이 한 명만 보여도 바짝 조심했다.

동승한 흑인들에게는 그런 상존하는 위험이 너무도 익숙했지만, 서른세 살의 네덜란드인 신부에게는 충격이었다. 그러나 그에게 가장 생생하게 남은 것은 공동체를 경험한 일이었다. 그래서 몇 년 후에, 폭력과 불의에 항거할 수 있는 그런 평화적인 현실 참여를 열망하며 이런 글을 썼다. 평화를 이루려는 저항은 용감무쌍한 개인들의 노력이라기보다 신앙 공동체가 할 일이다.

헨리는 신부이다 보니 사람들에게서 그들 자신이 모자라고 부족하게 느껴진다는 고백을 자주 들었다. 그도 똑같이 느껴질 때가 많았기에 그 심정을 이해했지만, 그래도 애써 설명하곤 했다. 당연히 당신은 부족하다고, 우리 중 누구도 혼자로는 모자랄 수밖에 없다고, 사실 우리 각자는 공동체라는 더 큰 몸의 지체라고 말이다. 개인은 아무리 훌륭하고 강해도 금세 지치고 낙심하지만, 저항 공동체는 끝까지 버텨 낼 수 있다. 구성원들이 약해져서 절망하는 그 순간에도 말이다. 평화 유지가 지속되려면 우리가 더불어 살면서 힘을 합해야만 한다.

1968년 4월 4일 목요일, 시카고에서 헨리는 마틴 루서 킹 주니어의 피살 소식을 접했다. 뉴스를 들은 그는 울분과 공포에 젖었고, 그가 속해 있던 백인 위주 공동체의 무관심한 태도가 이를 더욱 부채질했다. 며칠째 고뇌가 깊어져 몸까지 잠식당하자 결국 그는 다시 갑작스럽게 결단한다.

애틀랜타행 밤 비행기에 빈 좌석이 남아 있었다. 나는 가야만 했다. 지난 나흘 동안 비탄과 슬픔과 분노와 광기와 고통과 좌절이 내 몸의 보이지 않는 구석구석에서 기어 나와, 불안과 긴장과 원한의 질병처럼 악화되어 전신으로 쫙 퍼졌다. 최대한 버텨 보았지만 이제 흑인들만이 나를 치료해 줄 수 있음이 분명했다. 익명으로 울고 외치고 행진하고 노래하는 그들 속에서만 나는 셀마의 사람 킹을 다시 만나 다소나마 쉼을 얻을 수 있으리라.

킹의 장례식 날 아침에 도착한 헨리는 깜짝 놀랐다. 애틀랜타에 가니 모든 것이 달랐다. 온통 무겁기만 한 내 심정과는 대조적으로 뜻밖에도 묘한 활기가 있었다. 검은 상복은 없고 흰옷과 색색의 모자뿐이어서 마치 사람들이 큰 축제의 자리로 전진하고 있는 듯했다.

이번에도 헨리는 예상치 못했던 따뜻하고 친절한 환대를 받았다. 흑인의 장례식인 만큼 내가 불청객이 될지도 몰라 내심 불안했던 것 같다. 그런데 친절한 배려뿐이었다. "도움이 필요하신가요? 교통편이나 아침 식사나 숙박할 곳이 필요하시면 말씀해 주세요."

알고 보니 장례 행렬은 마틴 루서 킹 주니어의 마지막 행진이었고, 누구나 그 사실을 알았다. 그런데 그의 마지막 행진에는 어딘지 색다르고 새로운 면이 있었다. 두려움이 없었던 것이다. 연도에서 돌팔매질을 하려는 성난 백인들도 없었다……. 내 뒤로 몇 킬로미터나 이어진 사람들을 돌아보노라니 이 승리의 행진이 한없이 이어질 것만 같았다. 똑같은 노래를 연이어 제창하는 인파가 끝없는 물결을 이루었다. "우리 승리하리라. 두려움이 없네. 흑인과 백인이 함께."

장례 행렬이 고인의 모교인 모어하우스 신학교의 고요한 동산으로 접어들자 헨리는 그대로 잔디밭에 쓰러졌다. 너무 기진맥진해서 단상에서 진행되는 여러 조사나 조가에 집중할 수 없었고, 다 소화하기에 너무 벅찼다.

바닥에 앉은 내 주위로 수많은 사람이 둘러서 있으니 내가 안전하게 보호받는다는 느낌이 들었다. 깊은 잠에서 깨어난 내게 한 흑인이 미소를 지어 보였다. 지치고 배고프고 마음이 무거운 중에도 묘한 만족감이 온몸으로 퍼져 나갔다. 바로 여기가 내가 있고 싶은 곳이었다. 흑인들에 둘러싸여 익명으로 숨어 있고 싶었다. 목요일 밤부터 멀고도 고단한 여정이었고, 제정신이 아닌 듯 신경이 예민해져 비탄과 좌절에 빠져 있었다. 덕분에 나는 모어하우스 대학의 푸른 잔디밭에 와 있었고, 거기서 계속 노래하고 기도하는 사람들에 힘입어 섬을 일었나.

수십 년이 흐른 지금, 헨리는 기진맥진하여 꼼짝도 못하는 채로 들것이 오기를 기다리고 있다. 그러면서 로드레이 일행을 처음 만난 기억이 자신의 상상 속에서 왜 오래전 앨라배마와 조지아에서 보낸 그 특별한 시간과 연결되는지 의문이 든다. 어쩌면 그의 불안정한 몸이 기억하는지도 모른다. 어쩌면 로드레이 공중그네 곡예단에 그토록 깊은 영향을 받게 되기까지의 자신의 인생길을 되짚어 보는지도 모른다. 애틀랜타의 장례 행렬과 프라이부르크의 공중그네를 통해 그는 자신의 또 다른 한계에 눈떴고, 더 깊게는 공동체와 아름다움을 구현하고 싶은 자신의 간절한 갈망을 보았다.

알다시피 분열과 불화와 폭력이 난무하는 이 세상에서 로드레이 곡예단은 어떤 의미에서 화평하게 하는 자들입니다. 그들은 공동체를 이루어 냅니다. 세상에 절실히 필요한 뭔가를 창출합니다. 우정과 소속을 갈망하지 않는 사람이 있을까요? 웃음과 자유를 원하지 않는 사람이 있을까요? 훈련과 연대감이 필요하지 않은 사람이 있을까요?

삶이란 무엇이고 세상은 또 무엇입니까? 잘 보면 이 모두가 하나의 공연 속에 다 들어 있습니다.

12

헨리가 로드레이 공중그네 곡예단을 만나던 그 한 주가 끝나자, 그들은 신속히 짐을 쌌고 그는 서운하게 손을 흔들었다. 그들의 차량이 프라이부르크 서커스 개최장을 줄지어 벗어날 때 그도 그 행렬에 끼고 싶었다. 상실감이 컸다. 그런데 불과 5년 전에 헨리도 한 줄로 늘어선 트럭과 트레일러를 선두에서 이끈 적이 있었다. 1986년 가을이었다. 순회 서커스단은 아니었지만, 약간 과하다면 과한 행사였다. 프랑스 라르쉬 공동체에서 1년간 지적 장애인들과 더불어 살다 온 헨리는 자신의 모든 짐을 싣고 보스턴에서 캐나다 라르쉬 데이브레이크로 이사했다. 이때 일단의 친구들이 각종 차량을 운전해 동행했다.

하버드의 동료들은 호기심이 들면서도 약간 회의적이

었다. 그들의 학구파 친구가 더불어 살기로 작정한 무리는 그가 누구인지도 몰랐고, 그의 저서를 하나도 읽지 않을 것이며, 그의 학력이나 이력을 대단하게 여기지도 않았다. 야심차고 성질 급한 이 전직 교수가 거기에 잘 맞을지는 아무래도 미지수였다. 하지만 그들이 알던 그는 공동체를 세우고 가꾸는 능력이 출중한 사람이기도 했다. 그들은 그를 사랑했고 보스턴 시절에 그가 주위에 끌어모은 생동감 있는 공동체도 사랑했다. 다만 그 시절에 그가 우울하게 표류하기도 했던 터라 그들은 이 용감한 새로운 실험을 통해 친구가 더 깊은 의미의 집을 찾기를 바랐다.

그들이 탄 차들은 보기 흉한 상가와 중고차 매장들과 수없이 늘어선 캐나다식 도넛 가게들을 지나 토론토 북부의 영 스트리트로 접어들었다. 친구들은 아름다움과 유서 깊은 건축물과 문화를 사랑하는 헨리에게 앞날이 어떻게 풀릴지 의아했다.

마침내 헨리의 차량 행렬은 목재로 가로대를 댄 울타리 안으로 꺾어져 라르쉬 데이브레이크 농장의 자갈 마당으로 속속 들어섰다. 오른쪽에 원래 수도원이었던 크고 오래된 붉은 벽돌 건물이 있었고, 전방의 초록색 헛간 너머는 농지였다.

맞이하는 쪽에서 약간 당황하는 기색도 보였다. 그 공동체의 터줏대감 수 모스텔러는 지적 장애인 여부를 떠나 그동안 많은 사람을 데이브레이크에 영접했다. 대다수 봉사자는 배낭 하나만 메고 청바지 차림으로 왔는데, 헨리는 차를 우르르 몰고 왔다. 맨 나중에 진입로로 들어선 차는 대형 이삿짐 트럭이었다. 이후 몇 주 동안 수는 헨리의 원기와 명성이 회오리바람처럼 그 조용하던 공동체를 휘저어 놓는 것을 보았다.

그러나 친구들이 많은 책 상자를 차에서 부리는 동안, 헨리는 라르쉬 데이브레이크로 오기를 잘했다는 확신이 들었다. 그가 수십 년째 품어 온 열망과 비전이 있었는데, 셀마와 라틴아메리카와 프랑스 라르쉬에서 직접 몸으로 연대를 경험하는 사이에 그것이 그의 내면에 되살아나 있었던 것이다.

헨리는 신부로서 데이브레이크 공동체의 신앙생활을 도울 준비가 되어 있었다. 그래서 막상 와서 이런 요청을 받았을 때 깜짝 놀랐다. 지적 장애인과 봉사자로 더불어 한 숙사에서 살라는 것이었다. 게다가 일반 입주 봉사자가 하는 일을 그도 똑같이 해야 한다는 말은 더 큰 충격이었다.

라르쉬의 사명은 주인공들과 "더불어 사는" 것이라 했다. 그래서 나의 새로운 삶도 뉴 하우스 숙사의 모든 식구로 더불어 시작되었다. 육체노동과 요리와 집안일이 다 낯설기만 했다. 네덜란드와 미국의 대학들에서 가르치던 20년 동안, 가정을 이룰 뜻을 품거나 장애인과 가까이 지내 본 적이 없던 나였다. 가족들이나 친구들에게 나는 아무것도 할 줄 모르는 숙맥으로 유명했다.

새로운 삶이 시작되어 몇 달이 지난 1987년 초에 헨리는 다시 하버드의 청중에게 자신의 숙사 생활을 설명할 기회가 있었다.

저는 장애인 여섯과 봉사자 넷으로 더불어 한 집에서 살고 있습니다. 정신 장애인을 돕는 법을 특별히 훈련받은 봉사자는 없습니다. 대신 필요한 모든 도움을 그 지역의 의사, 정신과 의사, 행동 치료사, 사회 복지사, 상담 치료사에게 받습니다. 특별한 위기가 없을 때는, 그냥 가족처럼 더불어 살면서 점차 누가 장애인이고 누가 장애인이 아닌지 망각하게 되지요. 우리는 그냥 존, 빌, 트레버, 레이먼드, 아담, 로즈, 스티브, 제인, 나오미, 헨리입니다. 저마다 재능과 고민과 장점과 단점이 있지요. 우리는 함께 먹고, 함께 놀고, 함께 기도하고, 함께 외출합니다. 일과 음식과 영화에 대한 취향이 각기 다르고, 장애인 여부를 떠나 숙사 내의 누군가와 사이가 좋지 않다는 것도 모두 똑같아요. 우리는 많이 웃고 많이 웁니다. 동시에 웃고 울 때도 있고요.

아침마다 제가 "잘 잤나요, 레이먼드"라고 인사하면, 그는 "아직 안 깼거든요. 날마다 모두에게 아침 인사를 건네는 건 현실과 거리가 멀어요"라고 되받습니다. 크리스마스이브에 트레버는 모든 식구에게 줄 화해의 선물로 마시멜로를 은박지에 쌌고, 크리스마스 만찬 때는 의자에 올라가 잔을 들고 "신사 숙녀 여러분, 오늘은 명절이 아니라 성탄절입니다"라고 말했답니다. 또 한 사람은 전화 통화를 하다가 봉사자의 담배 연기가 거슬리자 화나서 "담배 좀 그만 피워요. 안 들리잖아요"라고 소리쳤고요. 빌은 저녁 식사에 손님이 올 때마다 "어이, 칠면조를 안달하게 만들려면 어떻게 하면 될까요?"라는 질문으로 맞이합니다. 처음 온 사람이 모른다고 답하면 빌은 함박웃음을 지으며 "정답은 내일 공개합니다"라고 말하지요.

유쾌한 순간도 있었지만 헨리는 새로운 삶에 적응하기가 힘들었고 주변 사람까지 다 힘들게 했다. 그는 숙맥 정도가 아니었다. 동료들은 그의 무능함에 경악했다. 차를 끓이고 샌드위치를 만들고 빨래하는 것까지도 그가 도움을 청했기 때문이다. 이렇게 자상하고 사교적인 사람이 어떻게 평생 아무것도 할 줄 모르는 채로 살아남았는지 아무도 이해할 수 없었다. 그는 어찌할 바를 몰라 신경이 예민해졌고, 집무실로 물러나 글을 쓰고 편지에 답장할 때만 긴장이 풀렸다. 1969년의 라르쉬 데이브레이크 창립 멤버였던 빌 밴 뷰런을 통해 점차 헨리는 아주 서서히 소속감을 얻었다.

> 지난 몇 달 동안 우리 숙사의 빌이라는 장애인과 조금씩 친해졌다. 처음에 그는 온갖 자잘한 일을 나한테 떠넘길 생각만 하는 것 같았다. 그만큼 나를 잘 이용했다. 내 죄책감과 도우려는 마음을 직감으로 알고는 최대한 내 도움을 유도해 냈다. 혼자서도 다 잘할 수 있으면서 나한테 자신의 맥주 값을 내고 자신의 설거지를 하고 자신의 방을 청소하게 했다. 당연히 나는 그가 편하지 않았다.
>
> 그런데 여러 달째 동고동락하면서 뭔가 달라지기 시작했다. 한번은 아침에 그가 나를 너그럽게 포옹해 주었다. 오후에 당당히 나를 데리고 나가 자기 돈으로 맥주를 사기도 했고, 내 생일에는 멋진 선물을 사 주었다. 저녁 식사 때마다 내 옆에 앉으려 했고, 미사 시간에 내 강론을 방해하던 그의 농담도 진심 어린 사랑과 배려의 말로 바뀌었다. 이렇게 우리는 친구가 되었다.

·····

헨리의 손가락에 연결된 모니터에서 산소량을 확인한 데니는 우려를 숨기며 애써 그를 격려해 준다. "다 잘 진행되고 있습니다. 소방차가 오는 중이니 몇 분 내로 도착할 겁니다. 우리는 기다리기만 하면 돼요. 잠시 후면 약효가 나타나 몸이 편안해지실 겁니다."

그러나 헨리는 듣지 않고 아담을 떠올린다.

·····

아담은 우리 식구들 중에서 제일 연약한 사람입니다. 스물다섯 살이지만 말도 하지 못하고, 스스로 옷을 입거나 벗지도 못하고, 혼자 걷지도 못하고, 많은 도움이 없이는 음식을 먹지도 못하지요. 울거나 우는 일은 없고 간혹 눈만 마주칠 뿐입니다. 등이 굽어졌고 팔다리의 움직임도 제멋대로입니다. 간질이 심해서 고생인데, 다량의 투약에도 불구하고 대발작이 없는 날이 거의 없어요. 갑자기 몸이 경직되는 동안 울부짖듯 신음할 때도 있으며, 뺨에 굵은 눈물이 주르르 흐르는 것도 몇 번 본 적이 있습니다.

그전에 프랑스 라르쉬에서 생활할 때 헨리는 장애인을 직접 돕지는 않았다. 그래서 이 낯선 세계로 들어서기가 사뭇 두려웠다. 아담을 직접 도우라는 요청을 받았을 때도 두려움은 가라앉지 않았다.

나는 기겁했다! 도저히 내가 할 수 있는 일이 아니었다. "그가 넘어지면 어떡하지? 걸을 때 어떻게 부축하지? 나 때문에 아파도 그는 말을 못 할 텐데? 발작을 일으키면 어떡하지? 내가 받은 목욕물이 너무 뜨겁거나 너무 차면 어떡하지? 손톱을 깎아 주다가 살점이라도 베면 어떡하지? 나는 옷을 입힐 줄도 모르는데! 잘못될 수 있는 일이 한두 가지가 아니야. 게다가 나는 이 사람을 모르잖아. 간호사도 아니고, 이런 일을 훈련받은 적도 없다고!" 이런 많은 반론 중 일부는 표출했지만 대부분은 속으로만 생각했다. 그러나 공동체 측의 답변은 명확하고 단호했다. 나를 안심시키는 말이기도 했다. "하실 수 있습니다. 편안해지실 때까지 우선 우리가 도우면서 시간을 충분히 드릴 겁니다……. 일과는 익히면 되고, 그 사이에 신부님과 아담은 서로를 알아 가게 됩니다."

그래서 나는 두렵고 떨리는 마음으로 시작했다. 처음 며칠이 지금도 기억난다. 다른 봉사자들이 거들어 주는데도 나는 아담의 방으로 들어가 이 낯선 사람을 깨우기가 두려웠다. 그의 거친 숨소리와 쉴 새 없는 손놀림 때문에 자꾸만 움츠러들었다. 나는 그를 몰랐고, 그가 내게 무엇을 기대하는지도 몰랐다. 그를 불쾌하게 하고 싶지 않았다. 사람들 앞에서 바보짓을 하고 싶지도 않았다. 웃음거리가 되거나 창피당하고 싶지 않았다.

몇 달 후 헨리는 자신의 일과를 하버드의 청중에게 이렇게 설명했다.

> 아담을 깨워 약부터 먹이고, 잠옷을 벗겨 욕실로 안고 가서 씻기고, 면도와 양치질을 해 준 뒤 옷을 입히고, 부엌으로 함께 걸어가 아침을 먹이고, 휠체어에 앉혀서 그가 하루의 대부분을 보내며 다양한 재활 운동을 하는 장소로 그를 데려가는 데까지 1시간 반쯤 걸립니다. 이 일련의 활동 도중에 대발작이 일어나면 시간이 훨씬 많이 필요하지요. 발작 중에 소진된 기운을 웬만큼 되찾으려면 대개 그는 다시 잠을 자야 합니다.

초기에만 해도 헨리에게 아담은 자신과는 전혀 다른 사람으로 보였다. 아담이 말을 하지 못했으므로 헨리는 둘 사이에 소통이 가능하리라고 상상조차 못했다. 둘의 관계는 주로 몸에 의존했다. 아담과 함께 걸을 때면,

> 그의 등 뒤에서 내 몸으로 그를 떠받쳐야 했다. 그러다 보니 혹시 그가 내 발에 걸려 넘어져서 다치지나 않을지

늘 걱정되었다. 대발작도 의식되었다. 발작은 그가 욕조나 변기에 앉아 있을 때, 아침을 먹을 때, 쉴 때, 걸을 때, 면도할 때 등 시도 때도 없이 일어날 수 있었다.

처음에는 다른 사람들과 나 자신에게 자꾸 물어야 했다. "왜 나한테 이 일을 맡겼나요? 나는 왜 수락했던가? 내가 지금 여기서 무엇을 하는 거지? 날마다 내 시간을 뭉텅뭉텅 요구하는 이 낯선 사람은 누구인가? 왜 하필 우리 숙사의 모든 봉사자 중 가장 무능한 내가 아담을 돌보아야 하나? 손이 덜 가는 장애인도 있는데." 대답은 언제나 똑같았다. "그래야 신부님이 아담을 알아 가실 수 있잖아요." 하지만 내게는 그게 수수께끼였다. 아담이 나를 보며 눈길로 나를 따라올 때는 많았어도, 말을 하거나 내 물음에 반응한 적은 없었기 때문이다.

아주 느리지만 점차 변화가 나타났다. 그전까지 내 삶을 온통 형성한 것은 말과 사상과 책과 백과사전이었다. 그런데 이제 우선순위가 바뀌어 아담이 중요해졌고, 그와 함께하는 시간이 특권으로 느껴졌다. 그는 한없이 연약한 몸을 내게 맡겼고, 옷을 벗고 목욕하고 갈아입고 음식을 먹고 이동하는 동안 자신을 내게 내주었다. 아담의 몸을 기꺼이하면서 그와 더 친해졌다. 이렇게 나는 서서히 그를 알아 갔다.

13

데니가 헨리를 간호하는 동안 앰뷸런스 운전사는 헨리의 크고 작은 짐 가방을 챙긴다. 헨리의 약은 꺼냈는데 칫솔이나 기타 세면도구는 보이지 않는다. 데니가 헨리에게 몸을 기울여 묻는다. "지금 병원에 가방 하나를 가져갈 수 있습니다. 하루이틀 밤을 보내시는 데 필요한 게 작은 가방에 다 들어 있나요?"

헨리는 몽롱한 머리로 생각해 본다. 렘브란트에 대한 원고는 병원에서 필요가 없을 테고 양복도 마찬가지다. 미사를 집전할 때 걸치려고 라틴아메리카에서 가져왔던 밝은색 영대(領帶), 성체용 빵, 작은 포도주 잔, 성경책, 매일 아침저녁으로 읽는 기도서 등은 다 작은 가방에 들어 있다. 그는 필요한 건 다 있다는 뜻으로 고개를 끄덕인다.

헨리의 생각은 붕 떠올라 공중그네와 로드레이 일행에게서 데이브레이크 공동체로 옮겨 간다. 내가 생각하는 바룸 서커스단과 데이브레이크는 둘 다 세상에 기쁨과 평화를 가져다 주려는 사람들의 국제 공동체다. 데이브레이크의 장애인들과 바룸 서커스단의 유능한 예인들은 언뜻 보기보다 공통점이 훨씬 많다.

그런데 왜 그는 1987년에 정서적으로 완전히 무너져 내린 것일까? 헨리 자신도 그게 묘연하다. 그때는 그가 데이브레이크로 이주하여 빌과 아담 등 새 식구들과 친해지고 있던 때였다.

평화와 사회 변혁에 대한 그의 헌신은 약해지지 않았고, 생활 환경과 일의 초점도 그가 셀마 이후에 갈망해 온 대로 이슈 지향의 삶에서 사람 지향의 삶으로 바뀌어 있었다. 그런데 그 삶이 그를 결딴내다시피 했다.

사실은 그게 문제였다. 그의 삶은 사람 중심으로 돌아갔다. 남들이 자신을 어떻게 생각하고 어떻게 반응하는지에 연연해했다. 헨리는 신부일 뿐 아니라 전문 심리학자였으므로 자신의 정서 불안을 잘 알았다. 이전에도 그의 비람과 기대에 짓눌려 가까운 친구 사이가 깨지곤 했었다.

데이브레이크의 차이점이라면 아마 충분한 정서적 지

원이었을 것이다. 덕분에 그는 전에는 불가능하던 방식으로 마침내 자신의 그런 면에 과감히 직면할 수 있었다. 그의 모든 고뇌를 새 공동체가 촉발한 것일까? 그렇지는 않다. 공중그네 곡예처럼 데이브레이크와 새 친구들은 그에게 안전한 낙하 공간을 열어 주었다. 그런데 뜻밖에도 그 안전망의 주역은 바로 아담이었다.

알고 보니 그동안 내가 내면의 장애를 감추려고 둘러쳤던 많은 방벽이 푸근하고 안전한 뉴 하우스에서 허물어지고 있었다. 이곳은 경쟁, 자리다툼, 돋보여야 한다는 중압감 등이 없이 사랑으로 돌보는 분위기인지라 나 또한 여태 보거나 겪을 수 없었던 것들을 경험했다. 여기서 마주한 나 자신은 피폐하고 연약하고 몹시 정서가 불안한 한 인간이었다. 이런 관점에서 보니 아담이 오히려 강해 보였다. 그는 늘 고요하고 평안한 모습으로 그 자리에 있었고 내면이 한결같았다. 겪어 보니 아담, 로지, 마이클, 존, 로이야말로 모두 우리 공동체의 단단한 응어리였다.

1987년 말에 내게 위기가 닥쳐왔다. 나는 잠을 잘 자지 못했고, 한 친구와의 활기차 보이던 우정이 점차 나를 숨 막히게 해서 온통 거기에 정신이 팔려 있었다. 마치 내 정서적 나락 위를 덮고 있던 널빤지가 푹 꺼지면서 사나운 짐승들이 그 협곡에서 나를 집어삼키려고 기다리고 있는 것 같았다. 어느새 나는 버림받고 거부당한 심정, 빈곤감, 무력감, 절망감 등에 온통 사로잡혔다. 가장 평화로운 집에서 가장 평화로운 사람들과 함께 살면서도 내 내면은 사납게 날뛰고 있었다.

헨리의 친구 수와 주변 사람들은 걱정이 깊어졌다. 헨리는 낮 동안 거의 자신을 추스르지 못했고, 밤이면 수가 거주하던 데이브레이크 수련원 내의 작고 안전한 예배실에서 고뇌에 찬 그의 울부짖음이 그녀에게 들려왔다. 때로 그녀는 괴로워 몸부림치는 그의 곁에 가서 앉아 있곤 했다.

공동체의 몇 사람에게 처음에는 에둘러 말하다가 결국 솔직하게 다 털어놓았다. 머잖아 정신과 의사도 만났다. 모두들 하는 말이 똑같았다. "이제 신부님 자신의 문제를 직시해야 합니다. 자신의 상처를 싸매고 다른 사람들의 돌봄을 받아야 할 때입니다."

그 말대로 하려면 아주 겸손해져야 했다. 뉴 하우스와 공동체를 떠나 다른 곳으로 가서 내 고뇌를 통과해야 했다. 새로운 힘과 평안을 얻기를 바라면서 말이다. 이게 다 무슨 의미일까? 나도 몰랐다. 공동체로 살며 아담을 돌보러 온 내가 이제 아담을 다른 사람들에게 맡기고 나

제2부 낙하

자신의 장애를 온전히 끌어안아야 했다.

오래전부터 헨리는 예수께서 세례를 받는 성경 본문에 감동을 받았었다. 하늘로부터 소리가 있어 하나님이 예수를 아들로서 사랑하고 기뻐한다고 말씀하시는 대목이다. 헨리도 자신에게 똑같이 말씀하시는 음성을 꼭 듣고 싶었다. 그에게 그것은 자신을 인정해 주시는 하나님의 무조건적인 사랑이었다.

> 내세울 게 하나도 없을 때도 나는 사랑받는 존재인가? 그렇다고 믿기가 나로서는 몹시 힘들었다. 물론 나는 대학 교수의 명예를 버렸다. 하지만 이 삶은 내게 만족감을 주었고 사람들의 존경까지 받게 했다. 물론 나는 가난한 이들을 돕는다는 이유로 훌륭하고 좋은 사람 취급을 받는다! 하지만 그 마지막 버팀목까지 사라져 버린 지금, 내 앞에 도전이 놓여 있다. 그것은 바로 내세울 게 하나도 없을 때도 내가 하나님의 사랑받는 아들임을 믿는 것이다.
>
> 이 정서적 시련을 통과하는 동안, 알고 보니 나도 아담처럼 되어 가고 있었다. 그는 내세울 게 하나도 없다. 나도 그렇다. 그는 완전히 빈손이다. 나도 그렇다. 그는 늘 누가 돌보아 주어야 한다. 나도 그렇다.

그런데도 나는 '아담처럼 되지 않으려고' 저항했다. 나약하게 의존하고 싶지 않았다. 그렇게까지 빈곤해지고 싶지 않았다. 하지만 완전히 연약해지는 아담의 길이 또한 예수의 길임을 부인할 수 없었다.

라르쉬 데이브레이크를 떠나 있던 몇 달 동안, "너는 내 사랑하는 아들이요 내 기뻐하는 자라"라고 내면에 말씀하시는 세미한 음성을 나도―많은 도움 덕분에―들을 수 있게 되었다. 오랫동안 그 음성을 믿지 않았다. 계속 자신에게 "거짓말이야. 내가 실상을 알잖아. 나는 사랑받을 만한 게 하나도 없어"라고 다그쳤다. 그러나 영성 스승들이 곁에서 내게 그 음성을 들으라고, 더 또렷하게 들으라고 격려해 주었다.

헨리는 6개월 동안 라르쉬 데이브레이크를 멀리 떠나 심리적, 영적으로 집중 치료를 받았다. 수가 데이브레이크에서 그의 목양 사역을 대신하면서 날마다 그와 전화 통화를 하고 문병도 다녔다. 치료를 통해 헨리는 타인의 삶에 무조건 뛰어들려는 자신의 강박증을 더 이해하게 되었다. 그래서 이렇게 썼다. 함께 있는 사람들의 삶에 참견하고 싶거나 이래저래 그들을 소유하려는 마음이 가득하다면, 내 몸은 아직 안전히 집을 찾지 못한 것이다.

더듬더듬 길을 찾는 심정으로 헨리는 작가와 신부와 강

사로서 자신이 무슨 말을 하려는지를 다시 생각했다. 내 안에 새로운 영성이 태어나고 있다. 몸을 부인하지도 않고 탐닉하지도 않는 진정한 성육신의 영성이다. 하지만 새로운 것에 마음을 열려면 변화를 수용해야 했다. 알고 보면 여태 좋게 보고 실천하려 했던 다른 많은 영성이 나의 독특한 소명에 더는 맞지 않을 것이다.

1988년 7월에 헨리는 아직 연약했지만 공동체의 환영 속에 데이브레이크로 복귀했다. 그의 거주지는 공동체의 수련원 건물로 바뀌었다. 데이브레이크 초창기에 지어진 방 네 개짜리 가정집인데, 개조한 지하실에 공동체의 작은 예배실이 있었다. 데이브레이크 목공소에서 이미 거실 이쪽 벽에서 저쪽 벽까지 높은 책장을 여럿 짜 넣어 헨리의 장서를 누구나 이용할 수 있게 했다.

수와 헨리가 수련원에 공동 거주하면서 데이브레이크의 영적인 분야를 함께 맡기로 했다. 헨리의 방은 작았지만 따로 전화가 가설되었다. 화장실은 그때그때 피정을 와서 수련원에 묵는 사람들과 같이 썼다. 프라이버시가 거의 보장되지 않는 이 수수한 새 집에서 헨리는 친구들과 공동체 식구들을 환대하곤 했다. 그는 검박한 생활이 좋았다.

14

1991년에 서커스 트레일러를 쭉 이끌고 프라이부르크를 벗어난 로드레이는 새 친구에 대한 생각을 떨칠 수 없었다. 겨우 일주일 만에 헨리는 그에게 아주 소중한 존재가 되었다. 곡예단원 하나하나를 온유하고 친절하게 알아 가던 헨리의 모습은 보기 드문 것이었다. 대담하면서도 진실하고 세심했다.

"헨리한테서 편지가 왔어요!" 5주쯤 후에 로드레이가 제니에게 말했다. 자기네 곡예단에서 완전히 환영받는 기분이었다는 헨리의 말이 특히 그들의 마음에 와닿았다. 사실 로드레이로서는 힘든 일이 아니었다. 헨리를 편하게 해 주는 데는 거의 아무런 수고도 들지 않았다. 작은 일에도 기뻐하는 헨리를 로드레이 공중그네 곡예단의 모든 단원이 진심으로 좋아했다.

몇 달 후에 로드레이와 칼린 남매의 어머니가 갑자기 돌아가셨을 때 헨리가 보내온 몇 통의 자상한 위로의 편지는 슬퍼하는 단원들에게 큰 힘이 되었다. 어머니의 부고를 받은 직후에 공연하느라 힘들었던 일을 나중에 로드레이는 헨리에게 이렇게 말했다. "공연을 어머니의 영전에 바치기로 함으로써 이겨 냈습니다. 나중에 알고 보니 누나도 똑같이 생각했다고 하더군요. 어머니가 어디에 가 계시든 내게는 그때가 특별한 순간, 특별한 시간으로 느껴졌습니다."

여름이 끝날 무렵, 헨리는 그들을 다시 방문해도 되겠느냐고 물었다. 다들 좋아했다. 존은 그에게 자신의 새 트레일러에 묵으라고 했고, 제니는 그의 왕성한 식욕을 채워 줄 준비를 했다.

> 바룸 서커스단이 프라이부르크를 떠난 후 나는 토론토의 내 거주지인 라르쉬 데이브레이크 공동체로 돌아와 계속 편지로 로드레이 공중그네 곡예단과 연락하며 지냈다. 그러다 1991년 11월에 그들의 초청으로 독일에 다시 가서 일주일 동안 그들의 순회공연에 동행했다.

11월 11일에 헨리는 독일 코어바흐의 기차역에서 택시를 타고 가 그들과 재회했다. 몸은 피곤했지만 장난감 가게의 아이만큼이나 눈빛이 초롱하고 마음이 설렜다.

"훌륭했습니다!" 도착한 지 몇 시간 만에 오후 공연을 보고 나서 그가 내뱉은 즐거운 첫마디였다. 낮잠을 자려 했으나 너무 흥분되어 잠이 오지 않았다. 그래서 그는 로드레이와 제니 부부의 저녁 식사에 동석했다.

"헨리 신부님이 얼마나 많이 드실 수 있는지를 내가 깜빡 잊고 있었네요." 제니가 웃으면서 남편에게 말했다.

식후에 헨리는 비행기로 대서양을 건너온 지 며칠 되지 않았는데도 저녁 공연까지 보았다. 깨어 있었던 걸 그가 특히 다행으로 여긴 것은 저녁 공연 후 평가 회의 때 존과 조 사이에 말다툼이 일어났기 때문이다. 단원들은 헨리 앞에서 이런 문제가 생겨 창피했지만, 그는 반색했다. 로드레이 공중그네 곡예단도 인간이라 여느 누구처럼 실수하며 관계에 노력이 필요하다는 것, 그 점을 헨리는 좋게 보았다.

이런 내밀한 순간—정서적 고충, 문제 해결, 함께 헌신한 목표 등—까지도 공유하다 보니 로드레이는 헨리가 더욱 한 식구처럼 느껴졌다. 거의 눈에 띄지 않게 헨리는 곡예단 가족의 일원이 되어 갔다.

헨리와 함께 기숙하는 데는 위험도 뒤따랐다. 하루는 전체 곡예단이 취업 비자를 믿으리 100킬로미터쯤 떨어진 이탈리아 영사관에 갔다. 헨리는 존의 새 트레일러에 남아 서커스 영상을 보았다. 일행이 돌아와 보니 그는 가스스토

브에 주전자를 올려놓고 잊어버린 채 텔레비전 앞에 무릎을 꿇고서 완전히 도취되어 있었다. 주전자 겉면의 에나멜이 새까맣게 탔다. 존은 대수롭지 않게 넘어갔지만, 그들은 그를 더 알아 갈수록 그때 트레일러가 홀라당 타지 않았던 것에 안도했다. 제니와 로드레이가 금세 깨달았듯이, 이 서투르고 열정이 과한 친구에게는 그릇의 물기를 닦는 일조차도 너무 위험했다. 그래서 이후로는 그의 도움을 재치 있게 사양했다.

그래도 그들은 헨리가 곁에 있어 좋았다. 로드레이가 보기에 그는 주제에 몰두하다 못해 아예 그 속에 푹 빠졌다. 존의 소파에 퍼더버리고 앉아 자신의 생각을 표현하는 그의 모습이 그들은 즐겁기만 했다. 그럴 때면 그는 현란한 손놀림을 곁들여 가며 한껏 소속감과 만족감을 풍겼다. 그는 10분간의 공연에 요구되는 자신감과 팀워크는 물론이고 특히 그들의 완벽주의와 온전한 집중력을 신기해했다. 그래서 어떻게 그토록 온전히 집중하며 머릿속의 잡생각을 다 떨쳐 낼 수 있느냐고 묻곤 했다. 그러면 로드레이는 훈련과 연습이라고 답할 수밖에 없었다.

11월 중순에 헨리는 곡예단의 각 단원을 인터뷰했다. 마지막 차례로 로드레이에게 어린 시절, 가정 및 신앙 배경, 관계, 창작 예술가가 된 경위 등을 자세히 물었다. 3시간이나 계속되던 인터뷰는 헨리가 기차를 타러 총알같이 튀어 나가면서 갑자기 끝나 버렸다. 그날 오후 공연 후에는 로드레이와 제니의 트레일러가 텅 빈 것처럼 느껴졌다. 헨리는 엉뚱하고 특이하지만 아주 사랑스러웠다. 저녁부터 벌써 그들은 그가 그리웠다. 헨리 덕분에 그들은 인식의 차원이 달라졌고 공동체 의식도 더 깊어졌다. 아마 그 자신도 공동체 생활에 몸담고 있었기 때문일 터였다.

> 이 놀라운 단체에 대해 책을 써야겠다는 생각이 그 주에 내 안에 싹텄다. 어쩌면 소설도 좋으리라. 그들도 기꺼이 내게 자신들을 인터뷰하여 내가 원하는 방식대로 글을 쓸 수 있는 재량을 주었다. 일주일 동안 그들과 함께 살면서 예술과 공동체와 우정의 새로운 세계에 내 눈과 마음이 열렸다.

캐나다로 돌아온 지 얼마 안 되어 헨리는 최근의 집필 구상을 친구인 바트와 패트리샤 개비건 부부에게 밝혔다. 영국의 한 기독교 에큐메니컬 공동체 및 센터의 작가, 영화 제작자, 감독인 그들은 1987년 헨리의 정서적 붕괴 초기와 후기에 그를 충실하게 도왔다. 마침 그들은 토론토에서 자신들의 신작 다큐멘터리 영화 〈마지못한 예언자 자벨카〉를 상영하던 중이었고, 헨리도 비폭력에 관한 그들의 워크숍에 참석했다. 그날 저녁 수천 명의 천주교 학교 교사들 앞에서 기조연설을 한 그는 나중에 지하 주차장에서 차에 타려는 이 부부에게 전혀 다른 종류의 집필 구상을 불쑥 꺼냈다.

"작가로서 내가 중대한 기로에 서 있는 것 같습니다. 이제 신자가 아닌 일반 독자를 대상으로 써 보려고요." 헨리의 설명이었다.

바트는 혀를 차며 눈알을 굴렸다. 헨리가 이런 말을 한 지 벌써 여러 해 되었던 것이다.

하지만 이번에 헨리가 생각한 책은 새로운 종류였다. "다음에 쓸 책은 공중그네 곡예에 대한 것입니다! 너무나 좋은 이야기라서 대상을 전체 독자로 넓힐까 합니다."

그는 잠시 말을 끊었다. 바트와 패트리샤가 유심히 듣고 있는 걸 보고 헨리는 과감히 더 깊은 직관까지 내보였다. "여태 이런 책은 시도한 적이 없지만, 내 일생의 가장 중요한 책이 되리라 믿습니다. 어떻게 생각하십니까?"

"당연히 쓰셔야지요!" 친구 부부는 그렇게 말한 뒤, 새로운 비전에 대한 헨리의 은유를 즐겁게 이어받아 "공중제비 3회전을 해 보세요!"라고 덧붙였다.

제3부

팀워크

15

"잠시 후에 있을 일은 이렇습니다." 데니가 헨리에게 말한다. "소방서에서 트럭 두 대를 보냈어요. 공중 리프트가 장착된 트럭은 보조이므로 일반 살수 트럭이 함께 옵니다. 살수 트럭의 소방대원은 대장 포함 여섯 명이고, 그 대장이 리프트 트럭의 두 명까지 총 여덟 명을 전부 지휘합니다. 그중 대다수가 들것을 들고 위층으로 올라올 거라서 이 방이 꽉 찹니다. 각자 역할이 있거든요. 곧 보시겠지만 인력이 많을수록 좋습니다."

헨리는 그 사람들이 다 잘 협력할 줄 알았으면 좋겠다고 생각한다. 그들이 서로를 좋아하는지도 궁금해진다. 곧 대부대가 온다니까 로드레이 공중그네 곡예단에 대한 첫인상이 떠오른다. 그 첫인상을 그는 그들을 처음 만나던 주에 카세트테이프에 구술했다.

·····

나는 비디오카메라로 녹화하고 있던 칼린 곁에 서 있었다. 새로운 것을 시도하는 그들의 모습은 정말 매혹적이었다. 워낙 어려운 묘기라서 자꾸 어긋났다. 시도할 때마다 로드레이가 너무 늦게 도착하거나 조가 너무 일찍 다가오거나 존 그릭스가 로드레이를 너무 늦게 놓았다. 여러 비슷한 잔실수 때문에 성공하지 못하거나 일관성이 없었다. 그들도 어쩌지 못했다. 로드레이는 존의 손을 놓치고 그물로 떨어졌다. 그물로 떨어지는 건 작은 일이 아니다. 맨 꼭대기에서 맨 밑바닥으로 추락하는 거라서 정말 위험하다. 그물이라 쉬워 보이지만 큰 부상을 입을 수 있다. 그들은 다 어깨 통증이나 뻣뻣해진 목 따위로 고생하고 있다.

그런데 이 사람들은 정말 잘 협력하는 게 눈에 보였다. 로드레이는 손색없는 리더였고 다들 그의 말에 바짝 귀를 기울였다. 자진해서 그의 지시에 순순히 따랐다.

그다음의 새로운 연습은 로드레이와 제니기 러시아식 그네에서 함께 시작하는 것이었다. 일종의 2층짜리 대형 그네인데 둘이서 구르기 때문에 추진력이 엄청나게 세다. 그들이 그네를 박차고 나가면 존 그릭스가 꼭대기에서 그들을 잡았다가 다시 반대편의 조에게로 던진다. 또는 그들이 곧장 중앙부로 날아올라 존의 발판을 딛고 함께 서기도 한다. 믿어지지 않을 정도다.

금요일 연습 시간에 다시 갔다. 그들은 똑같은 묘기에 실패했고, 성공해도 또 시도했다. 연습 시간이 아주 길지는 않았는데, 혹한의 날씨도 한 이유였다. 알고 보니 그들은 건강 문제에 매우 민감했다. 한 사람만 아프거나 힘이 달려도 공연이 무산되기 때문이다. 대체 인원이 없으므로 다섯 명이 다 제자리를 지켜야 한다. 모두 건강하고 상태가 좋아야 한다.

나아가 공연에 성공하려면 분위기도 좋아야 한다. 이전의 나는사람 하나는 도도해서 작은 일조차도 도우려 하지 않았다. 한 명이라도 잘 통하지 않거나 따로 놀면 일이 쉽지 않다. 그래서 어떻게 협력하고 함께 연습하는가 등도 전체의 한 중요한 요소다. 그들은 서로의 사정에 정말 민감하다.

·····

헨리는 정맥 주사가 약효를 내는가 보다고 생각하며 안도한다. 데니의 말대로 두 가지가 섞인 약제다. 데니는 혈압이 더 떨어질 수 있으니 몸을 일으키지 말라는 주의도 주었었다. 헨리는 움직일 마음조차 없다. 지금은 아니다. 지금은 자신이 알 속에 들어갔던 일을 떠올리는 중이다.

·····

일주일 동안 로드레이 공중그네 곡예단과 함께 순회하고 돌아온 지 몇 달 후, 라르쉬 데이브레이크에서 헨리에게 두 가지 굵직한 사건이 있었다.

하나는 1991년 12월에 있었던 일이다. 헨리의 친구 몇이 와서 분별 절차에 들어갔다. 지난 5년간의 헨리의 데이브레이크 생활을 돌아보고 미래에 반영하도록 그와 데이브레이크를 돕기 위한 것이었다. 며칠 동안 공동체는 헨리를 회고했다. 저녁 식탁에서 왁자지껄하게 감동과 감사와 불만의 이야기가 터져 나왔다. 세 내방객이 헨리의 5년에 대한 공동체 식구들의 평가를 듣는 동안 한 가지는 분명해졌다. 공동체 생활에 균형을 맞추어 헨리에게 공동체를 떠나 글을 쓰는 시간도 필요하다는 것이었다.

분별 절차는 천주교, 성공회, 캐나다 연합교회 등 세 기독교 종파의 귀빈들을 초대한 저녁 행사로 마무리되었다. 초임 5년 동안 데이브레이크에서 헨리의 공헌과 고충이 무엇이었는지에 대한 진지한 평가가 이루어졌다. 아울러 공동체 식구들이 헨리에 대한 익살맞은 노래와 촌극도 여럿 선보였다. "공중그네를 타는 남자"(The Man on the Flying Trapeze, 스파이크 존스의 노래)를 개사한 노래도 있었는데, 헨리가 로드레이 공중그네 곡예단에 푹 빠져 있으며 자주 비행기를 타고 세상을 누빈다는 내용이었다. 꽤 신랄한 촌극도 더러 있었으나 헨리는 상처받지 않았다. 끝난 후 "여러분이 저를 이렇게 잘 아시는 줄 몰랐어요"라고 감탄했을 뿐이다.

1월에는 라르쉬 데이브레이크 공동체 회관에서 헨리의 60회 생일 파티가 성대하게 열렸는데, 이때도 주제는 서커스였다. 천장과 벽에 걸린 커다란 수제품 현수막마다 광대와 공중그네 곡예사가 빼곡히 그려져 있었다. 촌극, 일화, 노래, 축사 등 다양한 재미있는 순서가 하객들의 흥을 돋우었다.

파티의 압권은 라르쉬와 헨리의 오랜 친구인 로버트 모건이 헨리를 불러내 아기 광대로 다시 태어나게 하는 순서였다. 홍겹고도 애정 어린 주목을 많이 받은 헨리는 어언 느긋하게 긴장이 풀려 있었다. 그래서 주저 없이 벌떡 일어나 공동체 모임의 한가운데인 로버트 곁에 섰다.

배우 겸 극작가에다 전문 광대인 로버트는 조심스레 헨리에게 광대 옷을 입혔다. 우선 반짝이는 헐렁한 상의를 덧입힌 뒤 주름이 촘촘한 목깃을 둘렀다. 정강이까지 오는 판탈롱은 헨리가 신발을 신은 채로 정장 바지 위에 직접 입었다. 끝으로 로버트가 꼭 맞는 빨간색 비니를 헨리의 머리에 씌워 귀까지 덮었다. 유명 작가이자 전직 교수의 우스꽝스러운 모습은 모여 있는 하객들에게 즐거움을 선사했다. 헨리는 안경을 벗어 그중 하나에게 맡긴 뒤 진심으로 기대감에 부풀어 변태(變態) 과정에 들어갔다.

로버트는 헝겊 조각 몇 개로 환하게 꾸며진 커다란 흰색 천 자루를 꺼내더니 그것이 광대를 낳는 알이라고 말했다. 그러면서 헨리에게 지금부터 벌어질 일을 설명해 주었다.

광대의 삶이 시작되려면 맨 처음으로 돌아가야 합니다. 이게 광대를 낳는 알인데……. 이 알에서 아기 광대가 태어날 겁니다. 그러려면 신부님이 이 안에 들어가셔야 되겠지요. 성경에 보면 우리가 모태에서 빚어졌다고 했잖아요. 이 알 속에서도 똑같은 일이 벌어질 겁니다. 신부님이 아기 광대로 빚어지시는 겁니다. 중간에 몸을 조금씩 꼼지락거리기도 하겠지요.

알다시피 아기는 나올 때가 되면 나옵니다. 신부님도 다 빚어져서 준비되면 나오실 수 있어요. 알에서 나오시는 겁니다. 그런데 기억해야 할 게 있습니다. 아기 광대는 여태 숨을 쉬어 본 적이 없어요. 그래서 첫 숨을 쉬어야 합니다. 자신의 몸도 처음으로 느낍니다. 얼굴에 공기가 감촉되거나 눈을 떠서 빛을 본 적이 없으니까요. 손이 무엇인지도 몰라요. 자신의 몸을 하나도 몰라요. 사실은 아직 아무것도 모릅니다! 예순이 되시니 놀랍지 않은가요?

헨리가 알 속으로 들어가자 로버트는 자루를 회관 중앙으로 끌어다 놓았다. 다들 숨을 죽이고 기다렸다.

한동안 아무 일도 없었다. 그러다 천천히 자루가 꿈틀대면서 몇 바퀴 굴렀다. 꼼지락거리며 커졌다 작아졌다 했다. 마침내 자루의 뚫린 부분으로 맨발 하나가 쑥 나왔는데, 판탈롱 바짓단이 무릎에 걸려 있는 털북숭이 종아리였다! 장내는 웃음바다로 변했고, 다리는 부끄러운지 도로 알 속으로 들어갔다.

잠시 후 한쪽 다리가 슬며시 다시 나왔고 반대쪽 다리도 뒤를 이었다. 맨살의 두 다리는 발가락을 쭉 펴서 공중을 휘저으며 탐색했다.

자루가 다시 구르더니 호기심에 차 눈이 휘둥그레진 헨리의 얼굴이 나왔다. 두 발과 얼굴만 보이는 상태에서 그는 등을 바닥에 댄 뒤, 아기처럼 손을 뻗어 발가락을 잡았다. 발가락을 입 속에 넣으려 했다.

아기 광대는 앉아서 두리번거리며 뭐가 뭔지 모르는 신생아처럼 눈을 깜빡거렸다. 점차 그는 친구들—주로 지적 장애인들 그리고 로버트가 이끄는 많은 아이들—의 도움으로 조심조심 일어나 두 팔을 펄럭여 보았다. 로버트를 흉내내서 목소리도 냈다. 간단한 모음으로 시작해서 음절까지 연습하는 그의 모습에 모든 참석자가 박장대소했다. 마침내 로버트는 헨리의 어깨에 팔을 두르고 그의 관심을 몸의 새로운 발견 너머로 이끌었다. 모여 있는 무리를 '가족'으로 소개한 것이다.

그러면서 이렇게 덧붙였다. "모두가 헨리를 사랑합니다. 헨리도 이 모두를 사랑하게 될 겁니다."

헨리가 다시 태어나는 이 순서는 로버트가 밥 딜런의 "영원한 청춘"(Forever Young)을 노래하면서 막을 내렸다. 가사를 아는 사람은 다 따라 불렀다. "늘 남에게 베풀고 남의 도움도 받을 줄 알기를. 별에 이르는 사다리를 놓고 한 칸씩 밟아 올라가기를……."

16

헨리가 기억하듯이 예순이 되던 그해에 그는 마냥 더 젊어졌다. 자신의 몸을 새로 발견했다. 광대를 낳는 알에서 다시 태어나 보니 사랑으로 지원하는 공동체가 있었다. 그는 변태 과정에 마음을 열고 그 순간 속에 온전히 몰입했다. 지난봄에 로드레이 공중그네 곡예단을 만났을 때도 그는 사춘기 아이처럼 홀딱 반했다. "한 칸씩 밟아 올라가는"데 대한 생각도 그들 덕분에 완전히 달라졌다. 그 뜻밖의 사다리는 새로운 세계로 이어졌으나 위험이 뒤따랐다. 사실 로드레이 일행은 위에 올라갈 때마다 자신들이 추락할 수도 있음을 알았다. 헨리는 그 새 친구들을 마음에서 떨칠 수 없었다.

로드레이 곡예단의 공연에 대한 헨리의 반응은 아주 신체적이었는데, 그의 기존 저서의 주제는 내면의 영적 활동과 결단이었다. 그래서 이 경험을 어떻게 말로 표현해야 할지를 몰랐다. 사실 본인의 표현으로 내면의 어떤 저항마저 느껴졌다. 그래서 영국에 가서 바트와 패트리샤 개비건의 작문 워크숍에 참석하기로 했다.

"모험 요소는 무엇인가?" 1992년 2월에 개비건 부부가 개최한 시나리오 작법 워크숍의 한 핵심 질문이었다. 이 질문이 헨리의 상상력을 사로잡았다. 모험 요소는 무엇인가? 로드레이 공중그네 곡예단에 관한 책을 구상하며 그는 공책에 그렇게 쓴 뒤 답을 쭉 적어 보았다. 우선은 시간이었고 다음은 안전이었다. 자신감은 넘치는데 그 이유를 모르겠다는 수수께끼도 빼놓을 수 없었다. 지도에 나와 있지 않아 지도 없이 떠나는 여행과도 같았고, 평소의 안전지대 너머라서 길찾기가 암중모색이었다. 자신이 경험한 로드레이 곡예단을 그는 어떻게 심리적, 정서적 차원에서 설명할 수 있을지 묘연했다.

무엇이 관건인가? 그는 그렇게 쓴 뒤 몇 가지 가능한 답을 찾아보았다. 이것은 그저 철없던 시절의 한 추억이고 공상의 실현일 뿐인가? 분명히 공상을 부르는 성적인 에너지도 있었고, 그것은 누구에게나 다 있는 것이다.

하지만 헨리는 공중그네의 은유에 담긴 위력을 제한하고 싶지 않았다. 그 경험을 모든 독자가 쉽게 이해할 수 있도록 또 다른 실재를 규명하고 싶었다. 그러려면 자신의 경험에서 성적인 요소를 제거해야 했다.

양쪽 다 모험으로 보였다. 그는 공중그네 곡예에 대한 자신의 신체적 반응을 탐색할 수도 있었고, 또는 더 무난한 영적 차원으로 관심을 돌릴 수도 있었다. 후자는 그가 보기에 다른 무엇보다 더 중요하지도 않고 덜 중요하지도 않았다.

알고 보니, 문제는 그가 쓰고 싶은 책이 신앙 서적이 아니라 삶의 모든 차원을 고찰하여 제자리를 찾아 주는 인생론이라는 것이었다. 그러려면 신체적 경험을 삶 전반에 대한 이야기 속에 통합해야 하는데, 여태 그는 그런 글쓰기를 시도한 적이 없었다.

나 자신의 여정이 서커스 이야기만큼이나 생동감 있어야 한다. 헨리는 바트의 권고를 떠올리며 그렇게 썼다. 호기심을 유발하고, 간간히 독자들을 깜짝 놀라게 하라. 불안감과 심지어 불길한 예감을 조성할 수 있겠는가? 이야기의 결말은 어떻게 되는가? 절정은 어느 대목인가?

알고 보니 모든 좋은 이야기에는 그런 핵심 요소가 다 들어 있었다. 헨리가 구상한 절정은 서커스의 세계와 장애인 공동체의 세계를 한데 묶는 것이었다. 로드레이 곡예단을 보면서 그에게 제일 먼저 와 닿았던 것은 본인들의 즐거움, 공연 중에 주고받는 미소, 기쁘게 뿜어져 나오는 공동체 정신 등이었다.

그래서 헨리는 라르쉬와 공중그네라는 두 세계가 만나

면 그 조합이 독자를 완전한 몰입과 완전한 즐거움 속으로 데려갈 수 있으리라 생각했다.

바트가 도와줄 때는 헨리의 구상과 공상이 즐겁고 놀랍고 극적인 모험담처럼 보였고, 두 공동체의 연결도 마찬가지였다. 그런데 워크숍이 진행될수록 그런 기조의 글쓰기조차 헛수고에 그쳤다. 로드레이 일행을 직접 볼 때의 강렬한 신체적 경험이 흐릿해진 것이다.

헨리는 다시 그들 곁에 있어야 했다. 그래서 그해 봄에 그가 먼저 과감한 계획을 세워, 로드레이 공중그네 곡예단을 몇 주 동안 따라다니기로 했다.

17

 내가 경험한 로드레이 공중그네 곡예단을 토론토에 돌아와 우리 공동체에 전하다 보니, 다시 가서 그들과 더 깊이 교류하고 싶은 열망이 싹텄다. 물론 그들에 대한 책을 쓰고 싶었다. 하지만 책을 잘 쓰려면 그들의 삶 속에 더 몰입해야 했고, 그러기에 일주일은 너무 짧았다.

 1992년 5월에 나는 암스테르담으로 건너가, 독서하고 집필할 작은 집으로 쓸 캠핑카를 빌려서 다시 서커스장으로 갔다. 로드레이가 내게 순회 일정을 알려 주었기 때문에 어디로 가야 할지 알았다. 마침 그곳은 네덜란드 국경에 가까워 나의 아버지 집에서 차로 불과 한 시간 거리였다.

 내 작은 이동 주택은 5월 4일 월요일에 일단 네덜란드

림뷔르흐주의 작은 마을인 게이스테렌에 도착했다. 주차는 아버지 집 앞마당에 했다. 아버지는 내 계획을 아주 좋아하셨다. 아버지와 마을 친구의 도움으로 캠핑카의 자급자족에 필요한 모든 것을 장만할 수 있었다.

두 주 동안 동행해도 되겠느냐고 헨리가 편지로 물었을 때 로드레이 일행은 반색했다. 헨리는 집필에 집중할 거라서 창의적 글쓰기에 대한 책들을 열심히 챙겼다. 차를 몰고 아버지 집을 떠나면서 "이번에는 일기를 쓰리라"고 다짐했다.

5월 6일 수요일, 에머리히

정오쯤 독일 에머리히에 도착했다. 도로에 쭉 '바룸 서커스장'을 알리는 표지판이 있어 찾기에 어렵지 않았다. 로드레이 곡예단도 지난밤에 고흐라는 소읍에서 이곳에 도착했으므로 오늘 오전은 준비 시간이었다. 정오쯤 로드레이와 존과 조는 무대 장치를 설치하느라 바빴고, 모로코 사람들은 텐트를 치는 막바지 작업 중이었다.

이렇게 다시 와서 기쁘다. 또 하나의 세계다. 토론토의 데이브레이크 공동체와는 참 다르고도 비슷하다. 동물 조련사, 광대, 곡예사, 마술사, 체조 곡예사, 나는사람, 잡는사람 등이 작은 '이동 마을'에서 음악가, 외양간지기, 전기 기술자, 많은 잡역부와 더불어 살고 있다. 독일, 러시아, 헝가리, 이탈리아, 스페인, 프랑스, 모로코, 남아프리카공화국, 미국 등 전 세계에서 온 사람들이다.

에머리히에 도착한 그를 로드레이 곡예단의 세 남자가 따듯이 맞아 주었다. 그들은 무대 장치를 설치하던 일을 잠시 멈추고 헨리의 캠핑카를 조의 트럭 앞에 주차해 주었다. 서커스 차량이 다 들어가기에는 서커스장 부지가 너무 좁아 트레일러 정도의 차는 길가에 주차해야 했다.

헨리가 유심히 지켜보는 가운데 그들은 작업을 재개하여 무대 장치와 그네를 마저 설치했다. 근래에 내린 비로 땅이 물러져서 여러 번 시도해야 했고, 그물을 단단히 고정시킬 말뚝도 더 필요했다. 헨리는 관중석에 앉아 곧장 기록에 착수했다. 로드레이는 흔쾌히 마음의 준비를 하고 친구의 새로운 질문 공세에 응했다. 서둘러 오후 공연을 준비하던 그에게 헨리는 뜻밖에도 기술적인 측면까지 자세히 물었다. 저녁 공연 후에도 질문은 계속되었고, 로드레이는 그림을 그려 가며 설명해 주었다. 둘은 헨리의 발전된 집필 구상에 대해 오래 대화를 나누었다. 끝난 후 로드레이는 헨리를 캠핑카에까지 데려다 주었다. 어둠 속에서 길을 잃을 게 뻔했기 때문이다.

칼린의 새 트레일러는 이튿날 도착했다. 칼린과 카일이 짐을 푸는 동안 헨리는 기분 좋게 소파에 퍼더버리고 앉아

다정하게 수다를 떨었다.

5월 7일 목요일

로드레이 곡예단의 공중그네 공연을 지금까지 네 번 더 보았는데, 장엄한 공중 묘기가 매번 놀랍기만 하다. 지난 11월에 보았을 때와 똑같이 여전히 우아하고 아주 예술적인 장관이다. 여전히 위험하기도 하다! 공연 후 평가 회의 때마다 더 절감하거니와 사고의 소지가 너무 많다. 모두 한순간에 달려 있다.

저녁 공연 후에 친구들은 헨리의 캠핑카 물탱크에 물이 충분한지 확인하고 배터리도 충전해 주었다. 다시 떠날 때가 된 것이다. 로드레이는 최선의 행렬 순서를 궁리한 끝에 결국 자신이 앞장서고, 그다음 제니가 칼린의 트레일러를 운전하고, 헨리를 가운데에 두고, 조에 이어 존이 후미를 맡기로 했다.

어둠 속에서 출발하고서야 헨리는 낭패에 빠졌다. 알고 보니 자신의 가장 큰 도전은 정작 새로운 글쓰기가 아니었던 것이다. 그는 대형 밴을 운전하는 게 겁났다.

큰 차의 야간 운전이 헨리에게 얼마나 불인힌 일인지를 로드레이도 일행이 정차했을 때에야 알았다. 로드레이가 헨리의 차로 가 보니 그는 아직도 겁에 질려 핸들을 꼭 쥐고 있었다. 괜찮으냐는 로드레이의 물음에 헨리의 입에서 불쑥 절망적인 말이 나왔다. "이렇게 큰 차를 운전해 본 적도 없고 야간 운전은 본래 싫었어요. 주차할 줄도 모르니 이제 어쩌면 좋습니까." 로드레이가 캠핑카의 운전대를 넘겨받아 대신 주차해 주자 헨리는 거의 안도의 눈물을 흘렸다.

다행히 헨리는 잘 잤다. 이튿날 아침에 로드레이가 보니 그는 일찍 일어나 탁자에 앉아 경치를 즐기고 있었다. 헨리의 차에 전기를 연결해 주다가 로드레이는 그가 물을 벌써 다 쓴 걸 보고 깜짝 놀랐다. 그는 헨리에게 물탱크를 채우는 법을 가르쳐 주면서 물을 아껴 쓰라고 주의를 주었다.

그날 저녁 헨리가 자리에 앉아 일기를 쓸 즈음에는 운전의 공포는 까마득한 옛날 일처럼 느껴졌고, 그의 초점은 다시 로드레이와 대화하며 공중그네 공연을 숙지하는 데로 돌아와 있었다.

<u>5월 8일 금요일, 보르켄</u>
지난밤에 차를 몰아 다음 장소인 보르켄으로 왔다. 족히 90분은 걸렸다. 밤중에 캠핑카를 운전하기가 너무 무서웠는데 무사히 도착해서 기뻤다.

비디오테이프에 녹화된 공중그네 공연을 순간 단위로 설명해 줄 수 있겠느냐고 로드레이에게 물었다. 그는 나를 자기 트레일러로 불러 첫 묘기인 자신의 공중제비

2회전을 아주 자세히 분석해 주었다. 동작 전체에 10초도 안 걸리지만, 그의 설명을 녹음테이프에서 풀어 쓰니 2절지 세 페이지가 꽉 찼다!

5월 9일 토요일

오후 공연 때 로드레이가 '멀리 날기'에서 삐끗했다. 아찔한 그 순간, 조의 손을 지나쳐 그물로 떨어지는 그를 보았다. 2차 시도에서 조가 무사히 그를 잡자 관중의 박수갈채가 터져 나왔다.

여태 공중그네 공연을 수없이 보았는데도 이상하게 내 불안은 조금도 덜하지 않다. 오히려 반대. 공연의 복잡한 내막을 알수록 사고의 소지가 얼마나 많은지도 더 알게 되고, 그래서 작년에 처음 보았던 때보다 더 긴장된다. "너무 조마조마해서 이제 그만 봐야지"라고 되뇌어 보지만, 분명히 앞으로도 얼마든지 또 볼 것이다.

무대 뒤에서 평가 회의를 마친 후 조는 커피나 한잔 하자며 나를 자신의 트레일러로 초대했다. 잡는 동작에 대한 대화 중에 그가 말했다. "멀리 날기 1차 때 내가 로드레이를 잡지 못할 걸 알았어요. 그가 존의 위치를 지날 때쯤 보고 알았죠. 내 손에 닿을 만큼 가까이 오지 못하리라는 것을요. 너무 멀었습니다." 나는 무엇이 문제였느냐고 물었다. "러시아식 그네에서 제니와 로드레이의 호흡이 맞지 않았어요. 제니가 구르고 로드레이가 튀어 오를 때 각도가 너무 높아서 거리가 짧아진 거죠." 나는 조가 로드레이를 잡을 수 있는 반경이 얼마나 되는지 알고 싶었다. 놀랍게도 그는 로드레이의 안착을 위해 자기 쪽에서 조정할 수 있는 게 많다고 했다.

그는 로드레이가 오는 걸 자기가 어떻게 보는지를 설명해 주었다. 자세히는 안 보이지만 몸의 전체 윤곽을 보고 손을 내민다는 것이다. 그러면 당연히 놓칠 수밖에 없을 때도 어쩌면 잡을 수도 있다. "어떤 때는 그의 손목을 양쪽 다 잡으려면 내 팔을 서로 엇갈리게 해야 합니다. 그랬다가 내가 그의 몸을 돌리면 그네가 가림막 위를 지날 때는 두 사람 다 똑바른 상태로 돌아오지요." 듣고 보니 1초도 안 되는 찰나에 참으로 많은 일이 벌어진다.

조는 로드레이의 도착이 늦거나 이를 때 어떻게 대처하는지도 말해 주었다. "그가 늦을 때는 내 그네의 속도도 늦추어야 하고, 그가 일찍 오면 나도 빨리 마주 나가야 합니다. 존의 위치를 지나올 때쯤 보면, 늦을지 이를지를 대개 알지요. 웬만하면 내가 어떻게든 해 볼 수 있어요. 하지만 그의 몸이 너무 높이 떠올라 발판 쪽으로 되돌아가면 전혀 잡을 가망이 없습니다. 그때는 그냥 그물로 떨어지게 두어야 하죠."

자세히 들을수록 그 짧은 공중그네 곡예가 얼마나 긴 시간인지 절감하게 된다. 중대한 고비 때는 삶이 느린 동작으로 흐를 수 있음을 나도 안다. 교통사고를 겪은 사람들이 흔히 말하듯이, 핸들의 통제력을 잃는 순간부터 나무나 다른 차에 부딪히는 순간까지 그들은 아주 많은 것을 보고 생각하고 느꼈다. 자신의 일생 전체가 1초 만에 지나가는 것을 보았다는 사람들도 있다.

이제 나는 로드레이가 조 쪽으로 날아오는 그 몇 초 동안 조가 무엇을 보고 느끼고 결정하는지를 안다. 마치 느린 동작으로 보는 영화와도 같을 것이다. 물론 로드레이와 제니와 존과 칼린의 경우도 조와 마찬가지다. 그들의 10분짜리 공연은 일련의 길고 복잡한 묘기이며, 이를 말로 설명하려면 여러 시간이 걸린다. 대중이 보는 것은 많은 생각과 동작과 선택과 조정과 성공과 실패가 고도로 농축된 결과물이다. 훈련된 눈에만 그 모든 게 서서히 보인다. 종종 내가 공연 후에 그들에게 성공을 축하해도—내게 성공이란 공연 중에 아무도 그물로 떨어지지 않았다는 뜻이다—그들은 결국 모든 실수를 열거한다. 처음에 나는 그런 '실수'를 하나도 알아차리지 못했고 지금도 대부분 놓친다.

공중그네 곡예는 자유분방하게 날고 잡는 동작처럼 보이지만 하나의 소우주다. 로드레이 곡예단과 함께 있노라면 마치 생물학자의 권유로 현미경을 들여다보는 것과 같다. 현미경으로 보면 내 엄지손가락 위에서 육안으로 보이는 것보다 훨씬 많은 일이 벌어지고 있다.

그날 오후 제니는 불쑥 들른 헨리를 반갑게 맞이했다. "공중제비 2회전에 대한 제 서술을 로드레이에게 확인 받으려고요." 헨리가 말했다.

제니는 그 동작이라면 자기와 대화해도 된다며 헨리를 설득하여 앉혔다. 남편이 지금 대화할 기분이 아님을 알았던 것이다. 밖에서 로드레이는 그 전날 구입한 중고차 벤츠의 난방 장치를 고치는 중이었다. 칼린의 더 널찍한 새 트레일러는 문제가 없기를 바라면서 말이다. 헨리는 즐거이 차 대접을 받으며 제니가 내온 과자도 실컷 먹었다.

멀리 날기 때 로드레이의 출발을 어떻게 도와주는지 더 말해 달라고 했더니 제니가 기쁘게 설명해 주었다. "정말 호흡이 잘 맞아야 돼요. 우선 제가 '준비⋯⋯ 땅' 하고 출발 신호를 주는데, 이때 여러 가지가 잘못될 수 있어요. 제가 '땅'을 너무 이르거나 늦게 말할 수도 있고, 로드레이가 너무 이르거나 늦게 출발할 수도 있죠. 저는 남편보다 몸이 가벼우니까 러시아식 그네의 추진력에 크게 의존하는데, 둘이 박자가 맞지 않으면 그네에 제

체중이 실리지 않아요."

자신의 조정에 대해서는 이렇게 말했다. "출발이 너무 이르면 남편이 너무 멀리 나가서 결국 조에게 너무 가까워지죠. 출발이 너무 늦으면 고도가 너무 높아져 조에게 가 닿지 못하고요. 그걸 제가 조절해야 돼요. 출발이 더딜 때는 그네를 더 세게 구르고 출발이 급할 때는 한 박자 늦추는 거죠." 그 설명이 통 이해되지 않았다. "로드레이가 너무 늦게 떠날 때 그네를 더 세게 구른다 해서 무엇이 달라지나요?" 내가 생각하던 출발이란 그네를 떠난다는 뜻이었으므로 그렇게 물을 수밖에 없었다. 제니의 답은 이랬다. "출발이 늦어질 때는 남편의 몸이 난간 쪽으로 너무 늦게 이동하는 게 보이거든요. 그러면 제가 알아서 더 세게 구르는 거죠."

그날 오후 공연을 시작할 때 로드레이는 이제 막 구입한 차를 벌써 고쳐야 한다는 것 때문에 속상해 있었다. 그러다 공연의 가장 극적인 부분인 멀리 날기에서 삐끗해서 기분이 더 가라앉았다. 자신의 잘못이었다. 분명히 집중력을 잃었던 것이다. 그는 정말 아무와도 이 문제를 거론할 기분이 아니었고 헨리와는 특히 너했다. 그러니 자신의 심기가 언짢다 해서 그를 다르게 대할 마음도 없었다. 그래서 애써 헨리의 질문에 답했다.

그 문제로 헨리와 대화하고 나니 놀랍게도 기분이 좋아졌다. 그는 헨리에게 그런 면이 있음을 깨달았고, 로드레이만 아니라 모든 단원이 그 혜택을 누렸다. 평소 헨리는 누구에게도 완벽을 기대하지 않았으므로 인간의 실수를 로드레이보다 더 쉽게 받아들였다.

로드레이 공중그네 곡예단의 저녁 공연은 대성공이었다. 모든 게 매끄러웠다. 그 아름다움과 우아함을 보며 한없이 기뻤다! 전기가 통하듯 온몸이 찌릿할 정도였다. 관중도 아주 열광적으로 박수하며 발을 굴렀다.

18

5월 9일 토요일 저녁

중간 휴식 시간 후에 텐트로 돌아가 러시아 3인조인 카민스키의 공연을 보았다. 그들의 종목은 장대높이뛰기의 장대 셋을 테이프로 붙여 만든 '러시안 바'다. 남자 둘, 여자 하나로 구성된 3인조인데, 남자들이 어깨 위에 장대를 대고 있으면 여자가 그 위에서 뛰어올라 공중제비와 회전을 선보인다. 숨 가쁜 공연 전체가 발레처럼 진행되며 배경 음악도 황홀하다. 그들은 유명한 모스크바 학교의 참 제자들이다. 로드레이는 내게 그들이 이 역동적인 연기를 몸에 익히는 데 여러 해가 걸렸으며, 곡예사 생활을 마치는 날까지 방금 본 이 구성의 공연 외에는 아무것도 하지 않을 거라고 말했다. 예술의 분야

별 전문성이 새삼 난해하게 느껴졌다. 그들의 공연은 완벽했으나 결코 변화는 없을 것이다. 쇼팽의 왈츠곡 하나를 완벽하게 연주하는 피아니스트가 다른 곡은 평생 연주하지 않는 것과 약간 비슷하다!

그날 저녁 칼린은 새 트레일러를 기념하여 조촐한 집들이를 했다. 헨리가 일착으로 와서 다과를 더 많이 받은 것은 누구도 놀랄 일이 아니었다.

헨리는 로드레이 공중그네 곡예단의 모든 것을 부지런히 관찰했고, 로드레이도 똑같은 관심으로 그를 지켜보지 않을 수 없었다. 사흘이 지났을 뿐인데도 헨리는 몇 년을 그들과 함께 산 사람 같았다. 로드레이는 서커스장 부지를 거니는 그를 즐겁게 바라보았다. 자신에게는 헨리가 자신감이 넘쳐 보이지만, 다른 사람들에게는 길을 잃고 헤매는 아이처럼 보일 것 같아서였다.

적어도 하루에 한 번씩 로드레이는 그날의 공연 비디오를 헨리와 함께 보면서, 각 단원의 실제 동작과 이에 대한 자신의 소감을 아주 자세히 말해 주었다. 느린 동작으로 볼수록 헨리는 더 매혹되었고, 인간의 몸이 공중에서 그렇게 춤출 수 있다는 사실에 경탄했다. 날마다 그는 공중그네라는 새로운 언어를 배웠다.

공연에 요구되는 정신적 집중력도 신체 훈련 못지않게

그를 매료했다. 로드레이는 이렇게 설명했다. "일단 저 발판과 받는 그네에 오르면, 지금 자신의 삶 속에 벌어지고 있는 다른 일일랑 다 잊어야 합니다."

공중그네 공연의 명백한 신체적, 정신적 도전 외에도 단원들은 자신의 감정 기복이 공연에 영향을 미치지 못하도록 잘 소화해 내야 했다. 헨리는 그들의 감정과 상호 교류에 대해 자주 물었다.

로드레이는 자신의 표현으로 이런 "심리적 대화"를 헨리와 함께 나누는 게 즐거웠다. 어떤 실수였든 공연이 끝날 때마다 실수를 먼저 거론해야 할 사람은 리더인 그였다.

"실수했지만 괜찮다는 걸 제가 각 단원에게 보여 주어야 합니다." 로드레이가 헨리에게 말했다. "전체 공연에 대한 제 실망감이야 감출 수 없겠지만, 그렇다고 쫓아다니며 '왜 그랬어요? 당신 잘못입니다. 왜 집중하지 않았습니까?'라고 말해서는 안 되죠. 그래서는 다음 공연 때 그들에게 자신감을 심어 줄 수 없거든요. 제가 리더십을 보여 주어야 다음번에 그들이 '좋다, 이번에는 해내리라' 하는 마음으로 저 위에 올라설 수 있습니다. 각자 자부심이 있으니까요."

헨리는 이렇게 대답했다. "방금 하신 말은 공중그네에만 아니라 삶에도 굉장히 중요합니다. '당신이 잘못한 거예요'라고 비난하며 손가락질부터 하는 게 아니라, 그냥 현실을 직시하면서 기꺼이 상대에게 '저는 당신 편입니다. 다음번에는 잘

제3부 팀워크 153

하실 겁니다'라고 계속 말해 주는 거잖아요. 그거야말로 놀라운 훈련입니다."

헨리는 로드레이가 곡예단에서 차지하는 위상의 다양한 측면을 열거했다. "당신의 역할은 아주 복합적입니다! 모두의 정서적 힘과 의지력이 당신에게 달려 있어요. 단장으로서 불화를 화해로 이끌고, 단원들을 대표하여 중요한 결정을 내리고, 각자의 사생활에도 관심과 지지를 보여야 합니다."

로드레이의 몸이 점점 긴장되었다. 자신의 역할을 그런 식으로 생각해 본 적은 없는지라 이 모든 새로운 책임이 그를 무겁게 짓눌렀다. 하지만 그는 아무것도 달라진 게 없음을 금세 깨달았다. 그가 이미 수행하고 있던 많은 역할을 헨리가 명시했을 뿐이었다. 로드레이는 어깨를 돌리며 긴장을 풀었다.

이런 대화를 통해 로드레이는 단원들의 삶과 헨리를 더 잘 이해하게 되었고, 자신들을 예술가로만 아니라 인간으로 대해 주는 헨리가 고마웠다.

헨리는 로드레이의 설명에 만족하며 한 번 복창한 뒤 자신의 말로 표현했고, 자신의 삶과 상통하는 비슷한 요소를 찾아냈다.

5월 10일 일요일

오늘 아침에 근처 천주교회에 갔다. 서커스장 입구에서 걸어서 2분 거리였다. 성당의 종소리가 마치 서로 경쟁하듯 공중에 가득 울려 퍼졌으나 건물 안에 들어서니 모두 조화롭고 평온했다. 미사가 시작될 즈음에는 성당이 거의 가득 찼다. 의식은 세심하게 짜여 있었다. 집전하는 신부는 아주 경건했고, 강론도 잘 준비했으며, 성체기도도 명쾌하고 확신에 차 있었다.

독일 교회가 대부분 그렇듯이 격식이 많고 친근감은 적었다. 교인들 간의 인사가 거의 없었고 친교 순서는 아예 없었다. 우리 데이브레이크의 예배와 비교해 보니 비슷하면서도 다르다는 생각이 들었다. 하나님의 말씀을 듣고 주님의 성체를 받을 수 있어 깊이 감사했지만, 큰 성당과 딱딱한 의식 속에서 왠지 길을 잃은 심정이었다. 모든 게 참 비슷하면서도 아주 멀고 낯설었다.

서커스장에서 온 사람은 그곳에 아무도 없었다. 서커스장 텐트와 성당은 100여 미터밖에 떨어져 있지 않지만 전혀 별개의 두 세계다. 내가 보기에는 서로 밀접한 관계가 있는데, 아무도 그걸 모르는 것 같다. 양쪽 다 사람의 심령을 고양시켜 일상생활의 반경 너머를 보여 주려 하지 않는가? 양쪽 다 생명력과 초월의 능력을 잃은 채 무력한 관습의 장으로 변할 위험에 늘 처해 있지 않은가?

   대다수 교인이 떠난 후 나 혼자 성당 안에 좀 더 남아 있으려 했으나 기도할 수 없었다. 거대한 공간 안에서 미아가 된 기분이었다. 모든 게 미적으로 빈틈없었고, 꽃과 촛불과 동상 등이 너무도 가지런했으며, 먼지 하나 없이 깨끗했다. 더 아늑한 곳을 찾아 작은 부속 예배실에 들어갔으나 노령의 수녀가 서둘러 큰 청동 피에타상 앞의 촛불을 다 불어 끄고 있었고, 내게도 그만 나가 달라는 뜻을 분명히 내비쳤다.

잘 통제된 성당을 떠나 비에 젖은 공터를 가로질러 그의 임시 집으로 돌아오니 묘하게 위안이 되었다. 서커스장에도 물론 규율이야 있었지만 라르쉬 공동체처럼 그곳은 삶을 지저분한 채로 받아 주었다.

질퍽거리는 서커스장 부지로 걸어오면서 이 모두가 서로 어떻게 맞물릴까 하는 의문이 들었다. 서커스를 미화할 이유는 없다. 텐트 밖에서는 물론이고 텐트 안에서도 시시한 일이 많이 벌어진다. 그렇다고 교회를 낭만적으로 생각할 이유도 없다. 전혀 영적이지 못한 일도 거기서 많이 벌어진다. 그래도 인간의 마음은 자신의 소아(小我)보다 더 크고 위대한 무엇을 추구한다. 서커스장이나 교회에 들어서는 모든 사람은 별이나 그 너머에 이르는 뭔가를 찾고 있다!

모든 사제가 어느 정도는 공중그네 곡예사이고 모든 공중그네 곡예사가 어느 정도는 사제여야 하지 않을까? 나는 그렇다고 확신하는데, 양쪽 다 그걸 모르는 것 같다!

19

5월 10일 일요일(계속)

오늘 오후의 공중그네 공연은 아주 형편없었다. 모두가 피곤한 듯 '영혼 없는' 동작이었다. 칼린은 조의 손을 놓쳤고, 조는 칼린을 그물로 떨어지게 두어야 했다. 이후의 순서는 별로 열의 없이 끝났다. 나중에 칼린은 아주 침울하게 말했다. "모두에게 사과하고 입장권을 물러 주고 싶네요. 비참한 심정이에요."

 나도 오늘밤 기분이 좋지 않다. 로드레이가 공연에 대한 내 질문에 짜증을 내며 아주 고자세로 나를 대했고, "시속 80킬로미터라는 표지판도 못 읽으세요?"라는 식으로 교통 위반 딱지를 끊는 경찰처럼 되물었다. 로드레이의 오후 일진이 사나웠고 나의 배움이 아주 더디다는 걸 상기해야 했다.

오늘밤은 다시 해체의 밤이다. 서커스가 다 끝나고 45분 후면 우리는 밤길을 달려 57킬로미터쯤 떨어진 다음 장소인 다텔른으로 간다. 제니의 말로는 1시간 반쯤 걸릴 거라고 한다. 나는 야간 운전이 싫고 캠핑카라서 더 싫다. 하지만 서커스는 계속된다!

로드레이 일행은 헨리 때문에 이동이 더 느려질 것을 알았다. 헨리가 조심조심 천천히 운전했기 때문이다. 그들은 서커스 개최장에 꼴찌로 도착하면 그만한 이점도 있다며 자위했다. 혹시라도 문제가 있을 경우 다른 차량들이 이미 파악했을 테니 말이다.

<u>5월 11일 월요일, 다텔른</u>
무서운 이동이었다. 로드레이가 행렬을 이끌며 자신의 트럭에서 단파 무전기로 존과 소통했고, 존은 후미에서 대형 트레일러를 운전했다. 트럭에 매단 로드레이의 트레일러와 존의 트레일러 사이로 우선 칼린과 제니가 새로 산 칼린의 이동 주택을 벤츠에 매달고 갔다. 그 뒤는 조의 트럭과 트레일러였고 나는 조 다음이었다. 백미러로 후방의 존이 보였다.

나한테는 겁나는 이동이었지만 다른 사람들에게는

그렇지 않았다. 그들은 밤중에 독일의 좁은 시골길로 이동 주택을 운전하는 데 익숙해 있었다. 하지만 나한테는 두려움 자체였다! 내 캠핑용 자동차는 기어가 5단까지 있는데 속도가 바뀔 때마다 몇 단에 놓아야 할지를 알아내기가 쉽지 않았다. 철도 건널목과 급회전 구간에서 감속을 자주 했는데, 매번 기어를 몇 단으로 변속해야 할지 묘연했다. 익숙해지는 데 오래 걸렸지만 결국 조금씩 더 편해졌다.

한편, 빠른 속도로 운전하는 독일의 차들은 계속 우리의 행렬 사이를 드나들었다. 분명히 우리 때문에 답답해서 재빨리 추월하려 했으나, 맞은편 차량이 많아 그들의 시도는 매우 위험해 보였다. 내 운전석이 높다 보니 마주 오는 차와 추월하려는 차 사이의 숨 막히는 추격전이 훤히 보였다. 그러고도 아무도 죽지 않았다는 게 놀라울 뿐이다.

이런 이동 중에 자주 생겨나는 의문이 있다. 사람들은 왜 늘 생명의 위험을 무릅쓰는 것일까? 다들 목적지에 도착하는 게 너무 급해서 목숨의 부지는 그보다 덜 중요한 모양이다!

로드레이가 다텔른 서커스 개최장을 살펴보니 어찌나 질퍽질퍽한지 다른 출연진 차량들이 진창에 처박혀 있어 트랙터로 끌어내야 할 판이었다. 이를 본 그는 수신호를 보내 공중그네 곡예단 차량들을 더 굳은 땅 쪽으로 유도했고, 덕분에 그들은 문제없이 주차했다. 운전에 지친 헨리는 이번에도 캠핑카를 대신 주차해 주겠다는 로드레이의 말에 고마워서 거의 말을 잇지 못했다.

> 어젯밤 다텔른에 도착한 후에 칼린이 나를 초대하여 따뜻한 음료를 내주었다. 나는 기뻤다. 대화 중에 분명해졌듯이 칼린은 나에 대한 로드레이의 짜증을 알고 나를 위로하려 했다. 그래서 이렇게 말했다. "우리처럼 평생 곡예사 세계에서 자라난 사람은 잘 모를 때가 있어요. 자신이 쓰는 말투가 일반인에게는 잘 이해되지 않는다는 것을요." 나와 로드레이 사이에 오간 대화를 제니가 차 안에서 칼린에게 말해 준 게 분명했다. 이렇게 자상하게 내 소속감을 되살려 준 그녀가 고마웠다.

그들의 순회공연의 의미에 대한 헨리의 사색은 다음날 아침의 일기에도 계속된다.

> 밤중에 작은 마을을 하나둘 지나며 2차서 굽잇길을 달리노라면 공중그네를 타는 내 다섯 친구의 삶을 생각하게 된다. 그들은 이곳저곳 돌아다니느라 지금 있는 곳을

눈여겨볼 시간이 거의 없다. 서커스 장소는 대개 시 외곽에 있다. 로드레이 일행은 무대 장치 설치, 차량 유지 보수, 트레일러 청소, 공연 등으로 너무 바빠 느긋하게 보낼 여유가 별로 없다.

공연 기간은 대개 한 곳에서 이틀씩인데 끝나면 정말 녹초가 된다. 그들은 새 도시에 자정쯤 도착하여 이튿날 오전 내내 공중그네를 설치한다. 그 일에만 네 시간이 걸린다. 이어 3시 반과 7시에 공연이 있다. 공중그네 곡예는 10분밖에 안 걸리지만 복장 착용, 준비 운동, 평가 회의, 피날레용 환복, 피날레 등을 하다 보면 한 회 공연 거의 내내 아주 바쁘다. 둘째 날 오전에 물품을 구입하고 전화를 걸고 사무를 처리할 시간이 조금 있지만, 남은 하루는 다시 공연으로 꽉 찬다. 그러다 9시에 장비를 해체하고 10시에 행렬을 이루어 다음 장소로 떠난다.

어젯밤 운전 중에 어느 굽이를 돌 때 우리의 전체 행렬이 한눈에 들어왔다. 그때 이런 생각이 들었다. '이게 다 무엇을 위한 것일까? 우중에도 혹한기에도 다섯 사람이 대형 이동 주택 네 대로 독일 방방곡곡을 돌아다니는데, 어떤 구실로든 잠시 중단하거나 공연을 빼먹거나 의욕을 잃어서는 안 된다. 그렇게 10분간 공연해 봐야 대다수 사람은 보고 나면 잊어버리는데 말이다!'

이것이 예능인의 삶이다! 그들은 관중에게서 온갖 탄

성을 자아낸다. 긴장을 조였다가 풀어 준다. 텐트 꼭대기를 올려다보며 "어떻게 저럴 수 있지? 믿어지지 않는군"이라고 말하게 한다. 한순간이나마 다른 세계에 가 보았다는 그 신비감에 젖어 집으로 돌아가게 한다.

내 삶이라고 크게 다를까? 나도 여기저기 강연하러 다니면서 청중을 안심시키거나 도전을 가한다. 상실, 실패, 고뇌, 성장, 성공, 기쁨 등 자신의 감정을 잘 받아들이도록 도와준다.

나도 서커스단의 예능인과 같을까? 나도 사람들의 삶의 많은 단절된 순간 사이에서 그들을 떠받쳐 '그 너머'를 보게 하려는 것일까? 흥미롭게도 '예능'(entertainment)이라는 말은 라틴어의 두 단어 inter(사이)와 tenere(잡다, 들다, 받치다)에서 왔다.

예능인의 자리가 뭐가 문제인가? 예수님이야말로 사상 최고의 예능인이 아니신가? 그분은 자꾸 꺼져 내리려는 삶 속에서 사람들을 떠받치고 계시지 않은가? 다른 세계에서 와서 이곳저곳 돌아다니시며 사람들에게 잠시나마 위를 올려다보게 하시지 않았던가? 삶에 그들이 생각한 것 이상이 있음을 깨닫도록 말이다. 예수님의 말씀을 들은 사람도 대부분 집으로 돌아갈 때는 서커스 관객처럼 꽤 감동했지만, 다시 고단한 일상생활에 치여 다 잊어버리지 않았던가? 그분이 방방곡곡 다니시며 기쁜 소식을 전하신 3년 동안 수많은 군중이 있었지만, 정작 그분의 '공연' 덕분에 근본적으로 달라진 사람은 극소수에 불과했다.

·····

"소방차가 도착했습니다." 데니가 알린다. "잠시 후면 대원들이 들것을 들고 계단을 달려 올라와서 신부님을 저 아래의 앰뷸런스로 모실 겁니다."

헨리는 사이에서 떠받친다는 예능의 의미를 떠올린다. 창문과 앰뷸런스 사이에서 자신이 잘 떠받쳐질 것을 그도 알지만, 그게 딱히 예능처럼 와 닿지는 않는다. 내려가는 이동이 무서울까? 적어도 자신이 트럭을 운전할 필요는 없으니 다행이다.

·····

5월 11일 월요일(계속)
오늘 아침 캠핑카에서 혼자 성체를 배령했다. 서커스장에 머무는 동안 이번이 세 번째다. 다른 사람을 초대해서 함께 할까도 생각해 보았지만 지금은 '숨어' 있는 게 낫겠다는 생각이 든다. 서커스장 사람들을 신부로서 섬긴다는 생각도 솔깃하지만, 여기에 더 오래 있을수록 내게 드는 확신이 있다. 이곳에 오랫동안 숨어 산 후에야 어떤 형태로든 사역이 출현할 수 있으리라는 것이다. 이 서커스장에서 가장 종교적인 사람들은 모로코 출신의 무슬림인 것 같다. 간혹 그들의 노랫소리가 들리는데 마치 기도하는 것 같다.

반면에 종파를 떠나 기독교의 기도나 예배는 전혀 징후가 보이지 않는다. 다행히 로드레이의 친절과 환대와 지원과 관용이 내게 귀한 선물이라서, 분명히 지금은 내가 줄 것보다 받을 게 훨씬 많다. 일단은 이곳에 오래 살면서 단순히 각 사람을 알아 가야 할 것 같다. 아무런 부담도 주지 않으면서 말이다. 그러면 점차 필요에 따라 사역의 문이 열릴 것이다.

5월 13일 수요일, 카멘

어젯밤 독일의 도로로 다텔른에서 카멘까지 왔는데, 짧은 구간이지만 역시 내게는 만만치 않았다. 깜빡 잊고 캠핑카 입구의 계단을 안으로 들이지 않았다는 걸 중간에 오다가 알았다. 이 쇳덩이가 튀어나와 있으면 위험할 것 같아서, 차를 세우고 반대쪽으로 돌아가 계단을 집어넣었다. 뒤에서 운전하던 존이 이를 보고 무전기로 선두의 로드레이에게 알려 전체 행렬을 정지시켰다. 잠시 내

차의 시동이 걸리지 않았으나 결국 다시 도로로 들어섰고, 그제야 다른 차들도 다 다시 움직였다. 내가 서툴러서 민망했으나 웃음으로 받아들일 수밖에 없었다.

점심시간이었다. 제니는 로드레이를 흘긋 보며 눈알을 굴렸다. 아내가 무슨 생각을 하는지 그도 알았다. 헨리가 또 흙 묻은 신발로 그들의 트레일러로 뛰어들었던 것이다. 이미 누차 당부했는데도 그는 트레일러에 신발을 벗고 들어가야 한다는 서커스장의 예절을 자꾸 잊어버렸다. 깔개에 신발을 닦는 것조차도 여간해서 기억하지 못했다. 그래서 로드레이와 제니는 그냥 못 본 척하기로 하고 문간에 작은 융단을 늘어놓고 안에는 신문지를 깔았다.

그런데도 헨리는 용케 신문지를 지나쳐 또 흙 묻은 신발로 카펫에 쿵쿵 발을 굴렀다. 제니는 고개를 돌려 웃음을 감추었다. 헨리는 얼굴이 벌겋게 상기되어 있었다. 지반이 흠뻑 젖어서 무대 장치와 그물 말뚝에까지 영향이 있다는 말을 어서 하고 싶었던 것이다.

5월 13일 수요일, 카멘(계속)
진흙, 진흙, 진흙. 카멘의 서커스 개최장은 온통 진흙 천지였다. 칼린의 차에 가서 함께 커피를 마셨다. 칼린은 자기네 곡예단의 모든 '감정 기복'에 대해 아주 솔직히 말해 주었다. "로드레이는 때로 나한테 아주 비판적이에요. 트레일러를 이렇게 관리해라, 딸한테 그러면 안 된다, 공연 동작이 어떻다 등등 동생의 잔소리에 어떤 때는 아주 질려 버리죠. 몇 주 전에는 거의 그만두려 했어요……. 그래도 인정할 것은…… 그가 그렇게 비판적이라서 또한 뛰어난 예술가라는 겁니다. 그는 정말 완벽주의자예요. 뛰어난 공중 곡예사가 되려면 완벽주의자여야 하거든요. 묘기를 잘할 뿐 아니라 완벽한 멋까지 살려야 돼요. 어려운 묘기를 건성으로 해내면 좋은 공연이 아니죠. 로드레이의 완벽주의는 매사에 두루 나타납니다. 그러니 제가 그의 비판을 너무 마음에 담아 두지 말아야겠죠."

칼린은 제니와 조와 존에 대해서도 말했다. 그녀의 말에 깊은 사랑과 존경이 담겨 있었지만, 외부의 친구 없이 날이면 날마다 이렇게 가까이 함께 산다는 게 결코 쉽지 않다는 점도 밝혔다. "자기만의 공간을 서로 존중해 줘야 돼요. 저도 제 공간이 필요하죠. 제 트레일러에 사람들이 시도 때도 없이 드나들게 둘 수는 없잖아요."

・・・・

부피가 큰 거무스름한 제복 차림의 소방대원 몇이 들것과

시트와 담요를 가지고 헨리의 호텔 방으로 들어온다. 데니가 재빨리 움직여 큰 담요를 편다. 그와 소방대원들은 들것 위에 담요를 쫙 펼쳐 놓고 그 위에 시트를 깐다.

데니가 다시 헨리에게 말한다. "지금부터 모든 게 예정대로 진행될 겁니다. 시작합니다."

여러 힘센 손이 헨리를 가만히 들어 올린다. 그는 로드레이 공중그네 곡예단이 자신을 눕혀서 들어 올려 그들의 팔에 안고 사진을 찍던 일이 떠오른다. 지금도 로드레이가 담요 양옆을 감아올려 헨리의 몸을 감싼 뒤 안전벨트를 당겨서 그를 꼭 조인다. 아니, 데니인가? 헨리는 머릿속이 몽롱하다. 현 순간과 과거가 자꾸 뒤섞인다.

로드레이 공중그네 곡예단이
헨리를 눕혀 들어 올려 팔에 떠받쳐
안고 있다. 그들의 손에 몸을 맡긴
헨리는 편안하고 즐거운 표정이다.
왼쪽부터 프랭크, 조, 제니,
로드레이, 칼린, 존.

헨리가 로드레이의 권유를 받아들여
공중그네를 시도하고 있다.
"두려워 할 것 없어요. 제가 신부님을
잡고 있다가 신부님이 양손으로
그네의 막대를 잘 잡으면 그때 발판을
떠나게 해 드릴 겁니다."

제4부

잡는사람을 믿어야 한다

20

호텔의 좁은 복도로 이송되기를 기다리는 동안 헨리는 잠시 몸의 흥통에 주목한다. 조마조마한 속마음도 그대로다. 두려움일까? 완전히 두려움만은 아닐 것이다. 그렇다면 호기심이 약간 섞인 불안일까? 심지어 기대감일까? 이런 응급상황의 와중에도 말이다. 그의 상념은 다시 붕 떠올라 1992년 로드레이 공중그네 곡예단과 함께 다닐 때의 신체적 노고와 전율로 되돌아간다.

·····

날마다 그는 자신이 점점 더 작가처럼 느껴졌다. 새로운 종류의 집필을 위한 기록도 쌓여 갔다. 그의 일기의 초점은 어떤 책을 어떻게 쓸 것인가로 옮겨 갔다.

5월 13일 수요일, 카멘(계속)

여기 체류하는 기간이 길어질수록 쓸 내용도 더 많아진다. 공중그네 곡예에 대해서만 써도 족히 몇 달은 걸릴 것 같다. 나는 사람 셋과 잡는사람 둘의 사담을 꽤 많이 수집했고, 곡예 자체에 대해서는 로드레이의 설명을 자세히 들었다. 그런데도 내가 모르는 부분이 이전보다 많아 보인다.

무대 장치에 대해서는 하나도 모른다. 다양한 부품의 명칭과 조립 방식을 알려면 몇 주는 걸릴 것이다. 복장을 선택하고 활용하는 방식도 전혀 모른다. 수입과 지출 등 공연의 수많은 행정적 요소도 모르기는 마찬가지다.

많이 배울수록 내가 얼마나 조금밖에 모르는지를 깨닫는다. 그래도 자세히 알수록 좋다. 내 최종 원고에 세부 사항을 다 담지는 않을 수도 있지만, 일단 모르고서는 잘 가려서 쓸 수가 없다. 파리에 있는 로댕의 발자크 동상이 생각난다. 최종 동상은 넓적한 망토를 두르고 있지만 준비 단계에는 누드모델이 많이 쓰였다. 로댕은 인체를 세세히 알고 싶었다. 그래야 어깨에 헐렁한 망토를 걸친 발자크를 잘 조각할 수 있을 테니 말이다. 공중그네 곡예단에 대한 이야기를 쓸 때도 똑같지 않을까. 너무 시시콜콜한 내용으로 독자를 산만하게 해서는 안 되겠지만, 그래도 곡예의 예술적 위력을 제대로 묘사하려면 세부 사항까지 꿰뚫고 있어야 한다.

5월 14일 목요일
존 프랭클린의 『이야기 쓰기』와 시오도어 A. 리즈 체니의 『논픽션 창작물 쓰기』를 읽다 보면 글쓰기의 위력을 더욱더 절감하게 된다. 여태 작법을 제대로 공부한 적이 없는데, 두 책을 보니 내가 몰랐던 게 많기도 하다.

서커스장에서 이 책들을 읽으며 자문해 본다. '나는 왜 여기에 와 있지? 서커스를 알려고 왔나, 아니면 글쓰기를 배우러 왔나?' 이제 보니 양쪽이 서로 맞물려 있다. 내가 서커스를 이토록 좋아하는 이유는 여기에 글감이 넘쳐나기 때문이고, 이토록 글을 쓰고 싶은 이유는 서커스라는 글감이 있기 때문이다. 글쓰기에 관한 책들을 읽다 보니 글의 소재는 얼마든지 많다. 처음에는 멋진 공중그네 곡예가 중심 주제처럼 보였으나, 두 책을 읽으면서 서커스의 세계로 더 깊이 들어와 보니 작은 이야기들이 사방에 널려 있다. 내 캠핑카를 떠나 있으면 채 10분도 지나지 않아 어서 돌아와서 방금 보거나 들은 내용을 글로 옮기고 싶어진다.

그래서 희한하게도 캠핑카 안의 작은 책상으로 급히

들락거리는 게 이곳에서의 내 삶이 되었다. 행동과 묵상 사이, 관찰과 기록 사이, 듣기와 쓰기 사이, 산책과 착석 사이에 묘한 긴장이 있다.

내 주된 규율은 초점을 잃지 않는 것이다. 보고 들을 게 워낙 많다 보니, 사방에서 다가오는 수많은 자극에 파묻히기 쉽다. 모든 장소에 가거나 모든 사람과 대화하거나 모든 일에 낄 수는 없음을 자꾸 상기해야 한다.

로드레이 곡예단이 내 확실한 초점이다. 무엇이든 그들에게 배울 수 있는 거라면 정말 받아들이고 싶다. 반면에 광대, 마술사단, 동물 조련사, 모로코인 일꾼, 폴란드인 음악가 등 나머지는 내 시야의 주변부에 머물러야 한다. 그렇지 않으면 모든 게 정신없이 돌아가는 통에 글쓰기가 불가능해진다.

헨리는 다시 『논픽션 창작물 쓰기』를 펴고 이 대목을 읽었다. "글의 구조를 짜려면 차분히 앉아서 걸러 내고 뒤섞고 쌓아 보라. 혹시 어떤 틀이 보이는가? 차차 틀이 될 만한 것이라도 좋다······. 때가 되면 결말부가 자극(磁極)처럼 모든 것을 그쪽으로 끌어들인다." 그는 나중에 찾아보기 쉽도록 이 문단에 표시를 해 두었다. 그리고 일기로 되돌아가 이렇게 썼다.

5월 14일 목요일(계속)

내가 로드레이 곡예단에게로 보냄 받았다는 확신이 든다. 삶과 죽음, 사랑과 두려움, 평안과 갈등, 천국과 지옥에 대해 뭔가를 새로 깨닫도록 말이다. 다른 방식으로는 알거나 쓸 수 없는 것들이다.

'내가 독일의 서커스장에서 캠핑카에 앉아 몇 주씩 글을 쓸 줄을 몇 년 전만 해도 어찌 상상이나 했으랴.' 그런 생각이 자주 든다. 그런데 나는 여기에 와 있다. 지금 내가 있을 제자리는 이곳뿐이라고 느껴진다. 내일 무슨 일이 있을지는 내일 알게 되리라. 그것을 오늘 몰라도 되니 다행이다.

오후 공연 전에 칼린이 내게 설명하기를, 나는사람과 잡는사람은 양말에 탄산마그네슘 분말을 채워 두고 그것을 손에 묻혀 땀을 제거한다고 했다. 그런데 잠시 후 공연 때 조의 양말이 벗겨졌다. 양말은 잡는 그네에서 그물로 떨어졌다. 로드레이가 손짓으로 알렸으나 한창 공연 중이라 어찌할 도리가 없었다. 내가 그것을 알아차린 것을 모로코인 일꾼이 보고 미소를 보냈다.

공연은 평소처럼 계속되었으나 평가 시간에 칼린은 내게 걱정되었다고 말했다. "조는 땀을 많이 흘려요. 그래서 그걸로 계속 손의 땀을 제거해야 우리를 잡을 수 있거든요."

저녁 공연에서는 로드레이가 실수했다. 공중제비 회전 때 손을 놓쳤고, 나중에는 돌아올 때 발판에 두 정강이를 찧었다. 공연 후에 그가 다리를 심히 절었으나 제니는 크게 문제 삼지 않고 이렇게만 말했다. "이상하게 거기서 다쳤네요. 이런 일은 여태 한 번도 없었거든요."

5월 15일 금요일, 부퍼탈

고속도로 진입로를 놓친 나를 존이 쫓아와서 행렬로 데려와야 했고, 로드레이가 고속도로에서 너무 일찍 내리는 바람에 전체 행렬이 시 외곽에서 왔다 갔다 헤매기는 했지만, 그래도 부퍼탈 중심부의 서커스 개최장에 무사히 도착했다. 자정쯤 우리의 모든 트레일러가 가지런히 늘어섰을 때는 이곳 위치가 좋아서 다들 마음이 잔뜩 부풀었다. 칼린은 "서커스장에 들어서기 직전에 대형 마트가 보였어요"라고 말했고, 조는 "마침내 한동안 머물 수 있는 곳이네요"라고 외쳤다. 제니가 "잔디밭만 없다뿐이지 이상적인 곳이죠"라고 평하자, 로드레이도 "텐트에 가까워서 음악 소리만 듣고도 우리 차례가 언제인지 알 수 있어 좋군요"라고 덧붙였다. 존은 특히나 기분이 좋았다. 디트로이트에 계신 부모님이 일주일 예정으로 내일 이곳에 도착할 것이기 때문이다.

오늘 아침에 결심한 대로 오후에 기차를 타고 프라이

부르크에 가서 친구 부부를 만날 예정이다. 떠나려니 당연히 슬프지만 일주일 내로 다시 돌아와 부퍼탈 서커스장에서 며칠 더 지낼 수 있으니 다행이다.

로드레이는 남아서 무대 장치를 설치하고, 제니가 헨리를 기차역까지 태워다 주었다. 그전에 그들은 헨리의 캠핑카부터 점검하여 전자 제품과 가스 기구가 다 꺼져 있는지 확인했다. 열흘을 동행하는 사이에 그와 함께 사는 데 익숙해졌던 것이다.

21

프라이부르크에서 헨리는 자신의 친구이자 편집자인 프란츠 조나에게 공중그네에 대한 생각을 열심히 털어놓았다. 사실 헨리가 아버지를 모시고 서커스장에 갔던 그 첫날 밤에 프란츠도 동행했었다.

> 5월 17일 일요일, 프라이부르크
>
> 프란츠는 서커스에 대한 나의 열의를 아직도 좀 뜨악하게 본다. 그 앞에서는 왠지 더 심각한 주제를 골라야만 할 것 같다. 이게 어떻게 신앙 서적으로 연결될 수 있을지 그로서는 묘연한 것이다 하지만 대화 중에 내 설명—로드레이 일행을 위대한 영적 진리의 예화로 사용할 생각은 없었고 단지 좋은 일을 하는 좋은 사람들에 대한

좋은 이야기를 쓰려 했다는 말—을 듣고는 프란츠도 점차 마음이 열리면서 아예 들뜨기까지 했다.

이렇게 서커스장을 벗어나 내 집필 구상을 '변호하는' 일도 중요하다. 더 논할수록 더 깨닫게 되거니와 무엇보다 나는 좋은 이야기를 쓰고 싶다. 그 이야기 자체 속에 기쁜 소식이 담겨 있으리라는 것을 믿어야 한다.

시내 골목을 거닐며 헨리는 이런 흐뭇한 생각이 들었다. 프라이부르크는 내게 제2의 고향처럼 되었구나. 그는 빈센트 반 고흐의 그림 사본 몇 점을 새로 샀다. 대학에서 가르치던 때가 그립지는 않았지만, 가방을 들고 여러 고색창연한 대학 건물을 오가는 많은 학생을 보니 즐거웠다. 이렇게 여기에 있기만 해도! 그런 탄성이 절로 나왔다.

5월 18일 월요일

족히 한 시간을 프란츠와 함께 보냈다. 화제는 대부분 매일의 묵상집 집필에 대한 것이었다. 프란츠는 이미 그런 책을 출판한 바 있다. 카를로 마르티니, 카를로 카레토, 하인리히 슈패만의 기존 저서에서 발췌하여 매일의 독본으로 편집한 선집이다.

또 하나의 선집이라면 나는 별로 내키지 않는다. 내 저서 중 다수에 더는 내 영적 비전이 담겨 있지 않다. 내

기존 저서를 무효로 돌리는 건 아니지만, 완전히 다른 뭔가가 내게 요구됨을 느낀다.

그동안 나는 교회와 전혀 무관한 사람도 많이 만났고, 에이즈 환자들도 접했고, 서커스장도 경험했고, 지난 몇 년의 많은 사회정치적 사건도 보았다. 이 모두가 내게 하나님에 대해 새로운 방식으로 말할 것을 요구한다. 이 새로운 방식에는 내용만 아니라 형식도 포함된다. 무엇을 말할 것인가만 아니라 어떻게 말할 것인지도 달라져야 한다.

주로 떠오르는 것은 이야기다. 분명히 나도 이야기를 써야 한다. 논증과 인용과 분석을 곁들인 에세이가 아니라, 짧고 단순하면서도 우리의 복잡다단한 삶 속에 계신 하나님을 보여 주는 이야기다.

이튿날 헨리는 온종일 책상에서 글을 썼다. 아파트 3층에 자리한 프란츠와 레니 조나 부부의 집은 친숙하고 편안했으며, 그전에도 늘 그에게 좋은 집필 장소였다.

그런데 서커스에 관한 책을 쓰려니 내면의 어떤 저항이 느껴진다. 나한테 너무 벅찬 일 같고, 술술 써 나가기에는 아직도 공중그네에 대한 내 식견이 부족하다. **헨리는 어쩌면 자신이 여전히 너무 관찰자라는 생각이 들었다.** 내부인처럼 쓰기에는 아직 역부족이다. 그는 어떤 주제든 깊이 들어가려면 한이 없으니, 일단 뭔가가 나와 줄 것을 믿고 집필에 착수하라고 자신을 격려해 보았다. 차차 속도를 늦추니 글이 한결 쉽게 써졌다.

하지만 그의 방문은 곧 끝났다.

<u>5월 21일 목요일, 부퍼탈</u>
아침에 프란츠가 기차역에 데려다 주었고, 서커스장에 돌아오니 1시 반이었다. 로드레이 공중그네 곡예단에게 한 주간이 어땠을지 기차 안에서 내내 궁금했다. 로드레이의 다리는 나았을까? 한 곳에서의 장기 공연인데 관객이 많이 들었을까? 다들 내가 떠나던 때보다 기분이 좋고 덜 기진맥진해 있을까?

곧 알고 보니 무사한 일주일과는 거리가 멀었다. 로드레이의 부상은 여전히 심해 보였다. 칼린은 복부 내출혈로 인해 병원에서 여러 시간을 보낸 뒤, 통증이 있는 한 공중그네 일은 일절 금물이라는 최종 통고를 받았다. 제니는 심장에 이상음이 있어 집중 검진을 받았다. 독일인 광대는 먼지 알레르기 때문에 무대에서 쓰러져 병원으로 실려 갔다. 카민스키 여사는 마지막 묘기를 선보이고 내려올 때 러시안 바에서 떨어져 다리를 크게 다쳤다. 개 공연을 맡은 영국인 피터도 큰 낭패를 보았다. 광대의 개가 끈에서 풀려나 피터의 작은 개를 쫓아가 왕창

무는 바람에 거의 일주일 내내 자신의 개를 무대에 올릴 수 없었던 것이다. 하사니 휘하의 체조 곡예 소년단도 다 손목과 발목에 통증이 있어 보인다!

오후 공연을 보러 갈 때 나는 두 단원이 아파서 공중그네 곡예가 어찌될지 다소 걱정되었다. 처음에는 별로 달라 보이는 게 없었다. 그러나 로드레이가 존과 협력하여 공중 앞돌기를 하면서 조에게로 날아가는 과정에서 조의 손에 닿지 않아 그물로 떨어졌다. 원래 계획은 조에게서 다시 돌아와 존의 손을 잡은 채로 몇 가지 묘기를 더 부리는 것이었는데, 추락 때문에 나머지를 다 생략할 수밖에 없었다. 공연은 곧장 발판 쪽의 제니에게로 넘어갔다.

그런데 저녁 공연은 완전히 달랐다. 역경 중일수록 호흡을 잘 맞추려는 불굴의 의지였을까? 대규모의 열광적인 관중 때문이었을까? 나는 모른다. 아마 본인들도 몰랐을 것이다. 어쨌든 공연은 대성공이었다. 로드레이는 존과 조 사이를 아주 쉽게 날아 다녔고, 손을 잡힐 때도 힘든 기색이 전혀 없었다. 공중을 제집인 양 유영하는 그의 공중제비와 회전은 기품이 넘쳤고, 제니도 아주 우아하게 발판을 떠났다가 돌아왔다. 제니와 로드레이가 조의 손과 공중그네 사이를 오가는 화려한 이동으로 공연을 마무리하자 관중은 우레 같은 박수를 보내며 발을 굴렸다. 그 바람에 게르트 지모나이트가 단원 전체를 무대로 돌려보내 다시 인사하게 했다.

그들도 다 감격에 겨웠다. 공연 중에부터 이미 전기가 통하듯 찌릿했던 것이다. 평소 과묵한 편인 조까지도 열기를 감추지 않고 "정말 잘된 공연입니다"라고 말했다.

이튿날 중간 휴식 시간에 일부러 헨리는 방문 중인 존의 여동생과 함께 지냈다. 체니의 『논픽션 창작물 쓰기』에서 헨리의 성미에 잘 맞아서 와 닿았던 지침이 있었다. "모든 사람의 말을 들으라. '유명인사'의 말보다 '중요하지 않은 사람'이 무심결에 하는 말을 통해 더 많은 게 설명될 수도 있다."

<u>5월 23일 토요일, 가이스테렌</u>
어젯밤 중간 휴식 시간에는 로드레이 일행의 평가 회의에 참석하지 않고 존의 여동생 크리스틴과 대화했다. 부모님과 함께 디트로이트에서 온 그녀는 첫날부터 공연을 한 번도 거르지 않고 다 보았다. 서커스가 너무 좋아 아무리 봐도 질리지 않는다고 했다.

크리스틴은 다운증후군이 있는 사람치고는 아주 독립적이며 언어 표현도 정확하다. 둔중한 소리의 주먹질이 난무하는 '권투 공연'의 광대들을 제일 좋아했다. 그녀는 내게 가족들, 자신의 일, '스페셜 올림픽'에서 메달

둘과 리본 하나를 따면서 자신이 했던 역할 등에 대해 모두 말해 주었다.

대화 중에 깨달았는데 서커스는 똑똑한 사람 못지않게 정신 장애인의 마음에도 가 닿는다. 나이 든 사람 못지않게 젊은 사람에게도 통하는 것과 마찬가지다. 사실 서커스는 인간의 각종 차이를 메워 주는 보편 언어다.

오늘은 내가 서커스장에서 보낸 마지막 날인데, 토론토 라르쉬 공동체와 이 서커스 공동체의 연관성이 많이 보였다. 멀리서는 사뭇 달라 보이지만 가까이서 보면 아주 비슷하다. 양쪽 다 특수한 사람들의 공동체다.

이런 좋은 사람들과 함께 수많은 날을 즐겁게 지내다가 헤어지려니 쉽지 않았다. 하지만 나는 다음 단계로 넘어갈 준비가 되어 있었다. 분명히 로드레이 일행은 내 평생의 친구로 남을 것이다. 그들은 아직 모를지 모르지만, 지난밤의 작별이 내게는 장기간의 헤어짐으로 보이지 않았다. 새로 얻은 감화를 모두 종합하여 그 이면의 이야기를 찾아낼 때까지만이다.

이른 아침에 정겨운 작별을 나눈 뒤 헨리는 캠핑카에 올라 특유의 운전 습관대로 서커스장을 벗어났다. 로드레이는 그의 차가 연석을 넘어갈 때 다른 주차된 차에 너무 바짝 붙는 걸 보고 아찔했다.

오늘 아침 6시에 부퍼탈 서커스장을 떠나 1시간 반 만에 네덜란드 국경을 넘고 8시 반에 가이스테렌의 아버지 집에 도착했다. 아버지는 재회를 마냥 기뻐하시며 서커스 소식도 소상히 물으셨다.

22

힐베르쉼의 호텔에서 앰뷸런스 운전사는 큼직한 붉은색 비상용 가방을 데니의 손에 건네준다. 데니는 거기서 여분의 약을 꺼낸다.

    그러면서 헨리에게 말한다. "앞으로 몇 분 동안 혹시 필요할지도 모르니 제가 이 약을 가지고 있겠습니다." 소방관 하나는 이미 헨리의 짐 가방을 들고 문간에서 대기 중이다. 데니가 비상용 가방을 운전사에게 돌려주자 그는 소방관과 함께 문밖으로 달려간다. "밑에서 우리를 만나려고 아래층으로 내려가는 겁니다." 데니가 덧붙인다.

    헨리의 반응이 없자 그는 걱정되어 잠시 말을 멈춘다. 통증 때문에 산만해진 걸까? 두려워서일까? 혹시 의식을 잃는 것은 아닐까? 데니는 헨리를 현실 속에 깨워 두려고 자꾸 말을 건다. "이제 복도를 지나 창가로 갈 준비가 끝났습니다. 호텔 측에서 창문을 열어 주었어요. 신부님의 들것을 공중 리프트에 실을 겁니다. 제가 항상 곁에 있을 테니 염려하지 마십시오."

헨리를 덮은 담요는 따뜻하다. 눈을 뜬 헨리가 데니에게 미소를 지으려다가 산소마스크 속에서 씰룩이는 입이 그에게 보일 리가 없음을 깨닫는다. 데니는 산소통을 헨리의 두 다리 사이에 꼭 끼운다. 소방관 하나가 심장 모니터를 들고는 세 전극이 헨리의 흉부에서 떨어지지 않도록 바짝 옆에 서 있다. 다른 소방관은 정맥 주사액 봉지를 들고 따라갈 참이다. 헨리는 필요한 기구를 자신 있게 챙기는 그들의 일사불란한 간호에 감동한다. 무엇이 필요한지를 저마다 즉각 알고 혼동 없이 제 역할을 다하는 것 같다. 아무래도 평소에 훈련하는 모양이다.

이 또한 발돋움의 한 형태라고 헨리는 생각한다. 『영적 발돋움』은 그의 두 번째 저서 제목이었다. 어느새 그는 그 책의 중심 요지가 공중그네와 어떻게 비슷한지를 생각하고 있다. 나는사람은 발판에서 공중그네를 향해 발돋움해야 하고, 잡는사람은 나는사람에게로 발돋움한다. "영적 삶의 세 가지 이동"이라는 그 책의 부제에도 이행과 역동성이 강조되어 있다. 21년 전에 그 책을 쓸 때 헨리는 외로움에서 고독으로 이행하는 자아를 향한 발돋움, 적대감에서 환대로 이행하는 동료 인간을 향한 발돋움, 환상에서 기도로 이행하는 하나님을 향한 발돋움을 차례로 역설했다. 독자들은 거기서 실제적인 유익을 얻었고, 자기계발이라는 장르가 막 정착되던 그 무렵에 이 책은 영적 자기계발 서적으로서 헨리의 첫 '베스트셀러'가 되었다.

그러나 구조대의 세심한 팀워크와 데니를 흐릿하게 바라보고 있는 지금, 헨리는 그때 자신이 개인만의 영성에 너무 경도되지 않았나 하는 의문이 든다. 하다못해 팀이나 공동체 같은 더 큰 몸의 지체 의식이 없고서야 어떻게 누군들 그런 식의 발돋움을 혼자서 할 수 있겠는가? 새삼스러운 의문은 아니다. 이미 1983년에 헨리가 라틴아메리카에 살 때 그곳의 새 친구들이 그에게 깨우쳐 주었듯이, 여태 내 영성은 지극히 개인주의적이고 엘리트주의적이었다. 인정하기 힘들었지만 사실이다. 영적 삶에 대한 내 사고는 다분히 북미 환경에 깊은 영향을 받았다. '내면생활'을 강조하는 것도 그렇고, 그 생활을 가꾸기 위한 방법과 기술 면에서도 그렇다.

돌이켜 보니 사실 자신은 내면의 조화와 평정을 가꾸는 데 필요한 시간과 공간의 호사를 누리는 내성적인 사람의 영성에 빠져 있었다. 데니의 동료들이나 로드레이 공중그네 곡예단처럼 훈련을 통해 긴박한 상황 속에서 고도로 집중하는 것과는 사뭇 달랐다.

공중그네 곡예의 팀워크에 대해 내가 하고 싶은 말은

무엇인가? 이제 헨리는 그렇게 자문한다. 아름다움의 정수는 영적인 짐을 함께 지는 게 아닐까? 이 곡예사들은 끊임없이 자신을 발전시키고 싶으면서도 다른 사람들을 위해 아름다움을 창출한다. 그들의 공연은 팀워크와 공동체를 통해 실현된다. 제가 아주 똑똑히 보았거니와 다 함께 전체로서 한 몸을 이룹니다. 한 지체가 제구실을 못하면 몸 전체가 제구실을 못합니다.

·····

1992년 로드레이 일행과의 순회를 마치면서 헨리는 자신의 집필 구상에 마음이 설렜다. 그래서 다르게 글 쓰는 법을 어서 더 배우고 싶었다. 캠핑카를 덜컹거리며 그가 떠난 지 두 주도 안 되어 로드레이는 자신들의 친절과 환대에 감사하는 편지를 받았다. 헨리는 이제 책에 담을 내용이 많아졌다며, 신자가 아닌 일반 독자를 대상으로 한 첫 책이 될 것 같다고 털어놓았다.

그의 눈에 들어온 폭넓은 연관성을 누가 이해할 것인가? 6월 2일에 그는 공동체 개발과 평화 유지에 헌신한 미국인 친구 존 디어에게 이렇게 썼다. 최근에 독일의 서커스장에서 아주 흥미로운 한 달을 보냈는데, 언제 기회가 되면 당신에게도 그 얘기를 해 주고 싶습니다. 어떤 면에서 서커스단의 삶도 비폭력 공동체의 삶과 다르지 않습니다.

11월 말에 로드레이에게 새로 쓴 편지에 헨리는 자신의 구상이 다시 기존의 익숙한 집필 영역으로 돌아가 책에 종교적 요소를 집어넣기로 했음을 알렸다. 로드레이는 혼자서 쿡 웃음이 났다. 자기네 곡예단의 공중그네 공연과 종교적 주제, 이 둘의 연관성을 어떻게 헨리가 책 한 권을 채울 만큼 충분히 찾아낼 수 있을지 내심 의문이 들었던 것이다.

로드레이에게 편지를 보낸 후 헨리는 영감을 받아 펜을 들었다. 로드레이 일행의 이야기에 세 가지 이동을 접목하면 좋겠다는 생각이 자연스럽게 든 것이다. 이 구성은 친숙한 데다 이미 큰 성공을 거둔 바 있었다. 독자들의 반응이 아주 좋았다. 그는 설레는 마음으로 세 가지 이동의 개요 초안을 휘갈겨 썼다. 각 이동마다 로드레이 공중그네 곡예단을 라르쉬 공동체 및 교회와 연결시켰다.

직업에서 소명으로. 우선 그렇게 썼다. 이 첫 이동에는 각 단원의 개인적 여정이 담길 것이다. 라르쉬 데이브레이크의 많은 봉사자도 비슷한 선택을 거쳤다.

두 번째는 개인주의에서 공동체로 가는 이행이었다. 이 단락을 개괄할 때 헨리에게 열의가 솟구쳤다. 로드레이 공중그네 곡예단은 소명을 실현하기 위해 함께 살아야 했다. 공연의 보는 것이 팀워크와 상부상조에 달려 있었기 때문이다. 그들 사이에 경쟁이나 영웅 심리나 분노나 질투란 있을 수 없었다. 공연 연습도 늘 함께 해야 했다. 다시 말해서 라르쉬와 비슷했다. 이런 생활 방식은 삶의 리듬을 공유하는 긍휼과 용서의 공동체 속에서 실현될 수 있다. "그들이 얼마나 서로 사랑하는지 보라!" 예수님은 세상이 그리스도인들을 그렇게 알아보리라고 말씀하셨는데, 서커스 공동체도 마찬가지였다. 초고를 다시 읽어 보니 헨리는 자신에게 편지를 보내오는 많은 외로운 사람에게 이 단락이 여러모로 도움이 되겠다는 생각이 들었다.

끝으로 그는 예능에서 영감으로 향하는 세 번째 이동을 떠올렸다. 이는 그가 곡예단의 순회공연에 동행할 때 예능에 대한 일기를 쓴 이후로 늘 생각하던 주제였다. 공중그네 곡예의 요지는 단지 사람을 즐겁게 하는 게 아니라 조금이나마 삶의 아름다움을 보여 주는 것이다. 예술미만이 아니라 서로가 서로에게 안전하게 느껴지는 인간성의 아름다운 조화를 보여 주는 것이다. 실제로 로드레이 공중그네 곡예단은 경이와 기쁨과 희열과 미학과 기품을 보여 주었다. 글을 쓰면서 헨리의 어휘가 서로 뒤엉켰다. 그는 자신과 같은 사람들이 관중석에서 이렇게 생각하는 것을 상상해 보았다. 지금 나는 단지 고민을 잊는 게 아니라 내가 누구이고 누구일 수 있으며 누구이고 싶은지를 보는 것이다. 그런 의미에서 공중그네 곡예는 남을 위한 것이라고 헨리는 썼다. 라르쉬처럼 소명의 삶과 공동체의 삶을 드러내 주기 때문이다.

그러다 흐름이 툭 끊겼다. 헨리의 어깨가 축 처졌다. 그는 펜을 내려놓고 가슴을 부둥켜안은 채 책상 옆의 창밖을 내다보았다. 개괄 중인 책은 알차 보였고 중요한 통찰이 가득해 보였다. 공중그네에 대한 단락들까지는 마음에 들었다. 그런데 뒤이어 라르쉬에 대한 단락들을 개괄하려니 힘이 빠지면서 초점이 흐려졌다. 각 통찰을 영적 삶에 적용하는 단계에서는 이 주제에 대한 흥미를 완전히 상실했다.

헨리가 한숨지으며 자인했듯이 사실 그는 자신의 경험을 이런 틀에 끼워 맞추고 싶지 않았다. 어쩌면 『영적 발돋움』이 간행된 지 오래되었다는 게 문제였는지도 모른다. 로드레이 곡예단에 대한 책에서도 세 가지 영적 이동을 탐색한다면, 헨리도 그 정교한 러시아 공연단처럼 되는 것일까? 하나의 공연을 창작해서 완성한 뒤에는 곡예사 생활을 마치는 날까지 오직 그 공연만 한다는 카민스키 3인조 말이다.

설령 독자들이 매번 박수를 보낸다 해도 헨리는 하나의 작법으로 똑같은 묘기를 자꾸 되풀이하고 싶지 않았다. 로드레이처럼 자신도 늘 변화를 주고, 모험을 감행하고, 새로운 것을 시도하고 싶었다. 그게 실패로 끝나거나 불편할지라도 말이다. 그래서 그는 지금까지의 개요를 버렸다.

"그저 또 하나의 책을 쓰고 싶지는 않습니다." 1년 후에 헨리가 어떤 인터뷰 중에 한 말이다.

많은 사람이 제게 이런 말을 합니다. "기도에 대한 책, 하나님에 대한 책, 묵상에 대한 책을 또 쓰시면 어떨까요?"

아니, 아닙니다. 저는 공중그네에 대한 책을 쓰고 싶어요.

그러면 그들은 "머리가 뭐에 씌신 겁니까? 제정신이에요?"라고 묻습니다.

물론 제정신입니다. 공중그네와 사랑에 빠지고 하나님과 사랑에 빠졌을 뿐입니다. 그 둘이 서로 관계가 있거든요.

공중그네에 대한 집필로 다시 돌아올 때마다 헨리는 소명감을 느꼈다. 이에 대한 설명은 이전에 곡예단을 따라 순회할 때 그가 쓴 일기에 나와 있다.

나는 왜 공중그네 곡예에 대해 써야 할까? 답은 나도 모른다. 1983년에 렘브란트의 그림 〈탕자의 귀향〉이 내게 '주어진' 것처럼 공중그네 곡예도 지난해에 내게 그냥 '주어졌다.'

이 주제로 글을 써야 한다는 묘한 '당위성'이 느껴진다. 로드레이 공중그네 곡예단이 내게 왜 그렇게 중요한지 나도 아직 정확히는 모른다. 그들의 공연의 의미를 아직 말로 다 표현할 수 없다. 그러나 이것만은 속으로 아주 확실히 안다. 내게 꼭 필요한 어떤 중요한 비밀을 그들이 쥐고 있으며, 내가 계속 직관에 충실하면 그 비밀이 조금씩 정체를 드러낼 것이다.

23

그래, 공중그네는 내게 '주어진' 것이다. 헨리는 그렇게 생각한다. 그때 그에게 신기한 신체적 유대감이 즉각 느껴졌다. 여러 해 전에도 그에게 가장 비슷한 경험이 있었다.

·····

때는 1983년, 헨리는 프랑스 트로슬리의 라르쉬 공동체에 있는 친구 시몬의 작은 방에 앉아 대화를 나누고 있었다. 문득 그는 그녀가 벽에 붙여 놓은 렘브란트의 그림에 정신이 팔려 대화의 끈을 놓쳤다. 눈앞의 그 장면 속으로 온통 시선이 빨려든 것이다. 누더기 차림의 아들이 노령의 아버지에게 얼굴을 묻은 채 무릎을 꿇고 있고, 아버지는 선 자세로 아들의 등에 자애롭게 두 손을 얹고 있다. 예수님의 비유를 담아낸 그림이다. 비유 속의 작은아들은 유산을 받아 내어 집을 떠나서 호화롭고 방탕한 생활로 재산을 탕진했다. 그러다 돈도 떨어지고 친구도 다 떠나자 부끄러운 모습으로 아버지 집에 돌아왔다. 그런데 아버지는 그를 꾸짖기는커녕 너그러이 품으며 귀향 파티까지 열어 주었다. 집에 남아 순종했던 형은 아버지가 맏아들인 자신은 당연시하면서 무책임한 동생은 큰 잔치로 집에 영접한다며 분개했다. 그림에는 아버지와 작은아들의 애틋한 재회만 아니라 큰아들의 부글거리는 분노도 포착되어 있다.

그 그림을 보는 순간 헨리는 거기에 푹 빠졌다. 렘브란트의 화폭이 자신에게 '주어졌다'는 확신이 들었다. 그의 삶 속에 불쑥 들어온 그것은 어찌나 강렬하던지 몸으로 느껴질 정도였다.

그래서 그는 여러 해 동안 그 그림을 묵상했다. 여행 중에 작은 사본을 가지고 다니며 나누어 주었고, 포스터만 한 큰 그림을 피정에 활용했고, 누구에게나 보여 주었고, 끝없이 생각했다. 그런데 세월이 흘러도 이 그림을 글에 담아낼 방도가 묘연했다. 자신을 그토록 격하게 사로잡았던 그림인데도 좀처럼 책의 구도가 잡히지 않았다.

1987년에 정서적, 심리적, 영적으로 완전히 쇠약해져 무너져 내렸을 때도 그는 렘브란트의 그림을 가지고 다녔다. 데이브레이크에서 영국을 거쳐 캐나다 위니펙으로 오기까지 자꾸만 길어지던 그 기간에, 날마다 그 그림을 보며 긴긴 밤을 지냈다. 바닥에 웅크려 신음할 때도 늘 의식의 한 구석에 그 장면이 맴돌았다.

헨리가 정체감과 안전감을 잃었던 그때, 신기하게도 오랜 세월 묵상해 온 그림 속에서 점차 자신의 모습이 보였다. 천천히 깨달음이 왔다. 한꺼번에 간단하게 온 것은 아니다. 우선 작은아들에 대한 감정 이입이 깊어졌다. 자신도 그 아들만큼 길을 잃어 무력하고 피폐하게 느껴졌다. 자아를 온통 거부하고 혐오하는 마음도 똑같았다. 그는 그 아들을 사랑하려 애썼다. 영국에 있을 때 친구 바트 개비건은 헨리에게 자신을 큰아들로도 보라고 권해 주었다. 헨리도 집안의 장남으로서 성실하게 순종했으나 솔직히 분노와 독선이 끓어오를 때도 많았다. 자유를 누리며 조건 없이 사랑받고 싶은 그인지라 작은아들의 용기와 모험이 부러웠다. 결과는 나빴어도 과감히 모험에 나섰으니 말이다.

자기 몸의 실상이 헨리에게 조금씩 편안하게 느껴질 무렵, 친구 수가 새로운 통찰을 내놓았다. "헨리, 당신이 큰아들이든 작은아들이든 또한 아버지 역할로 부름받았다는 사실도 놓쳐서는 안 됩니다." 그 순간 렘브란트의 그림에 심취했던 5년여 세월의 초점이 갑자기 명료해졌다.

이런 더 깊은 자아 성찰을 통해 그는 누구나 공감할 만한 방식으로 그림 속에 들어갈 수 있었다. 이제 사람들은 두 아들과 아버지 안에 자신들의 감정이 투영되어 있음을 알게 되리라. 자신감을 되찾은 헨리는 렘브란트의 그림에 대한 피정과 강연을 열어 최대한 그 그림을 통해 자신의 삶을 설명했다. 누구라도 이에 상응하는 각자의 경험을 찾아낼 수 있도록 말이다. 반응은 대단했고, 매번 헨리는 자신의 연약한 모습에 기대어 글을 쓸 수 있겠다는 용기를 얻었다. 다만 시간이 오래 걸렸다. 통찰이 그토록 깊어졌는데도 책은 4년이 더 지나서야 간행되었다.

탈고 후에 그는 몇 가지 제목을 시도했다. 시작은 '치열한 자비'였는데 아무도 좋아하지 않았다. 그래서 '치열한 사랑'이라고 했다가 다시 '사랑의 화폭'으로 고쳤다. 그는 책 제목을 렘브란트의 그림이나 예수님의 비유와 똑같게 하고 싶지 않았다. 폭넓은 독자층에게 다가가고 싶은데 '탕자'라는 단어가 고어처럼 들렸기 때문이다. 그러나 편집자들은 그림과 비유 둘 다를 따서 제목을 붙여야 독자들의 반응이 좋을 거라고 그를 설득했다.

그의 책 『탕자의 귀향』은 "아버지와 형제와 아들에 대한 묵상"이라는 부제를 달고 1992년에 출간되었다. 그는 마침 90세를 앞둔 자기 아버지에게 책을 헌정했다. 그런데 그가 자기 조카와 젊은층 독자를 위해 쓴 『헨리 나우웬의 영성편지』, 비신자 유대인 친구와 그런 부류를 위해 쓴 『이는 내 사랑하는 자요』처럼 이 책도 의도한 독자층을 끌어들이지는 못했다. 『탕자의 귀향』은 1990년대의 남성 운동에 동참한 남자들에게는 주목받지 못했다. 대신 모든 종파의 성직자와 영적 구도자에게 엄청난 인기를 끌었다.

재판을 찍을 때 헨리는 부제를 "귀향 이야기"로 고쳤다.

·····

문득 헨리는 어쩌면 공중그네에 대한 이 책도 자신의 상상과는 전혀 다른 독자층에게 다가갈지도 모른다는 생각이 든다. 그러나 진짜 요지는 렘브란트의 그림이 그의 삶 속에 불쑥 들어온 때로부터 책이 완성되기까지 9년이 걸렸다는 것이다.

그래서 그는 자신을 타이른다. 느긋하게 생각하자. 내가 로드레이 공중그네 곡예단을 본 것은 5년 전이다. 내 속 어딘가에서 모든 게 움직이는 중이다.

알고 보면 핵심은 움직임이다. 공중그네 순회공연은 그림과 달라서 아무것도 정지되어 있지 않다. 사실 5년 전에 로드레이 일행의 연습을 처음 보았을 때 그를 사로잡은 것도 곡예의 공간 이동과 역동성이었다.

새로운 것을 시도하는 그들의 모습은 정말 매혹적이었

다. 워낙 어려운 묘기라서 자꾸 어긋났다. 그들은 발판에서 도약하여 그네를 몇 번 구른 뒤 공중돌기를 했다. 로드레이가 그렇게 하면 잡는사람 중 하나인 조가 반대쪽 끝에서 그를 잡았다. 이어 조는 존 그릭스가 매달려 있는 꼭대기 쪽으로 그를 높이 던졌고, 그러자 존이 서커스장 한복판에서 그를 잡았다. 존은 다시 그를 조에게 던져야 했고, 결국 조의 도움으로 로드레이는 발판으로 돌아간다.

제대로 하려는 그들의 고투가 헨리의 심금을 울렸다. 나는사람의 왕복 이동만이 아니라 나는사람과 잡는사람이 함께 회전하면서 서로에게서 추진력과 에너지를 얻는 모습이 그랬다. 나는사람은 위로 솟아오를 때 잡는사람이 자신을 잡아서 추진력을 더해 준 뒤 다른 잡는사람에게로 힘차게 보내 줄 것을 믿었다. 계속 함께 움직이는 그 속에 신뢰와 모험이 있었다.

24

헨리의 몸이 저절로 움찔한다. 이제 그의 허약한 몸은 실제로 물리적 모험에 가담하는 중이다. 1992년에 바트의 워크숍에서 그가 이해하려 했던 모험 의식은 차라리 추상적인 공론처럼 우스워 보인다. 잠시 후면 자신의 몸이 힐베르쉼 소방서의 리프트에 실려 공중에 붕 뜰 테니 말이다.

아직 흉통이 있지만 우려할 만한 정도는 아니다. 헨리는 걱정하지 않는다. 경고 신호일 것이다. 간호를 잘 받고 있는 데다 나이도 예순넷에 불과하다. 그는 이 방해물이 자신의 고국에서 발생한 데 대해 묘한 안도감마저 든다. 아버지와 형제자매들이 와서 함께 있을 수 있으니 말이다.

제복 차림의 소방관 여섯이 헨리를 둘러싸고 들것을 들어 함께 복도로 이송한다. 그는 전율에 휩싸인다. 훈련되고 숙달된 구조 대원들이 나를 준비시켜 비행하게 한다니 얼마나 놀라운가. 그런 경탄에 젖는다.

> 로드레이 공중그네 곡예단을 처음 보았을 때, 내 내면의 가장 깊은 열망이 그들을 통해 표현되고 있음을 느꼈습니다. 바로 완전히 안전하면서도 완전히 자유로워지고 싶은 열망이지요.

지금 헨리는 아주 안전하게 느껴진다.

> 내게 참으로 매혹적인 것은 모든 단원이 서로에게 완전히 집중해야만 이 곡예가 가능하다는 사실입니다. 그들은 각 단원이 현재 어디에 있는지를 항시 의식해야 합니다. 그다음은 조화입니다. 인간의 아름다운 교류가 이 곡예를 통해 가시화되지요.

·····

헨리의 친구 프랭크 해밀턴은 그가 로드레이 공중그네 곡예단을 따라 캠핑카를 몰고 다녔다는 말을 그의 1992년 일기에서 읽고 기겁했다. 그가 운전에 별로 집중하지 않는다는 것을 프랭크도 알았다. 사실 그의 운전은 악명 높았다. 그런데 일기에 보니 밤 1시에 소읍의 어두운 길을 달리곤 했다지 않은가.

그래서 1993년에 프랭크는 로드레이 곡예단을 다시 방문하려는 헨리의 계획을 들었을 때 이렇게 물었다. "헨리, 6월에 독일에 갈 때 나도 함께 가도 될까요?"

헨리는 생각해 보았다. 로드레이 일행은 이제 가족처럼 느껴졌다. 친구를 데려가도 괜찮을까?

"왜요?" 헨리가 물었다.

"혹시 운전에 도움이 될까 해서요." 프랭크가 제의했다. 미군 군목인 그는 헨리의 한결같은 오랜 친구였다.

오래 걸릴 것도 없이 헨리의 결정이 나왔다. "오, 듣던 중 반가운 소리입니다! 당신이 운전해 주면 나야 쉴 수 있지요. 함께 다니면 재미도 있을 테고요. 당신과 함께라면 안심이 됩니다."

이즈음 헨리가 구상하는 공중그네에 대한 책은 멋진 사진을 곁들인 소설로 바뀌었다. 사진사 론 P. 반 덴 보쉬는 헨리를 안 지 25년이 넘었고, 둘이 여러 책을 함께 만들기도 했다. 그래도 헨리가 새로운 공동 작업의 가능성을 거론했을 때 론은 깜짝 놀랐다. 네덜란드에서 가족의 장례식을 치른 후 다과를 나누던 자리에서 그 말이 나왔기 때문이다. 사제복만 벗었을 뿐인 헨리는 커피나 샌드위치를 들기도 전에 론에게 몇 주 후인 6월 초에 일정이 있느냐고 급히 물었다.

론이 시간이 있다고 답하자 헨리는 그에게 독일에 함께 가서 순회 서커스단의 공중그네 곡예사들을 사진에 담아 주었으면 좋겠다고 설명했다. 헨리의 관심이 장례식의 애도에서 그토록 신속히 다른 데로 넘어간 데 놀란 론은 커피만 홀짝이느라 답하는 데 시간이 걸렸다. 서로의 장례식장에서 타협을 보고 거래를 매듭짓는 여러 영화 속의 갱단이 생각났다. 하지만 헨리의 해맑은 눈빛과 뜨거운 열정을 물리칠 수는 없었다.

> 나는 공중그네의 삶을 내부에서 알게 되었습니다. 로드레이와 그의 부인과 누나와 친구들이 서로를 어떻게 대하는지 알게 되었고, 그들이 하는 일의 위험을 알게 되었습니다. 무대 장치 설치, 준비, 복장, 음향, 음악 등 이 하나의 공연을 둘러싼 모든 것이 얼마나 복잡한지도 알게 되었지요. 이 짧은 공연 하나가 삶 전체였어요. 10분 동안 벌어지는 일은 정말 평생의 노력, 평생의 생각, 평생의 헌신, 평생의 열정의 산물이었습니다. 그 점이 정말 저를 완전히 매료했습니다. 그것을 내부에서 이해하고 싶었을 뿐입니다.

헨리가 다시 방문할 뜻을 보이자 로드레이 곡예단은 반색했다. 아울러 그들은 그가 방문 시기를 자기네가 한 곳에서 장기 공연을 할 때로 정한 것에 놀라지 않았다. 그러면 그는 캠핑카를 운전하며 따라다닐 필요 없이 인근 호텔에 묵을 수 있을 테니 말이다.

헨리는 1993년 6월에 프랭크와 함께 도착했다. 로드레이와 전체 단원은 헨리를 가족처럼 반겼고, 그가 뿜어내는 특유의 열정을 보며 즐거워했다. 다만 곡예단은 프랭크를 잘 모르는데 프랭크는 그들을 아주 잘 아는 게 로드레이로서는 약간 불리하게 느껴졌다. 머잖아 도착한 론도 마치 가족을 대하듯 전체 단원에게 인사했다. 헨리가 평소에 곡예단 얘기를 즐겨하는 게 분명했다.

헨리는 자신의 책에 실릴 고화질의 사진을 론이 많이 찍을 계획이라고 밝혔다. 론은 단원들이 무대 장치를 설치하는 모습부터 사진에 담았다. 카메라 렌즈를 코앞에 들이대면 그들이 자연스럽게 행동하기가 어려우련만, 로드레이가 보기에 론은 태평하게도 그 점을 모르는 것 같았다. 자신이 남에게 미치는 영향에 대해 악의 없이 무심하기는 헨리만 아니라 그와 함께 온 친구들도 마찬가지였던 것이다.

헨리는 자부심이 넘쳤다. 다시 보는 공연인데도 로드레이가 보기에 친구들과 함께라서 더 감동하는 것 같았다. 그는 공연 후의 관례적인 다과회에 프랭크와 론을 데려왔고, 로드레이 일행과 더불어 지난 몇 달간의 근황을 나누었다. 헨리는 칼린의 파열된 복근이 잘 치료되어 그녀가 공연에 복귀한 것을 기뻐했다. 로드레이는 자신이 로마에서 공중제비 3회전을 하던 장면을 그에게 비디오테이프로 보여 주었다. 바룸 서커스단에서는 텐트가 좁아서 선보일 수 없던 묘기였다. 헨리는 그 아름다운 동작에 매료되어 느린 화면으로 몇 번이나 보았다.

헨리와 프랭크와 론이 서커스장을 떠날 때는 늦은 시각이라 사방이 고요했다. 호텔로 돌아가는 거의 내내 그들의 열띤 대화 소리가 로드레이에게 들렸다.

"어떻게들 생각합니까?" 조용한 서커스장을 걸어가면서 헨리가 두 친구에게 진지하게 물었다. "이 책에 착수하지 못하겠는 이유를 모르겠어요. 로드레이 공중그네 곡예단에 내 마음이 끌린 배경이 무엇일까요?"

프랭크와 론은 웃음을 터뜨렸다. "헨리, 그야 어쩌면 그들이 굉장히 아름다운 사람들이라서 그렇겠죠." 프랭크가 웃으며 말하자 론도 이렇게 덧붙였다. "혹시 보셨나요? 그들은 아름다울 뿐 아니라 몸매도 다 훌륭하더군요."

헨리는 둘의 말을 잠시 생각해 보았다. "그들의 서커스도 '태양의 서커스단'처럼 아주 관능적인 것 같기는 해요. 하지만 나는 로드레이 곡예단의 공연이 훨씬 더 좋습니다."

"물론이죠." 프랭크가 말했다. "그럴 만도 합니다 당신은 그들의 인체와 곡예에 감탄할 뿐 아니라, 그들의 사고와 어쩌면 영혼에까지 영향을 미칠 만큼 가까워졌잖아요. 그들에게 피와 살이 입혀진 셈이지요. 그래서 당신에게 그들은 막연한 환상이 아니라 실존하는 사람들입니다."

"그들의 예술성은 아름답습니다. 특히 서로 교류하는 모습이 그렇더군요." 론이 생각에 잠겨 말했다.

"맞아요! 사실은 그 이상입니다!" 헨리는 열변을 토했다. "그들은 자기네 삶 속에 나를 받아들여 주었어요. 종교적인 사람들은 아니지만 내 생각에 그들에게는 자신들도 어떻게 말해야 할지 모르는 영적인 굶주림이 있습니다. 그런데 그들의 공연을 보노라면 나 또한 어떻게 말해야 할지 모르는 어떤 굶주림이 내 안에 느껴지거든요."

이튿날 제니의 점심 식사는 프랭크와 론의 격찬을 받았다. 헨리는 단원들의 삶을 설명하느라 정신이 없어서 음식이 어디로 들어가는지도 모를 지경이었다. 이후 며칠 동안 그들은 공연마다 다 참석하고 각 단원과 즐거운 대화를 나누며 사진을 많이 찍었다.

하루는 오후에 헨리가 론에게 자신과 프랭크를 넣어 곡예단의 단체 사진을 찍어 달라고 부탁했다. 로드레이는 헨리가 눈치 채지 못하게 일행에게 몸짓으로 알려, 그를 눕혀서 들어 올려 팔로 떠받쳤다.

"신부님 좀 보세요. 하인들의 손에서 포도를 받아먹는 로마 황제처럼 세상 부러울 게 없어 보입니다." 로드레이가 농을 쳤다. "고양이라면 만족스럽게 가르랑거리겠지요!"

얄궂게도 그 사진은 나오지 않았다. 헨리의 간청으로 다음날 똑같은 포즈를 재현했는데, 이번에도 그는 처음에 순순히 몸을 맡길 때만큼이나 편안하고 즐거운 모습이었다.

25

1993년 방문의 절정은 6월 6일에 있었다. 그날 헨리는 공중 그네를 타 보라는 로드레이의 권유를 받아들였다. 헨리는 발판으로 올라가는 밧줄 사다리의 칸이 일정하지 않은 걸 보고 약간 겁났다. 높이에 따라 간격이 달랐던 것이다. 그러나 머뭇거림도 잠시일 뿐 그는 과감히 첫발을 내딛었다. 최대한 덜 흔들리도록 옆에서 누가 사다리를 잡아 주었다. 딱딱한 가죽 구두와 정장 바지 차림의 그는 눈을 크게 뜨고 집중하여 조심조심 올라갔다. 위에서 칼린이 그를 도와 발판으로 올라서게 했다. 그 높은 데서 둘은 로드레이가 존에게서 조에게로 공중돌기 2회전을 연습하면서 고도를 확인하는 모습을 지켜보았다. 조에게 잡히려면 충분히 높아야 한다고 칼린이 설명해 주었다.

발판의 기둥을 잡고 서 있는데 필요 이상으로 두렵다. 안전한 곳인데도 그물을 내려다보니 약간 불안하다. 일요일 오전인데 관중석에 내방객들까지 보인다. 존과의 연습을 마친 로드레이가 안전벨트를 가지고 발판으로 올라온다. 칼린이 내게 안전벨트를 채우자 로드레이가 거기에 밧줄을 연결한다. 그는 내 손에 분말을 묻혀 주며 그네의 손잡이 막대를 꼭 잡으라고 말한다. 그네가 발판에서 꽤 멀어서 위험해 보인다. 로드레이는 "두려워할 것 없어요. 제가 신부님을 잡고 있다가 신부님이 양손으로 그네의 막대를 잘 잡으면 그때 발판을 떠나게 해 드릴 겁니다"라고 안심시킨다.

이어 이렇게 지시한다. "그네를 타는 동안에는 무릎을 굽히지 말고 다리를 쭉 뻗으세요. 그물로 떨어질 준비가 되거든 잠시 기다렸다가 제가 '뛰어내리세요' 하면 손을 놓으세요. 이때는 다리를 위로 올려야 그물에 닿을 때 앉은 자세가 됩니다."

우선 한 손으로 그네의 막대를 쥔다. 로드레이가 뒤에서 내 허리를 감싼다. 반대쪽 손으로 마저 막대를 잡는다. 로드레이는 "팔을 쭉 펴세요"라고 말한 뒤 나를 발판에서 놓아 보낸다.

내가 서커스장 텐트에서 공중그네를 타다니 기분 만점이다. 무섭지는 않다. 그냥 그네가 왕복할 뿐이다. 론이 굵은 기둥 위의 발코니에 서서 사진을 찍는다. 그네가 몇 번 오간 뒤에 로드레이가 "다음번에 놓습니다"라고 외친다. 잠시 후 나는 "뛰어내리세요"라는 신호에 맞추어 그네를 놓고 발 앞쪽을 위로 들고 그물로 떨어진다. 그물은 생각보다 멀지 않다. 내 안전벨트에 연결된 밧줄을 쥐고 있던 조가 낙하를 더욱 가볍게 해 준다. 내가 그물에 누워 있자 '관중석'의 사람들이 박수하며 웃는다.

로드레이는 발판에 선 헨리를 보며 즐거웠다. 헨리는 금방이라도 기쁨이 터질 듯한 모습이었고 자신감도 돋보였다. 대다수 초심자는 두려워하는데 그는 높은 데를 겁내지 않는 것 같았다. 어서 손을 뻗어 공중그네를 잡아타고 싶을 뿐이었다. 로드레이는 그에게 어떻게 해야 할지를 잘 설명해 주면서, 특히 그물에 안전하게 착지하려면 자신의 지시에 따라야 한다고 말했다. 그는 알았다고 열심히 고개를 끄덕였지만 로드레이는 다 끝난 뒤에야 깨달았다. 자신의 말을 헨리가 사실은 하나도 새겨듣지 않았음을 그 얼굴의 실없는 웃음을 보고 알아차렸어야 했다고 말이다. 결국 안전벨트를 채워 주기를 잘한 셈이다.

발판을 떠날 때 헨리는 눈이 왕방울만 해졌다. 로드레이는 저절로 가빠진 그의 숨소리가 두려움의 표출인지 아니면 재빨리 수호천사를 부르는 것인지 궁금했고, 헨리의 수호천사라면 늘 그를 지키느라 바쁘겠다는 생각이 들었다. 손을 놓고 그물로 떨어지라는 로드레이의 신호에 헨리는 턱없이 늦게 반응했고, 그래서 앉은 자세로 착지하지 못하고 다리부터 떨어졌다. 조가 안전벨트에 연결된 밧줄을 꼭 쥐어 그의 체중을 떠받쳤다. 그러다 밧줄을 조금씩 풀어, 기품과는 거리가 먼 그의 착지의 마무리를 중력에 맡겼다. 헨리는 자신의 낙하가 매끄럽지 못한 줄도 몰랐다. 로드레이에 따르면 그가 어찌나 환하게 미소를 짓던지 귀가 없었다면 입의 양끝이 뒤통수에서 만났을 것이다!

헨리가 조심조심 그물에서 일어나 걸음을 떼자 그물이 출렁거리면서 그의 다리가 저 혼자 줄달음쳤다. 그러다 자칫 그물 밖으로 튀어 나갈 것 같아 조가 그의 벨트에 연결된 밧줄을 당겨 속도를 늦추었다. 헨리는 돌아서려 했으나 벨트의 밧줄이 꼬이는 바람에 반대쪽으로 돌아야 했다. 결국 그는 밧줄이 끄는 대로 12미터 정도를 가까스로 되돌아왔는데, 속도가 저절로 점점 빨라져 보는 이들에게 큰 즐거움을 주었다. 그들의 웃음이 최고조에 달한 때는 헨리의 균형을 잡아 주던 밧줄을 조가 짓궂게 놓는 바람에 그가 볼품없이 뒤로 넘어져 앙상한 두 다리로 버둥대던 순간이었다. 이코니니는 그도 알아차렸다. 온통 즐거운 분위기였고, 기억속에 각인될 만한 장면이었다. 공중그네를 즐기고 나서 그물에 드러누운 헨리의 얼굴에서 끝없이 미소가 피어올랐다. 그 순간의 웃음과 우정을 로드레이는 심중에 간직해 두었다.

> 로드레이가 내게 2차 시도를 권한다. 나는 다시 올라가 로드레이의 도움으로 발판을 떠나서 그네를 타다가 그물로 떨어진다. 그네를 더 높이 굴러 왕복 반경을 넓힐 수도 있는데, 그 기회를 놓친 것을 나중에야 깨닫는다. 금세 힘이 빠진 나는 훈련되지 않은 근육에 심리적 긴장까지 더해져 3차 시도는 하지 못한다.

호텔로 돌아온 헨리와 론과 프랭크는 그의 책에 대해 난상토론을 벌였다. 먼저 프랭크가 운을 뗐다. "헨리, 나는 그들이 정말 좋아요. 내 생각에 그들은 당신 같은 사람과의 대화에 굶주려 있습니다. 당신의 경력에 감동해서가 아님은 물론이고요."

헨리도 동의했다. "그들은 뭔가를 찾고 있는 훌륭하고 아름다운 사람들입니다. 그런데 이 일은 내게도 아주 유익해요. 그들을 앎으로써 내 기초가 든든해지는 느낌입니다. 데이브레이크의 아담 곁에 있을 때와 약간 비슷하다고 할까요. 또 그들은 나를 새로운 방식으로 인정해 줍니다. 나는 그들에게 색다른 것을 줄 수 있고요."

그는 딱딱한 검은색 표지의 평범한 공책을 꺼내더니 안락의자에 앉아 대화 내용을 적었다. "어떻게들 생각합니까? 책에 무엇을 담아야 할까요?" 그가 물었다.

"그들의 곡예는 러시아의 어떤 성상과도 같습니다. 자연 세계를 비틂으로써 보는 사람을 영의 세계로 초대하는 성상 말입니다." 프랭크가 말했다.

그들은 공중그네 곡예에 신화적 표현을 덧씌워 보았다. 남자들—로드레이와 존과 조—은 잘생겼고 기품 있고 몸매도 좋고 사진도 잘 받고 강하다. 공중을 날면서 미녀들과 서로를 잡아 준다. 또한 서로를 위험과 추락과 죽음에서 구해 준다.

그러나 단원들은 신화적일 뿐 아니라 독특한 개개인이었다. 헨리의 글이 더 창의적이려면 각 인물의 특수한 세부 사항을 생생히 살려 내야 했다. 헨리는 계속 적으면서 이번에는 실존 인물들이라는 소제목을 새로 달고 제니로부터 시작했다. 제니는 트레일러를 따뜻하고 깨끗하고 편안한 집으로 가꾼다. 각종 복장의 복잡한 무늬와 장식을 디자인하고 손바느질하는 등 게으름을 모른다.

그들이 보기에 로드레이는 성실함과 온전함의 대명사였다. 그의 누나 칼린은 여러 아픈 경험을 극복해 낸 사람으로 보였고, 이제 카일의 엄마이자 부양자로서 복수의 역할을 수행하고 있었다.

프랭크는 이 곡예단의 환대와 친절과 배려를 언급했다. 기록은 이렇게 이어졌다. 로드레이와 존과 조는 몸매와 체격이 좋고 잘생겼고 강하고 아름답고 표정이 풍부하다.

대화는 재미있었다. 프랭크는 미국인 존을 음식물에 빗대어 묘사했다. 머리는 짧고 각지게 깎았고, 자존감은 건강식 탈지유와 옥수수빵의 조합 같다. 사진 찍히기를 좋아하니 햄도 약간 곁들여진 셈이다. 조에 대한 프랭크의 소감은 조에게는 멋지다고 말해 주고 싶다는 것이었다. 세 친구 모두 고개를 끄덕였다. 조에게는 그들을 감동시키는 뭔가가 있었다. 검은 곱슬머리, 깊은 보조개, 옥색 귀걸이, 말을 더듬음, 단신, 굵은 손과 팔, 기품 있는 근육질이라고 헨리는 썼다.

"이 경험의 영적 성질이 다분히 육화되어 있으니 그것을 내가 어떻게 소통할 수 있을까요?" 헨리가 물었다. 그들은 답을 함께 궁리했다. 이내 헨리와 프랭크와 론은 격렬한 신체적 공연을 표현할 방도를 모색하다가 잔뜩 고무되었다.

론이 말했다. "사랑을 나누는 사람들과 같네요! 생각해 보세요. 몸과 몸이 조화롭고 정확하게 서로 호흡을 맞추잖아요. 연인들이 즐거운 시간을 보내듯이 그들은 공중에서 교류하는 겁니다."

"맞아요," 프랭크가 덧붙였다. "천국에 사랑을 나누는 계절이 왔군요!"

"끝난 후에는 모든 참여자가 실수를 평가하고 말이죠."

헨리가 키득거리며 말했다.

다들 웃느라 의자에서 떨어질 지경이었다. 이 모두를 속기하고 있던 헨리는 이런 희열의 공감을 담아낼 수 있는 책을 어떻게 써야 할지 감이 잡히지 않았다. 다만 그게 가능하기를 바랄 뿐이었다.

26

로드레이가 헨리와 재회한 것은 1993년 11월, 헨리가 론과 그의 딸 마리커와 함께 잠시 다시 방문했을 때였다. 이때 헨리는 안전벨트를 잘 매고 트램펄린 위에서 특유의 동작으로 모두를 즐겁게 했다. 제니가 준비한 점심을 급히 양껏 먹은 그는 로드레이가 개발 중인 새로운 묘기에 너무 위험 부담이 크다며 걱정했다. 순회 서커스단의 삶에 끊임없는 변화와 집중력과 융통성이 요구되는 줄 잘 알면서도 그는 신입 단원 슬라바가 공연에 어떻게 적응할지 우려했다. 그것이 자신의 취재와 집필에 영향을 미칠지 여부도 그의 관심사였다. 그는 존의 트레일러 소파에서 하룻밤을 지내고 이튿날 아침에 떠났는데, 로드레이는 짧은 만남에 이은 또 한 번의 정겨운 작별이었다고 회고했다.

이듬해 봄에 헨리는 그에게 『죽음, 가장 큰 선물』을 한 권 보냈다. 여태 헨리가 준 다른 책들을 하나도 읽지 않았던 로드레이는 그가 그 사실을 모르기를 바랐다. 로드레이에게 종교적 배경이 없었던 것은 아니고 오히려 반대였다. 그와 칼린 남매는 어려서부터 제칠일 안식일 예수재림교회 교인이었는데, 그 교파는 서커스 생활을 퇴폐적인 대항문화로 보고 배척했다. 그런데 로드레이는 서커스 곡예사의 소명이 워낙 강했으므로 신앙 공동체를 떠나면서까지 그 길을 갔다. 그 뒤로는 자신을 회의감과 죄책감에 빠뜨릴 수 있는 비판적인 신앙을 쭉 경계했다.

그런데 헨리의 신앙은 달랐다. 로드레이는 자기네 곡예단에 대한 그의 관점이 책에 어떻게 쓰여 있는지 궁금했다. 그래서 얇은 양장본 책의 멋진 크림색 표지를 넘겨 우정이 담긴 헨리의 친필 글귀를 읽은 다음, 동봉한 편지에 그가 밝혀 놓은 해당 페이지를 펼쳤다.

> 어느 날 단장인 로드레이와 함께 그의 트레일러에 앉아 공중을 나는 것에 대해 대화했다. 그가 말했다. "날아갈 때 나는 잡는사람을 완전히 믿어야 합니다. 대중은 나를 공중그네의 대스타로 생각할지 모르지만 진짜 스타는 나를 잡아 주는 조입니다. 조가 1초의 착오도 없이 제자리에 있다가 그쪽으로 멀리 날아오는 나를 공중에서 잡

아야 하지요."

"어떻게 잡습니까?"

내 물음에 로드레이는 이렇게 답했다. "나는사람은 아무것도 하지 않고 잡는사람이 다해야 합니다. 그게 비결입니다. 조에게 날아갈 때 나는 그냥 두 팔과 손을 뻗고 기다려야 합니다. 그러면 그가 나를 잡아서 안전하게 반대편 그네 뒤쪽의 가림막 위로 끌어올려 주지요."

"당신은 아무것도 하지 않는단 말입니까!"

내가 놀라서 말하자 그는 똑같이 되풀이했다. "아무것도 하지 않습니다. 나는사람이 할 수 있는 최악의 일은 상대의 손을 자기가 잡으려고 하는 것입니다. 내가 조를 잡아서는 안 되고 조가 나를 잡아야 합니다. 내가 조를 잡으면 조의 팔목이나 내 팔목이 부러질 수 있고, 그러면 우리 둘 다 끝장이지요. 나는사람은 날아야 하고 잡는사람은 잡아야 합니다. 나는사람은 잡는사람이 알아서 해 줄 것을 믿고 양팔을 내밀어야 합니다."

로드레이가 확신에 차서 그 말을 하는 순간 섬광처럼 내 뇌리를 스치는 예수님의 말씀이 있었다. "아버지여, 내 영혼을 아버지 손에 부탁하나이다." 죽는다는 것은 저편에서 우리를 잡아 주실 그분을 믿는 것이다. 죽어 가는 이들을 돌본다는 것은 이렇게 말해 주는 것이다. "두려워하지 마세요. 당신이 하나님의 사랑받는 자녀임을 잊지 마세요. 당신이 멀리 날아가면 그분이 기다리고 계십니다. 그분을 잡으려 하지 마세요. 그분이 당신을 잡아 주십니다. 그냥 두 팔과 손을 뻗고 믿으세요. 믿으시면 됩니다."

여태 이런 글을 읽어 본 적이 없던 로드레이는 창밖으로 서커스장을 내다보며, 잡는 동작과 죽음의 관계를 곰곰 생각했다. 그는 이 단락을 여러 번 읽고 나서 책을 헨리의 다른 책들과 함께 선반에 두었다. 그리고 가서 제니에게 말했다.

"헨리가 이 책에 우리에 대해 쓴 내용은 딱히 종교적인 게 아니라 훨씬 더 자유로운 무엇이군요. 영혼이 어떻게 날 수 있는지를 쓴 거예요."

제니도 호기심이 일었다. "그러니까 우리는 당신이 그에게 서커스 어휘와 공중그네 용어만 새로 가르쳐 주는 줄로 알았는데, 알고 보니 신앙을 보는 그의 눈까지 새롭게 해 준 거로군요."

"그뿐 아니라 우리가 공중그네 공연에 새로운 연기를 실험하듯이 헨리도 책과 설교에 이런 새로운 은유를 실험하고 있는 겁니다." 로드레이는 생각에 잠겨 말했다. "생각해 보니 재미있네요. 우리 일이 우리에게 전율과 모험이듯이 그의 이 실험도 그에게 그러한지 궁금하군요."

27

로드레이의 말이 맞았다. 헨리는 자신의 목소리를 찾고자 과감히 새로운 방식을 실험하고 있었다. 그들의 우정에서 길어 올린 통찰을 소통하려 한 것이다.

로드레이가 헨리의 책을 받은 지 얼마 안 되어, 헨리는 미니애폴리스에서 환한 얼굴로 목에 걸린 넓은 빨간색 리본의 새 메달을 손가락으로 어루만지고 있었다. 영적 돌봄과 목회 상담의 국제 운동에 기여한 그의 공로를 치하하는 메달이었다. 메달 수여에 뒤이어 기립 박수가 길게 이어지는 동안, 그는 특수환경 사역연맹(COMISS) 모임의 참석자 전원을 골똘히 바라보며 소감을 뭐라고 말해야 할지 고민했다.

원고 없는 연설에서 그는 우선 아담과의 우정을 묘사했다. 나아가 공동체를 더 말하고 싶어 자신이 경험한 로드레이 공중그네 곡예단도 소개했다.

"저는 이 공중그네 곡예사들이 정말 좋습니다!" 그의 말에 감탄이 묻어났다. "나는사람이 셋이고 잡는사람이 둘인데, 나는사람들은 3회전 묘기까지 선보이지요." 그가 공연의 역동성을 열심히 설명하고 예시하느라 두 팔을 마구 돌리는 바람에 그의 COMISS 메달이 그네를 타다가 거의 마이크를 쓰러뜨릴 뻔했다. "여기서는 조심해야 되겠군요." 그가 그렇게 자신을 타이르자 청중석에서 웃음이 터져 나왔다.

잡는사람이 나는사람을 기다리기만 하는 게 아님을 청중이 이해할 수 있을까? 헨리는 생각했다. 로드레이 곡예단을 알기 전에는 그도 공연의 복잡한 역동을 전혀 몰랐다. 1초도 안 되는 순간에 각 곡예사가 계속 결정하고 조정해야 하며, 전원이 이미 움직이는 상태에서 팀워크에 집중해야 한다. 어떻게 하면 청중을 도와 이것을 상상하게 할 수 있을까? 그는 그 역동성을 몸으로 표현하기로 했다. 오른팔을 그네처럼 움직여 예시한 것이다. "잡는사람은 움직이는 그네에 무릎으로 매달려 있고, 나는사람은 발판을 떠나 여러 공중회전을 선보입니다." 헨리는 왼손을 높이 들고 반원을 그리다가 밑으로 쭉 내려, 반대쪽에서 날아오는 오른손과 만나게 했다. 양손 다 움직이는 상태에서 오른손으로 위쪽 팔목을 잡은 헨리는 의기양양해 보였고, 청중은 그의 성공한 시연에 웃음과 박수를 보냈다.

"로드레이는 이렇게 말합니다. '헨리, 날아가는 내게 가장 큰 유혹은 상대를 내가 잡으려고 하는 것입니다. 사실은 잡는 사람이 알아서 해 줄 것을 믿어야 하지요. 3회전을 하고 하강할 때 나는 손만 뻗으면 됩니다. 내 위치가 여기든 (헨리가 두 팔을 뻗은 채 말을 멈추고 옆을 향한다) 저기든 (몸을 약간 돌린다) 또는 여기든 (다시 몸의 방향을 튼다) 그를 믿으면 그가 나를 잡아서 (공중그네의 잡는 동작처럼 그가 다시 한 손으로 다른 팔을 꽉 잡는 시범을 보인다) 지붕 쪽으로 끌어올려 줍니다.'" 헨리는 보란 듯이 오른팔로 높이 포물선을 그렸다.

"'그걸 믿어야 하는 거죠. 반대로 내가 이렇게 하려 하면 (여기서 헨리는 말 대신 몸짓에 의지하여 두 팔을 앞으로 내밀어 아무렇게나 어긋나게 돌린다) 둘 다 팔목이 부러져 낭패를 당합니다.'"

헨리의 청중인 사역자들과 상담자들은 다시 자리에서 벌떡 일어나, 신뢰와 팀워크를 시연한 그의 몸동작에 박수갈채를 보냈다.

그로부터 몇 달 전에 헨리는 시카고에서 열린 전국 천주교 HIV/에이즈 사역 대회에 강사로 초빙되었다. 1994년에 에이즈는 25-44세 연령대 미국인 전체의 사망 원인 1위가 되어 있었다.

대회 주최 측의 초빙을 받았을 때 헨리는 망설여졌다. 일단 수락했다가 생각이 바뀌어 사양했다. 그런 모임의 강사로 자신이 적임자인지 혼란스러웠고, 개인적으로 자신에게 얼마나 큰 타격이 뒤따를지도 걱정되었다. 그런데 로드레이 곡예단과 교류하면서 그는 새로운 발상만 얻은 게 아니라 뭔가 새로운 모험 속에 뛰어들어야 한다는 용기도 얻었다. 그래서 대회에 참석하기로 했고 폐회사도 수락했다.

대회가 끝날 무렵 헨리는 강연을 앞두고 긴장되었다. 일주일 동안 거기서 좋은 시간을 보낸 그는 심호흡을 하고 코르덴 바지에 손의 땀을 닦았다. 그날 그가 수백여 명의 참석자에게 한 말은 이렇다.

한 주간 내내 이곳에 있으면서 저는 얼마나 감사한지 모릅니다. 우선 이 모두가 어떻게 시작되었는지부터 간략히 말씀드리고 싶습니다. 1981년에 저는 라르쉬 공동체—정신 장애인들과 더불어 사는 공동체입니다—의 설립자를 난생처음 만났는데, 그가 저를 보더니 제가 별로 행복하지 않고 왠지 불안해하며 뭔가 새로운 것을 찾는 중임을 간파했습니다. 저는 그게 뭔지 몰랐는데 그가 그러더군요. "어쩌면 우리 공동체가 당신에게 집이 되어 줄지도 모르겠습니다. 당신에게 정말 필요한 뭔가가 그 사람들에게 있을지도 몰라요." 그 말에 따르는 데 오래 걸려서 결국 1986년에 저는 학계를 떠나 라르쉬 공동체에 들어갔습니다. 그 뒤로 제 삶은 아주 달라졌습니다. 무서울 정도로 완전히 달라졌지요.

1991년인가 1992년에는 (당시 전국 천주교 에이즈 네트워크의 총무를 맡고 있던) 로드니 디마티니라는 사람을 만났는데, 그도 저를 보더니 제가 별로 행복해 보이지 않았던 모양입니다.

이 대목에서 청중의 웃음이 터져 나왔다. 헨리는 용기를 얻어 말을 이었다.

자기가 보기에 제가 뭔가에 대해 약간 불안해하는 것 같았다는 겁니다. 물론 그 뭔가란 바로 그의 관심 분야였지요.

청중은 박수갈채를 보냈고, 헨리도 웃음으로 답했다.

그가 그러더군요. "당신에게 정말 필요한 것이 어쩌면 우리 단체의 사람들에게 있을지도 모릅니다." 뭔가 부족해 보인다는 말을 만나는 사람마다에게 듣노라면 자신이 참 초라해지지요.

이번에도 몇 년 걸린 끝에 겨우 유보적인 자세를 취했

습니다. 처음에 사양했다가 다시 수락했다가 다시 사양한 것이죠. 그런데 그가 결국은 수락하는 게 좋을 거라고 해서 이렇게 이 자리에 왔습니다.

제게는 이 대회가 미지의 세계를 향한 새로운 도약과 약간 비슷했습니다. 이 세계를 저는 약간 무서울 정도로 모르며, 앞으로 제게 미칠 파장이 무엇인지도 모릅니다.

청중의 반응에 힘입어 헨리는 자신이 경험하고 있던 성장을 이렇게 설명했다.

어쩌면 제 평생은 각종 경계선이 밀려나고 허물어지는 삶이었는지도 모릅니다. 경계선이 하나씩 무너질 때마다 두려웠지요. 공동체든 교회든 신학교든 가정이든 처음에는 확실히 안전한 곳 같았는데, 알고 보니 모든 구분선이 계속 발밑으로 푹푹 꺼지는 겁니다. 작은 울타리며 담장이 자꾸 다 뜯겨 나가는 겁니다. 어느새 비신자가 신자보다 더 믿음이 좋기도 하고, 외부인이 내부인에게 가르쳐 줄 게 있기도 합니다. 어느새 천주교와 개신교, 기독교와 불교, 종교와 세속 등의 차이가 제가 생각하던 그런 차이가 아닙니다.

장애인과 비장애인의 차이도 더는 존재하지 않음을 지금의 제 공동체인 데이브레이크에 와서 깨달았습니다. 알고 보니 제가 장애인을 사랑할 수 있는 이유는 순전히 제게도 장애가 있기 때문이고, 고통당하는 사람과 가까워질 수 있는 이유는 순전히 그들이 제 고통을 드러내 주기 때문입니다.

남성과 여성, 젊은이와 노인, 기혼과 미혼, 백인과 유색인 등 그토록 중요해 보이던 모든 구분이 에이즈 팬데믹 앞에서 갑자기 다 사라져 버립니다. 동성애자와 무성애자와 양성애자의 차이, 기혼자와 성전환자의 차이도 마찬가지고요. 금시초문인 용어가 많기도 하네요!

청중은 박수하며 환호성을 질렀다.

실제로 이런 차이는 별로 중요하지 않아 보입니다. 기혼이든 미혼이든 독신이든 우리는 이렇게 함께 있습니다. 에이즈 팬데믹이 우리를 연대하게 합니다. 저 자신에게 하는 말이자 여러분에게도 해당되는 부분이 있겠지만, 경계선이 허물어지면 우리는 때로 불안해져서 이렇게 말합니다. "이제 어디에 선을 긋지? 여긴가, 아니면 여긴가? 이게 다인가?" 이제 더는 그런 게 없습니다. 문득 알고 보면 우리 마음이 넓어지고 있으며 이 확장에는 경계선이 없습니다.

이어 헨리는 자신이 겪어 온 역설을 말했다. 공동체의 사랑과 친밀함 속에서 뜻밖에도 내면의 더 깊은 외로움이 드러날 수 있다는 것이다. 슬픔과 기쁨은 별개가 아니라 늘 우리 몸속에 공존한다. 그러니 "일단 삶에 나서십시오!"라고 그는 담대히 역설했다.

한 주 동안 새로 만난 많은 친구들의 반응을 살피다가 헨리는 로드레이 공중그네 곡예단에 대해 말해 주어야겠다는 결심이 섰다. 그의 이야기는 이렇게 극화되었다.

짤막한 이야기를 끝으로 폐회사를 마치려 합니다. 몇 년 전에 88세의 제 아버지가 독일로 저를 방문하셨습니다. 재미있는 일을 원하시기에 제가 서커스를 보러 가자고 권했습니다.

남아프리카공화국 출신의 공중그네 곡예사 다섯이 있더군요. 발판을 떠나 공중에서 춤추는 그들을 보며 제가 아버지께 그랬지요. "제 소명을 놓친 것 같습니다! 제가 늘 원했던 게 저거예요. 늘 날고 싶었어요!"

아버지께는 "휴식 시간에 가서 동물들을 구경하세요. 저는 이 곡예사들과 대화해 보려고요"라고 말한 뒤 그들에게 가서 말을 걸었습니다. "공연이 정말 환상적이네요." 이때의 저는 건장하고 우람한 30대의 사내들을 바라보는 열여섯 살의 팬이나 마찬가지였지요.

> 그들이 그러더군요. "내일 연습 시간에 와 보고 싶으세요?" 그래서 제가 그랬지요. "물론입니다! 내일 연습 시간에 오겠습니다."

헨리가 그 장면을 말하면서 연기를 곁들이자 청중은 함성을 질렀다. 날마다 수많은 죽음을 상대하는 그들을 바라보며 그는 어떻게든 사기를 북돋고 격려해 주고 싶었다. 알고 보니 나는 동작과 잡는 동작의 영적 의미는 죽음과만 아니라 삶과 건강한 공동체와도 관계되었다. 그런 공동체가 자기 눈앞에 구현되는 것을 그는 그 주간에 전국 천주교 HIV/에이즈 사역 대회에서 경험했다. 잡는사람의 은유는 죽음에만 아니라 날마다 서로 날고 잡아 주는 아름다움과 예술성에도 적용되었다.

헨리의 뇌리에서 지워지지 않는 순간이 있었다. 나는사람이 다 놓고 공중으로 날아오르는 시점인데, 이때 그는 가장 요긴한 순간에 잡는사람이 정확히 제자리에 있어 줄 것을 믿어야 한다. 그 주간 내내 헨리가 들은 내용도 대회의 모든 참석자가 바로 그 행위에 가담하고 있다는 것이었다. 사랑으로 훈련받은 그들도 위험을 무릅쓰고 손을 놓고, 믿고, 서로를 잡아 준다. 이거야말로 그가 로드레이에게 배운 교훈의 핵심이었다.

로드레이의 말마따나 그가 할 일은 두 손을 뻗는 것뿐입니다. 자기 몫을 다해서 날아왔으니 이제 믿고 손만 뻗으면 되는 거지요. 믿으면 잡는사람이 알아서 끌어올려 주니까요.

우리도 그렇게 서로 믿고 사랑해야 합니다. 여러분과 저는 많이 날고 있으며, 더 많이 날았으면 좋겠습니다. 도약과 공중돌기도 많이 하고 3회전도 가끔 할 수 있기를 바랍니다. 그런 모습은 누가 보기에도 아름다워 여러분도 많은 박수를 받을 것입니다. 좋은 일이니 즐기십시오! 다만 결론은 믿는 것입니다. 3회전을 하고 내려올 때는 잡는사람이 알아서 해 줄 것을 알고 믿으십시오.

청중은 잠시 침묵하다가 은유를 알아듣고는 오래도록 박수를 보냈다.

28

라퍼쇼엑 호텔 복도에서 헨리는 시간 감각을 다 잃었다. 얼마나 오래 이동한 걸까? 들것이 멈추는 순간 그는 자신의 여정이 새로운 국면에 들어섰음을 깨닫는다. 서늘한 산들바람이 느껴진다.

열려 있는 큰 창문을 통해 데니는 구조 바구니 안에 서 있는 소방관에게 인사한다. 헨리는 머리가 창 쪽으로 가 있어 바구니와 쇠기둥의 조종간을 쥐고 있는 소방관이 보이지 않는다. 그래서 데니가 그다음 일을 설명해 준다.

"우선 우리가 들것을 창틀에 놓으면 바구니를 조종하는 사람이 안전하게 제자리로 유도할 겁니다. 신부님은 머리부터 창밖으로 나가실 거고요."

머리부터라 하니 헨리는 자신이 항상 머리를 앞세우지

않았나 하는 생각이 어렴풋이 든다. 그의 아버지는 평생 지식인을 좋아해서 헨리에게도 지성의 삶을 추구하도록 권했다. 하지만 이 순간만큼은 생각과 몸의 구분이 없다. 좋든 싫든 온몸이 창밖으로 나가야 한다. 그는 시트와 담요에 잘 덮여 안전벨트로 들것에 고정되어 있다. 데니의 목소리와 기척이 그에게 위안이 된다. 혼자가 아닌 것이다.

소방관들은 들것을 살살 창틀 너머로 밀어 공중 리프트 위의 구조 바구니를 향하게 한다. 불쑥 헨리의 머리가 창밖으로 나온다. 들것은 금속성 마찰음을 내며 밀려가 바구니 밑바닥의 레일에 닿는다. 아직 창 안쪽에 있는 데니는 이제 완전히 일어선다. 헨리가 눈을 드니 바구니를 조종하는 소방관이 보인다. 그는 헨리에게 고개를 끄덕여 보인 뒤, 몸을 굽혀 데니와 협력해서 들것을 최종 위치에 놓고 고정시킨다. 딸깍 하고 제자리에 맞아드는 게 헨리에게도 느껴진다.

"이제 안전하게 고정되었습니다. 가만히 계시면 됩니다." 창밖으로 기어 나온 데니가 바구니 안의 헨리 옆에서 말한다. 들것은 문제가 없지만 전체 상황이 불안정하다. 데니는 헨리의 생각을 읽은 듯 "제가 곁에 있습니다"라고 덧붙여 그를 안심시킨다.

날씨는 흐리고 헨리의 얼굴에 와 닿는 산들바람은 상쾌하다. 이제 그는 정말 공중에 떠 있다. 상공의 잿빛 구름을 보려니 근시인 그의 눈이 깜빡거려진다. 그는 바트 개비건에게 보낸 편지에 자신이 썼던 말을 떠올려 본다. 역시 믿어야 한다는 말이었다.

> 공연 중에서 내게 깊은 감동을 주는 부분으로 멀리 날기가 있습니다. 이때는 나는사람이 두 팔과 손을 뻗고 서커스장 전 구간을 날아갑니다. 그러면 잡는사람이 움직이는 그네에서 그를 잡지요. 로드레이의 말이 정말 심금을 울리더군요. "다 날아간 뒤에는 잡는사람이 알아서 해 줄 것을 믿고 내 손을 뻗어야 합니다. 내가 범할 수 있는 최악의 과오는 상대를 내가 잡으려고 하는 것이지요." 생각해 보니 그 말 속에 이웃을 믿고, 하나님을 믿고, 사랑을 믿고, 우리의 궁극적인 안전을 믿어야 한다는 인간의 숙제가 담겨 있더군요.

헨리는 눈을 감고 다시 생각의 여행을 떠난다.

·····

1994년 여름에 헨리는 로드레이 공중그네 곡예단의 다큐멘터리 영화를 제작하는 게 대중의 호응을 견인하는 최선의 길이라고 판단했다. 돌아보면 자신이 전율을 느낀 것도 그들의 말에 감화되어서가 아니라 그들의 공연을 보았기 때문이었다. 대중도 헨리가 소통하려는 바를 이해하려면 그들을 보아야 할지도 몰랐다. "로드레이 곡예단은 몸으로 소통하는 공중그네 단체입니다. 무언의 공연이지만 그 말없는 소통을 통해 공동체를 창출하지요. 다양한 배경과 국적의 남녀노소가 그들의 나는 동작과 잡는 동작을 보며 하나가 될 수 있습니다."

몇 달 동안 헨리와 바트는 영화에 대해 논의하고 타진했다. 네덜란드의 얀 반 덴 보쉬가 제작에 관심을 보였고, 바트는 감독은 물론 영어판의 각본과 편집까지 맡겠다고 확답했다.

물론 헨리는 이 구상을 로드레이 일행과도 의논했다. 로드레이 곡예단은 영광으로 받아들이면서도 자신들이 종교 채널로 송출될 영화에 출연한다는 점에 약간 어리둥절해했다.

1994년 12월 23일에 로테르담의 아호이 스포츠 센터에서 촬영이 시작되었다. 얀과 바트는 옥외에서 우선 로드레이를 인터뷰했는데, 어찌나 추운지 몇 분 후에는 그의 입에서 단어가 발음되지 않았다. 오후에 도착한 헨리는 친구들을 덥석 끌어안으며 말할 수 없이 기뻐했고, 곁에 서서 웃음으로 응원했다.

헨리의 친구 얀은 영화에 담을 인터뷰에서 그에게 이렇게 물었다. "평소에 당신은 어떤 주어진 상황을 묘사할 때 열과 성을 다해 글로 씁니다. 신앙이든 『탕자의 귀향』이든 『예수님의 이름으로』이든 당신의 모든 베스트셀러가 그렇지요. 이 이야기의 경우는 어떻게 될까요?"

"저도 모르겠습니다" 헨리는 솔직히 말했다. "아시다시피 저는 늘 인간의 깊은 경험에 대해 쓰려 했습니다."

얀은 질문을 더 밀어붙였다. "이번 것은 글로 쓰기에는 너무 어려운가요?"

그럴지도 모릅니다. 그동안 라틴아메리카에 대해서도 써 보았고, 트라피스트회 수사들과 함께 살았던 경험도 써 보았고, 제 어머니의 죽음 같은 개인사도 써 보았습니다. 그런데 로드레이 곡예단에 대해서는 그들을 안 지 4년이 되었는데도 어떻게 써야 할지 여태 정말 모르겠거든요. 마치 제 속의 심연과 닿아 있어서 아직 표현할 방도를 알아낼 수 없다는 듯 말이지요. 렘브란트에 대해 쓸 때와는 또 다릅니다. 그만큼 제게 완전히 새롭다는 뜻이지요. 공중그네 자체만이 아니라 그들이 표방하는 바도 새롭고 공중그네에 대한 제 경험도 새롭습니다. 제 평생 이것을 말로 표현하거나 책으로 쓸 수 있을지조차 아직 모르겠습니다.

헨리는 더욱 열기가 고조되었다. 자신의 감동을 영화 관객에게 어떻게 소통할 수 있을 것인가?

로드레이 일행을 깊이 알고 보니 역시 이상적인 한 가족은 아닙니다. 이상적인 가족이란 존재하지 않지요. 그들도 갈등과 고민이 있습니다. 신체적, 정신적, 영적인 어려움도 있고요. 그저 우리와 같은 사람들입니다. 그런데 그들이 제게 해 준 말이 있습니다. 공중그네를 탈 때는 나머지는 다 잊고 전적으로 그 자리에만 현존해야 한다는 것이지요.

그러니까 그들은 갈등과 어려움과 염려와 근심과 죄책감과 희망이 다 가득한 중에도 용케 오롯이 현 순간을 살아 낼 줄 아는 사람들입니다. 바로 그럴 때 우리는 영원과 맞닿으면서 삶다운 삶을 언뜻 보게 되지요. 우리 마음이 가장 간절히 바라는 진정한 아름다움이나 진정한 조화나 진정한 연합, 그것이 무엇인지를 한순간이나마 확실히 알게 되는 겁니다.

•••••

밖으로 옮겨져 의료용 리프트에 실려 있는 헬리는 잠시 자신의 현 상황이 참으로 위태롭다는 생각이 든다. 하지만 영화 인터뷰에서 자신이 모험에 대해 했던 말이 자꾸 떠오른다. 우리 모두는 3회전과 2회전과 수평 회전(몸을 쭉 편 상태의 회전)과 연속 2회전 등을 다 하고 싶어 합니다. 모험을 즐기는 것이지요. 공중에서만 아니라 삶에서도 우리는 자유를 원합니다. 하지만 잡는사람이 있음을 알아야 합니다. 묘기를 하고 내려올 때는 자신이 안전하게 잡힐 것을 알아야 합니다.

"헨리, 잡는사람을 믿자!" 리프트 위에서 그는 그렇게 다짐한다.

·····

영화 촬영이 다 끝났다. 1995년 1월 1일, 헨리는 네덜란드의 자기 가족을 거의 다 데려와 함께 영화를 보고 나서 친구들과 작별했다. 그날 기분이 좋았던 그는 곡예단원 하나하나를 뜨겁게 포옹한 뒤 조카 로라와 함께 로테르담 운하 천변을 덩실덩실 걸어갔다. 곡예단이 네덜란드에서 보낸 마지막 며칠은 헨리가 없어 유독 조용했다. 매회 상영이 끝나면 그들은 앉은 채로, 그동안 영화를 찍고 헨리의 가족을 만난 일을 쭉 돌아보면서 언제 그를 다시 보려나 생각했다. 그해 하반기부터 안식년에 들어가 그들에 대한 책을 완성할 거라고 헨리가 말해 두었기 때문이다.

1995년 7월 초에 로드레이 일행은 바트가 〈그물 위의 천사들〉이라는 제목으로 완성한 영어판 비디오를 받았다.

영화의 파장은 그들을 깜짝 놀라게 했다. 그들은 헨리의 이런 설명을 들었다.

> 현재 저는 정신 장애인들과 더불어 살며 일하고 있습니다. 중증 신체 장애인도 더러 있고요. 그 삶 속에서 제가 체험한 건데, 신체 장애인과 정신 장애인은 대개 공동체의 창출에 아주 능합니다.
>
> 제가 살고 있는 공동체에는 21개 나라 사람들이 있습니다. 기혼자도 있고 독신자도 있고 노인도 있고 청년도 있고 일본인도 있고 브라질인도 있지요. 통상적으로 결코 공동체를 이룰 조합은 아닙니다. 그런데 그 한가운데에 몸이 약한 사람들이 있어요. 대개 언어 능력이 없어 생각이나 중요한 의견을 표현할 수 없는 사람들이지요. 그런데 바로 그들이 용케 공동체를 창출합니다. 더불어 살 만한 연결 고리가 전혀 없는 무리의 조합 속에 말입니다.
>
> 제게 이것은 정말 새로운 발견입니다. 사실 저는 본래 교수였어요. 대학에서 가르치는 일이 좋았습니다. 그런데 마음 한구석이 허전했어요. 그러다 장애인의 삶을 접했는데 정말 발견이었지요. 장애인들우 제 마음의 교사가 되었습니다. 언어로 표현하지 못할 뿐이지 제게 뭔가를 말해 주거든요. 존재가 행위보다 중요하다고, 마음

이 머리보다 중요하다고, 공동체가 혼자 일하는 것보다 중요하다고 말해 줍니다. 이 모든 위대하고 값진 진리를 장애인들이 제게 말없이 가르쳐 주었습니다.

제가 본 로드레이 일행도 어떤 면에서 똑같습니다. 그들도 공중그네에서 말이 아니라 몸으로 보여 줍니다. 그리고 자기네 작은 단체에서 시작해서 모든 관객들 사이에까지 공동체를 창출합니다. 청년과 노인과 아이가 섞여 있고 언어도 각기 다르지만 누구나 다 알아듣거든요. 이렇듯 그들은 가는 곳마다 가족을 이루어 내고 사람들을 하나가 되게 합니다.

비디오를 보고 다른 사람들에게도 보여 주면서 로드레이는 자기네 공연과 자신의 책임을 새로운 관점에서 보게 되었다. 여태까지는 자신들의 일을 일종의 공동체나 심지어 관객과의 소통으로 생각해 본 적이 없었다. 그런데 이제 비디오를 본 사람들의 반응이 그에게 감동을 주었다. 그는 뺨의 눈물을 닦았다. 자신만 그런 게 아니라 다른 많은 사람도 똑같이 반응하는 것을 그는 알았다. 그전에 헨리도 이 영화를 볼 때마다 눈물을 흘린다고 고백했었다.

29

1995년 여름에 헨리는 전국 천주교 HIV/에이즈 사역의 다음번 대회에 다시 강사로 초빙되었다. 그런데 스스로도 놀랄 정도로 굉장히 불안했다. 자신이 더 내줄 게 있을지 걱정된 것이다. 그래도 그는 수락했고, 그의 친구들인 수 모스텔러와 캐시 브루너도 동행했다.

이번 대회는 규모가 더 컸다. 지난번 대회 이후로 1년 사이에 수천 명이 더 사망했다. 한 달 전에 미국 식품의약청에서 HIV의 항레트로바이러스 치료제를 처음으로 승인했으나 에이즈 치료제는 요원했다. 이 유행병의 폭발적 기세는 여전하여 전 세계 사망자 수가 수백만에 달했다.

모임은 위령(慰靈)의 춤으로 시작되었다. 청중은 하나의 커다란 마루 공간에 섰다. 공간을 가득 메운 많은 사람이 무용수들을 보려고 바짝 모여들었다. 무용수들은 서로 꼭 끌어안았다가 놓아 보냄으로써 에이즈로 사망한 모든 사람을 추모했다. 헨리와 그 주위 사람들은 대놓고 울었다.

눈물을 닦으면서 헨리는 서커스 예술처럼 이 춤도 사람들을 함께 공동체 속으로 끌어들였다는 생각이 들었다. 로드레이 공중그네 곡예단처럼 이 공연자들도 엄청난 위력으로 말없이 사람들을 연합했다. 살아 움직이는 시간 예술이 공동체를 창출한 것이다.

대회 중간에 순서가 돌아와 연단에 선 헨리는 긴장되면서도 청중의 모습에 감동했다. 그는 꼭 해야 할 말을 하게 해달라고 기도했다. 이번에는 과감히 제목을 "죽음과 벗하기"라고 정했다.

그는 에이즈로 죽어 가고 있던 자신의 친구 피터에 대해 말했다. 피터의 파트너는 늘 "그는 죽지 않아요. 우리는 싸울 겁니다!"라고 힘주어 말했고, 피터도 "왜 하필 나죠? 나는 평생 하나님을 섬겼는데요. 혼란스럽고 화나고 좌절감이 듭니다"라고 말하곤 했다.

헨리는 그래서 더 마음이 아프다고 말했다. 파트너는 전사처럼 투병을 별렀고 피터의 목소리는 항변과 저항의 목소리였으니 말이다. 그들과 함께 시간을 보낸 후 그는 이런 의문이 들었다. "길은 어디에 있을까요? 제 친구와 그의 파트너가 한 걸음 더 나아가 자신들의 실체에 대한 진리를 받아들일 수 있는 길이 있을까요? 그들은 가까이 와 있는 죽음과 벗하며 이렇게 말할 수 있을까요? '그래, 너는 내 원수지만 나는 원수를 사랑하도록 부름받았으니 너를 사랑하고 싶다. 두려움 없이 너와 함께 있고 싶다.'"

헨리는 청중에게 물었다. "원수인 죽음을 사랑하기가 그들에게 왜 이렇게 어려웠을까요?"

이어 그는 자신이 이 문제를 곰곰 생각하다가 깨달은 바를 청중에게 나누었다. 헨리의 친구 피터는 죽음을 일단 받아들이면 자신이 더 일찍 죽을까 봐 그게 두려웠던 것이고, 그의 파트너도 마찬가지였다. 죽음을 생각하기 시작하면 그때부터는 포기하고 더는 저항하지 않을 테니 말이다.

헨리가 다시 청중에게 물었다. "사랑하면서 저항할 수는 없을까요? 원수를 사랑하도록 부름받았으니 우리는 사랑함과 동시에 저항할 수 있어야 합니다."

사랑의 위력이 구현되면 누구나 더 잘 저항할 수 있다고 그는 암시했다. "여러분은 자신에 대한 영적 진리를 주장해야 합니다. 주변 모든 것이 그것을 거부하라고 할지라도 말입니다. 다름 아닌 자기 속에, 즉 중심과 마음에 그런 확신을 품어야 합니다."

이어 헨리는 1989년에 밴에 치여 죽을 뻔했던 자신의 경험을 회고했다. "죽음의 문턱에서 제게 든 생각은 하나였습니다. 죽을 때 혼자 있고 싶지 않다는 것이었지요." 하지만 그는 어떤 인간도 "결국 우리에게 죽음을 통과할 영적 능력을 줄 수는 없습니다. 굳게 확신컨대 결국 우리는 앞서간 성도들의 교제에 힘입어 죽음을 통과할 수 있습니다"라고 덧붙였다. 그러면서 청중에게 "여러분을 둘러싸고 잘 떠나게 해 줄 그 신기한 영적 가족", "출생과 죽음이라는 경계선 너머에 있는 그 가족"을 가리켜 보였다.

> 여러분은 앞서간 모든 성도에게 속해 있습니다. 그들을 받아들여야 합니다. 오래전에 태어나고 죽은 이들도 당연히 저처럼 고통과 아픔을 겪었고 저처럼 성적인 고민도 했습니다. 그들도 외롭고 우울하고 혼란스러웠습니다. 흑사병을 통과했습니다. 그들이나 저나 모두 인간 가족이지요. 구름같이 허다한 이 증인들이 제게 보입니다. 저도 그들에게 속해 있습니다.

·····

호텔 바깥의 공중에 떠 있는 헨리에게 자신이 죽을 수도 있다는 생각이 처음으로 든다. 이전에는 그 생각을 머릿속에 들여놓은 적이 정말 없었다. 밴의 사이드미러에 치였다 살아난 뒤로 왠지 자신이 오래 살 것 같았다. 아버지도 아흔을 훌쩍 넘기셨는데, 아버지보다 자기가 먼저 죽을 가능성은 꿈에도 상상하지 못했다.

그래도 때로는 그냥 놓아야 한다고 헨리는 생각한다. 잡는사람이 누구인지 그 순간 확실하지 않더라도 말이다. 나는 법과 떨어지는 법을 배우려면 어쩌면 한평생이 걸릴지도 모른다. 그가 눈을 뜨니 힐베르쉼의 여러 우듬지와 지붕이 보인다. 안경을 벗은 상태라 데니와 전체 상황은 흐릿해 보인다. 그는 다시 눈을 감는다.

심한 통증은 이제 없지만, 그의 머릿속을 휘젓는 생각은 급박하고 매우 사적으로 느껴진다. 어떻게 잘 죽을 수 있을까? 그런 의문이 든다. 지난 몇 년 사이에 이 주제로 글도 많이 쓰고 강연도 많이 했지만, 이제 그 질문이 시시각각 매섭게 자신의 몸속으로 파고든다.

여러분은 태어나기 전에도 사랑받는 존재였고 죽고 나서도 사랑받는 존재입니다. 그것이 여러분의 정체성에 대한 진리입니다. 병이 있든 없든 여러분은 그런 사람이며, 세상이 여러분에게 강요하는 생각이나 경험과는 무관합니다. 여러분은 영원부터 영원까지 하나님께 속해 있습니다. 삶이란 영원의 막간일 뿐이며, "저도 주님을 사랑합니다"라고 고백할 수 있는 몇 년의 짤막한 기회일 뿐입니다.

헨리는 공중그네에 대한 책이 자신의 죽음 때문에 미완으로 남는다면 이는 얼마든지 이해할 만한 이유이겠다고 생각한다. 죽음은 영원한 방해물이니 말이다. 어쩌면 그가 공중그네에서 배워야 할 것은 이미 다 배웠는지도 모른다.

제가 로드레이 일행의 공연을 보고 그들을 만나 공중그네의 세계를 알게 되면서, 또 다시 정말 새로운 일이 벌어졌습니다. 갑자기 마치 몸이 줄 수 있는 신기한 메시지를 발견한 것 같았어요. 그러니까 대학이 머리였고 라르쉬가 마음이었다면 공중그네는 몸과 상관되지요. 그런데 몸이 영적인 이야기를 합니다.

제5부

비행

30

데니는 헨리를 잘 살펴 그의 몸의 긴장이 통증인지 불안인지 아니면 전혀 다른 무엇인지 가늠해 본다. 데니에게 있는 정보라고는 눈에 보이는 그의 신체 반응뿐이다. 물론 몸이 말하는 바도 있지만, 데니는 자신이 헨리의 경험을 얼마나 많이 놓치고 있는지 궁금하다. 그가 보기에 헨리는 내면에 침잠해 있는 것 같다. 헨리는 신부이니 어쩌면 영적으로 깊이 묵상하거나 기도하는 중인지도 모르지만, 어쨌든 병원에 당도할 때까지는 몸 안에 머물러 있어야 한다. 데니는 따뜻한 손으로 그의 어깨를 감싸고 안심시킨다.

·····

헨리는 딱딱한 표지의 새 일기장을 자기 앞의 책상에 올려놓았다. 표지를 환하게 장식한 클로드 모네의 〈해바라기〉 상세도에 감탄하다가 줄이 쳐진 첫 페이지를 펴서 이렇게 썼다. 1995년 9월 2일 토요일, 온타리오 오크빌. 오늘은 안식년 첫날이다. 흥분과 불안과 희망과 두려움이 느껴지고 피곤하기도 하다. 하고 싶은 일이 너무 많다.

1년간의 자유, 전혀 새로운 일이 일어날 수 있는 완전한 자유 시간이다. **헨리는 마냥 기뻤다.** 기분이 묘하다! 아주 좋으면서도 동시에 아주 무섭다……. 우정을 깊게 가꾸고 사랑의 방식을 새로 탐색할 수 있는 자유, 무엇보다도 하나님의 천사와 씨름하며 새로운 복을 구할 자유가 생긴 것이다.

9월 8일 금요일의 일기는 이렇게 이어진다. 지난 25년간 나는 많은 에세이와 깨달음과 묵상을 집필했다. 그러나 좋은 이야기를 써 본 일은 거의 없다. 왜일까? 나 자신의 도덕적 성향 때문에 부득이 일상생활의 모호한 현실보다는 바른 메시지를 전하는 데 더 사명감을 느꼈을지도 모른다. 사실 바른 메시지란 일상의 현실에서 자연스럽게 나와야 하는데 말이다. 나는 새 생명이 태동하는 습지에 발을 딛기가 무서웠는지도 모른다. 끝이 열려 있는 이야기의 여파가 불안하게 느껴졌는지도 모른다.

석 달 후인 12월 초, 매사추세츠주의 친구 집에 머물던 그는 아메리칸 레퍼토리 극단에서 연출한 셰익스피어의 『폭풍우』를 친구 부부와 함께 보고 와서 이렇게 썼다.

    연극이 끝날 즈음 나는 그 마력에 매료되었다. 추방되어 복수의 이를 갈던 밀라노의 공작 프로스페로는 결국 모든 원수를 포용한다.

    그뿐 아니라, 헨리도 지적했듯이 프로스페로는 에필로그에서 관객에게 직접 말한다. 그 말에 어찌나 감동했던지 헨리는 정확한 원문을 찾아내 수려한 필체로 일기장에 잘 옮겨 적었다.

> 기도로 구제받지 못하는 한
> 저의 마지막은 절망입니다.
> 기도는 뚫고 들어가 자비를 움직여
> 모든 허물을 용서하지요.
> 여러분도 범죄를 용서받으려거든
> 너그러이 저를 놓아주십시오.

헨리는 멈추어 이것이 자신에게 왜 그토록 깊은 감동을 주는지 생각해 보았다. 자신도 원수를 친구로 삼는 문제로 평생 씨름했기 때문인 듯했다. 2차 대전 중의 유럽에서 성장한 그가 아니던가. 프로스페로의 변화를 보면서 그는 그 시기의 정치적 분쟁을 떠올렸고, 이어 질풍노도 같은 자신의 내면생활을 원수가 아니라 친구로 삼으려던 평생의 내적 추구를 생각했다.

불과 몇 달 전에 그는 에이즈 대회 참석자들에게 결국 각 사람의 숙제는 죽음 자체와 벗하는 것이라고 말했다. 그래서인지 일기에 『폭풍우』가 셰익스피어의 마지막 작품이라고 지적한 뒤 이렇게 글을 이었다. 이 작품을 쓴 후에 그는 스트랫퍼드로 물러나 4년 후인 1616년 4월 23일에 세상을 떠났다. 이로써 프로스페로의 마지막 말은 특별한 의미를 띤다. 셰익스피어가 대중에게 자신을 용서하여 놓아 달라고 당부한 것이다.

여기 세 노인이 있다고 헨리는 생각했다. 프로스페로와 셰익스피어와 자신인데, 모두 용서를 찾고 있다. 더 자유로워질 모험의 기회를 찾고 있다.

한참 그 생각을 하다가 그는 이렇게 일기를 마무리했다. 나 자신을 위해 기억해 두고 싶은 명대사가 있다.

이 많은 훌륭한 피조물이라니!
인간은 참으로 아름다워라! 오 멋진 신세계,
이런 사람들이 사는 곳.

그로부터 두 주도 안 되어 헨리는 이 대사가 떠올라 혼자 웃었다. 또 다른 아름다운 신세계로 날아가게 된 것이다.

31

보스턴 로건 국제공항의 시그니처 항공사 건물로 눈보라가 몰아쳤다. 조운 크록의 자가용 제트기인 걸프 스트림사의 임프롬프투 IV가 이륙하려고 대기 중이었다. 헨리는 이미 탑승하여 잔뜩 설레는 마음으로 활보했다. 고상하게 꾸며진 친구 조운의 비행기에 감탄하면서 조종실에도 가 보고 승무원들도 만났다. 토론토에서 오는 수 모스텔러의 항공편이 지연되었지만 그래도 그녀는 제시간에 도착했다. 일행은 신속히 기체에 붙은 얼음을 제거한 뒤 이륙하여 피츠버그에서 프레드와 조앤 로저스 부부를, 미니애폴리스에서 조운의 다른 친구를 태웠다.

이튿날 아침에 헨리와 수는 병실이 24개인 샌디에이고의 호스피스에 모인 백여 명의 사람에게 "돌봄의 영성"을 주제로 강연했다.

현관홀에 이 훌륭한 시설의 설립자이자 거액의 후원자인 조운의 대형 초상화가 걸려 있다. 직원들은 아주 상냥하고 친절하다. 아주 친근하고 가족적인 분위기다. 수와 나는 우리 자신도 '잘 죽도록' 준비하고 다른 사람들도 그렇게 준비시키는 일에 대해 얘기했다. 떼제 찬송을 몇 곡 부른 뒤 청중과 열띤 대화를 나누었다. 다들 마음이 한결 고양된 기분이었다.

헨리와 조운은 그 이전 해에 만나 즉시 친구가 되었다. 둘은 공통점이 많았다. 재능이 뛰어난 음악가인 조운은 여러 해 동안 전문 피아니스트로 활동했고, 헨리가 경험한 공중그네 공연의 예술성도 직관으로 이해했다.

조운의 사회적 정황이 헨리에게 각별하게 느껴졌다. 그녀는 남편 레이 크록(맥도날드 창업자—옮긴이)의 거대한 유산을 물려받았다. 지난 세월 예일과 하버드를 거쳐 데이브 레이크에서 지내는 동안 헨리는 거부들의 영적 고뇌에 대한 관심이 싹텄다. 그래서 1992년에 이렇게 썼다. 내 경험상 부자들도 방식만 다를 뿐 가난하다. 많은 부자들이 무척 외롭다. 이용당한다는 기분에 시달리는 사람이 많고, 거부당하는 느낌이나 우울감으로 힘들어하는 이들도 있다.

헨리는 조운이 집 없는 사람, 죽어 가는 사람 등 모든 인간의 삶을 향상시킬 방도를 늘 창의적 발상으로 모색하는 게 보기 좋았다. 또 어린이가 우리의 미래라며 환경과 무관하게 모든 아이의 잠재력을 실현하게 해 주려는 그녀의 모습에도 감동했다.

더 평화로운 세상을 위한 조운의 헌신에 헨리도 전심으로 동의했고, 세계 평화를 이루는 길이 교육이라는 그녀의 소신에도 흥미를 느꼈다. 특히 그녀는 전 세계 여성이 리더십을 길러 사회 각층의 지도자가 되도록 그들을 돕고자 했다.

저녁 6시 직전에 헨리는 거울을 보며 헝클어진 흰머리를 매만진 뒤 밖으로 나가 파티에 참석했다. 전국 각지에서 손님이 90명쯤 와 있었다.

커다란 천막을 치고 작은 불을 수없이 많이 밝혀 놓았다. 수영장을 빙 둘러 놓은 원탁마다 하얀 꽃다발이 세련되게 꽂혀 있고, 수영장에는 조명으로 장식된 나무가 떠 있었다. 키다리 정원수들에 달아 놓은 큼직한 별들이 그의 감탄을 자아냈다. 진입로와 울타리는 빨간색과 흰색 전등으로 장식되어 있었다. 가장 인상적인 것은 잘 설치된 투광 조명을 받는 정원의 조각상들이었다.

주변 분위기는 최상이었다. 음식은 맛있고 대화는 다정

하고 음악은 경쾌하여 모든 게 그렇게 우아할 수 없었다. 조운이 입은 긴 드레스는 전체가 금빛이었다. 그녀는 내게 그 드레스를 오래전에 샀는데 한 번도 입을 기회가 없었다면서, "그래서 파티를 계획한 겁니다. 이 기회에 제 드레스를 보여 드리려고요"라고 농담 삼아 말했다.

밤 10시가 되자 손님은 대부분 돌아갔다. 잠자리에 들 때 나는 오늘 한 일원이 되어 경험한 삶에 대해 약간 어리둥절하고 놀랍고 신기한 기분이 들었다.

이튿날, 조운의 집에 묵던 일행은 대림절의 의미에 대한 열띤 대화 후에 그녀가 후원하는 노숙인 쉼터를 방문했다. 헨리는 사역의 규모에 입이 떡 벌어졌지만, 떠날 때는 거기서 본 관계에 대해 의문이 들었다. 노숙인 쪽에서는 어디서 어떻게 그들 나름의 선물을 주고 있을까? 주는 자와 받는 자의 상호 교류는 어디로 갔는가?

조운의 저택에 돌아온 우리는 정원에 멕시코 풍으로 큼직하게 재현해 놓은 말구유의 아기 예수 앞에서 성찬식을 했다. 작은 식탁에 둘러앉아 성경을 읽고 묵상을 나누고 기도한 뒤 신성한 선물인 그리스도의 살과 피를 받았다.

성찬식을 마치고 우리는 조운이 근래에 취득한 새로운 동상 쪽으로 걸어갔다. 조운은 내게 그 동상을 축복해 달라고 했다. 어느 추기경의 대형 청동 좌상으로, 이탈리아의 조각가 자코모 만추의 작품이었다.

헨리도 조운도 예술을 사랑했다. 그녀의 새로운 조각상이 그의 마음을 사로잡았다. 수염을 깨끗이 깎아 영원히 젊은 얼굴이었다. 표정은 엄숙한데 추기경의 왼쪽 귀는 높다란 주교관 속에 들어가 있고 오른쪽 귀만 나와 있었다. 위엄 있는 추기경의 인간적인 면모를 한순간이나마 들어 주고 인정하려는 세심한 배려처럼 보였다.

이튿날 아침에 헨리는 재빨리 짐을 꾸렸고, 모두들 공항으로 돌아가 조운의 비행기에 탔다. 헨리의 친구 로버트 조나스가 보스턴 공항으로 그를 데리러 나왔다.

"어땠습니까?" 조나스의 물음에 나는 이렇게 답했다. "어떻게 말해야 할지조차 모르겠어요. 마치 대기권을 벗어나 정상적인 중력의 법칙이 작용하지 않는 우주에 들어간 것 같았습니다."

그는 조운의 세계가 어쩌면 공중그네 곡예단과 약간 비슷하다는 생각이 들었다. 그들의 공연도 중력의 제약을 벗어난 듯 보였고, 친구들과 함께 부와 권력의 세계를 종횡무진하는 그녀의 정황 속에도 그 나름의 예술성이 필요했다.

조운에게 감사의 편지를 쓰려고 자리에 앉았을 때 헨리는 감사 이상의 것을 전하고 싶었다. 그래서 조운의 후한 인심과 사회적 비전을 생각하며 이렇게 썼다. "무조건적인 사랑은 조건이나 대가성이나 전제나 요구가 없는 사랑이지요. 아무런 보답도 바라지 않고 주는 것입니다."

잠시 멈추어 그는 사랑 자체를 위해 베푸는 사랑을 생각해 보았다. 어쩌면 이것도 공중그네 곡예단과 꽤 비슷했다. 그들도 공연 자체를 위한 공연을 했다. 그는 로드레이 곡예단을 만난 후 자신이 녹음테이프에 구술했던 말이 생각났다. 공중그네 곡예사들을 보면 거기에 어떤 상징이 있다. 그들은 무엇을 하려는 걸까? 공중을 날며 고도로 숙련된 안전하고 즐거운 연기를 한다. 그것도 잘하려 한다. 관중의 박수가 나오면 무척 기분이 좋지만, 그래도 이것은 일종의 '예술을 위한 예술'이다.

조운에게 쓴 헨리의 편지는 이렇게 이어진다.

이런 무조건적인 사랑이 바로 예수께서 우리에게 명하시는 사랑입니다. "오직 너희는 원수를 사랑하고 선대하며 아무것도 바라지 말고 꾸어 주라. 그리하면 너희 상이 클 것이요 또 지극히 높으신 이의 아들이 되리니 그는 은혜를 모르는 자와 악한 자에게도 인자하시니라"(누가복음 6:32-35). 인간에게 이것이 가능할까요? 전혀 현실성이 없어 보이지요. 받지 않고 주기만 하면 탈진할 수밖에 없지 않을까요?

답은 아주 단순합니다. 아니, 무조건적인 사랑은 불가능하지 않습니다. 우리도 무조건적인 사랑을 받고 있기 때문입니다! 하나님은 우리를 태어나기 전부터 사랑하셨고 죽은 후에도 여전히 사랑하실 것입니다.

다시 헨리는 쓰다 말고, 수십 년간 복수를 꾀하다가 자비롭게 원수들을 포용한 프로스페로의 변화를 생각했다. 관객에게 직접 말할 때 그는 마법의 옷을 벗고 약한 모습을 내보인다. 헨리는 눈부신 금빛 드레스 차림의 예술적인 음악가 친구 조운을 떠올렸다. 양쪽이 비슷한 데가 있어 씩 웃음이 났다. 어떻게 하면 조운처럼 마법의 힘을 지닌 듯한 유명인사를 도와, 충분한 신뢰로 무조건적인 사랑을 주고받게 할 수 있을까?

로드레이 곡예단이 보여 준 모험과 신뢰의 포물선이라는 은유는 헨리의 생각에 모든 인생의 모양이기도 하다. 결국 각 개인은 하나님께 속해 있어 그분께로 돌아가지만, 비행은 인간 공동체가 함께 이루어 내는 일이다. 헨리는 연필을 씹으며 창밖의 흐린 겨울 하늘을 내다본다 방금 그가 조운에게 인용했듯이 사람은 은혜를 모르거나 악할 때가 있다. 경솔하거나 무능하거나 두려울 때도 있다. 누구나 실수를 범한다. 헨리는 로드레이가 강조하던 말이 새삼 떠올랐다. 단원마다 각 연기를 솔직하게 평가하고 서로를 비평하되, 잘못은 지적하고 잘한 부분은 인정해 준다고 했다. 그러면 눈부신 망토를 두르고 다음 공연에 입장할 때는 원망이나 두려움 없이 자신감과 신뢰만 남는다. 그들의 헌신과 훈련과 협력, 서로를 존중하는 모습, 매사에 임하는 방식이 나를 매료했다. 당시에 그는 그렇게 썼다.

계속되는 편지에 그는 이런 관점의 무조건적인 사랑을 조운에게 설명하려 했다.

> 이것은 다 받아 주고 항상 동조해 주는 감상적인 사랑이 아니라 잘못을 지적할 줄도 아는 사랑입니다. 다만 조건이 없지요! 그러니까 무조건적인 사랑은 사랑의 대상이 하는 행동에 다 찬성하는 게 아닙니다.
>
> 나를 사랑하는 사람인데 나와 의견이 다르거나 내게 반대할 때가 있지요. 잘 믿어지지 않겠지만, 그럴 때도 우리는 그 사람에게서 무조건적인 사랑을 받을 수 있습니다. 하나님은 우리를 그렇게 사랑하시며, 우리에게도 서로를 그렇게 사랑하라 하십니다.

32

안식년 첫 몇 달 동안 헨리는 두 가지 서커스를 보았다. 처음 것은 미국에서 공연된 "지상 최대의 쇼"였다.

> 한꺼번에 너무 많은 일이 벌어져 거의 소화할 수 없었다. 현란하고 매혹적이고 흥미로웠다! 하지만 그뿐이었다.
>
> 오늘 오후에 감탄을 자아낼 만한 훌륭하고 멋진 장면은 많았으나 진정한 감동은 받지 못했다. 내 시선을 '사로잡는' 순간이 딱 한 번 있었다. 파벨 카리메가 무대 바닥에서 9미터 높이의 발판에 올라 두 흔들리는 물체의 균형을 잡고 있는데, 동료 바실리 지노비예프가 그의 머리 위로 한 손만 짚고 물구나무서는 장면이었다.

우리 좌석이 바로 그 앞이어서 그들이 똑똑히 보였다. 바실리의 환한 미소와 멋진 근육질 몸매에서 어찌나 활력과 즐거운 기운과 희열이 뿜어져 나오던지 한순간 나는 그와 직접 통하는 기분이었고 그들 둘을 알고 싶어졌다. 그러나 그들은 다시 쇼의 거대한 익명성 속으로 사라졌다.

그것은 짧지만 내게 중요한 순간이었다. 로드레이 곡예단을 처음 볼 때 나를 '사로잡았던' 똑같은 감정이 느껴졌기 때문이다. 바로 그 감정 때문에 나는 용기를 내서 그들에게 나를 소개했었고, 그것이 오래도록 깊은 우정으로 이어졌다. 바실리와 파벨은 마치 어둠 속의 섬광 같았다. 회한 가득한 내면의 가교가 되어 과거를 일깨우고 추억을 되살려 주었다.

12월 말에 헨리는 아버지와 함께 프라이부르크를 방문했다. 아버지는 5년 전에 함께 바룸 서커스를 보았던 일을 떠올리며 "이번에도 시내에 서커스가 들어왔다는데 한번 가 볼래?"라고 말씀하셨다. 중국인 서커스단에 모스크바와 파리의 곡예사들이 찬조 출연하는 크리스마스 서커스 축제였다.

볼거리는 되었지만 5년 전에 비해 내 안에 아무런 변화도 일어나지 않았다. 그때는 로드레이 일행에게 '푹 빠져' 공연을 보고 또 보며 그들의 세계로 깊이 들어가지 않고는 배길 수 없었다. 오늘은 멋진 쇼를 보았을 뿐 별다른 생각이나 감흥 없이 숙소로 돌아왔다. 그때는 뭔가가 내 내면에 새로운 공간을 열어 주었으나 오늘은 특이한 구경거리를 즐긴 정도였다. 그때는 인격적인 변화를 경험했으나 오늘은 몇 시간의 재미있는 오락으로 끝났다.

며칠 후에 헨리는 뜻밖에 로드레이의 전화를 받고 기뻐서 어쩔 줄 몰랐다.

"지금 어디에 계십니까?"

내 물음에 그는 이렇게 답했다. "즈볼레에 있습니다. 네덜란드에 온 뒤로 계속 신부님을 찾으려고 애썼어요. 여기로 오실 수 있겠습니까?"

친구들의 연락을 받으니 그렇게 기쁠 수가 없었다. 그들을 마지막으로 본 것은 우리가 제작한 다큐멘터리 영화가 네덜란드의 텔레비전으로 방영되던 1년 전이었다.

1월 7일 일요일에 나는 로드레이의 트레일러에서 그와 부인 제니와 재회했다. 잠시 후 존과 카일과 칼린과 슬라바도 만났다. 모두들 다시 만나니 정말 좋았다. 내가 그들을 얼마나 그리워했는지 새삼 깨달았다.

로드레이는 그간의 어려웠던 일들을 들려주었다. 트레일러 때문에 아주 복잡한 문제가 있었고 건강 문제도 심각했다. 무엇보다 로드레이의 누나이자 칼린의 언니인 래던이 이탈리아에서 세상을 떠났다. 얘기를 모두 들으면서 나는 로드레이 공중그네 곡예단이 공연을 단 한 번도 취소하지 않고 계속 기술을 개발할 수 있었다는 사실에 놀랐다.

제니는 곡예를 그만두었지만 남아프리카공화국 출신인 16세의 케리가 훈련을 거쳐 그 자리를 대신했다.

로드레이 일행의 공연은 썩 훌륭하지 못했다. 건물 천장이 낮아서 곡예가 전체적으로 약해진 데다 가장 멋진 두 가지 기술에서 실수를 범했다. 슬라바와 로드레이가 잡는사람의 손을 놓쳐 그물로 떨어진 것이다.

로드레이 곡예단의 공연과 피날레 중간에 칼린과 존과 함께 차를 마셨다. 지난번 내가 다녀간 뒤로 둘은 사랑에 빠져 부부가 되었다. 칼린의 딸은 아빠가 생겨 좋아했다. 아주 유익하고 활기찬 시간이었다.

즐거운 재회였다. 1년 만인데도 헨리는 마치 1년 내내 그들과 함께 살았다는 듯이 짧은 방문에 익숙해져 있었다. 다만 로드레이는 그가 너무 피곤해 보여 걱정되었고, 헨리도 평소에 일할 때보다 안식년이 더 피곤하다고 시인했다.

헨리를 기차역에 데려다 주고 서커스장으로 돌아오면서 로드레이는 5년 동안 깊어진 자신들의 우정을 되돌아보았다. 지난번에 헤어진 뒤로 그는 고통스러운 한 해를 보냈다. 그해에 누나가 세상을 떠났을 때 특히 헨리가 그리웠고, 이렇게 슬플 때 서로 더 가까이에 살았으면 싶었다.

자신들에 대한 책을 쓰려는 헨리의 마음은 이상하게 아직도 로드레이에게 수수께끼처럼 느껴졌다. 다큐멘터리가 도움은 되었지만, 뭔가 거기에 담겨 있지 않은 사적인 요소가 더 있었다. 그는 각 요소를 곰곰 분석해 보았다. 새로운 복잡한 묘기를 동작별로 꼼꼼히 분석할 때처럼 말이다.

서커스 개최장으로 들어와 차에서 내리면서 로드레이는 이런 의문이 들었다. 공동체에 대한 헨리의 욕구가 이 곡예단에서 충족된 이유는 자신들이 그를 변화시키려 하지 않고 받아들였기 때문이 아닐까? 어차피 그를 변화시킬 수도 없겠지만 말이다. 로드레이는 흙 묻은 신발이 생각나 혼자 웃었다. 어쨌든 활기차면서도 소외된 서커스 세계의 뭔가가 로드레이에게 그랬듯이 헨리에게도 푸근하게 느껴진 것만은 분명했다. 그들은 날마다 위기와 실패에 부딪치면서도 공연을 계속했다. 어쩌면 헨리의 신앙생활도 우리의 서커스 생활에 날마다 닥쳐오는 도전과 비슷할지도 모른다고 로드레이는 생각했다.

제니는 차를 끓여 놓았다.

로드레이가 말했다. "가끔 드는 생각인데, 헨리는 받아들여지기를 간절히 원하는 것 같아요. 특히 하나님께 말이지요. 어렸을 때 곡예사가 되어 날고 싶은 꿈이 있었다지만, 분명히 그것 때문에만 우리 공연에 끌린 건 아니에요. 어쩌면 그가 어떤 감정을 정리하는 데 우리라는 소재가 필요했을 겁니다. 헨리는 자신의 영적 감정이 우리를 통해 시각적으로 대변된다고 보는 것 같아요."

제니는 차를 두 잔 따라서 한 잔을 남편에게 건넸다. "그가 우리에게서 보는 것은 무엇일까요?"

로드레이는 차를 한 모금 마셨다. "우리는 늘 완벽한 공연을 꿈꾸지만 자주 실패하잖아요. 혹시 우리가 헨리에게 실패의 두려움을 극복하는 법을 보여 준 게 아닐까요? 이제 그도 상상 속에서 우리와 함께 사다리를 올라가 다시 시도할 수 있잖아요. 모두가 지켜보는 가운데 말이지요. 내 생각에 그는 자신의 한계를 시험하는 모험을 통해 우리와 점차 동화한 겁니다."

"게다가 우리는 모든 것을 잊고 잠시나마 한 가지에만 집중해야 되잖아요. 헨리도 자신이 생각하는 기도를 그렇게 표현했더군요." 제니가 기억을 떠올렸다.

로드레이는 씩 웃으며 말했다. "그러니까 우리가 헨리에게 위험을 무릅쓰고 공중에서 춤출 수 있는 용기를 준 셈이네요!"

둘은 차를 마저 마신 뒤 운동복을 걸치고 급히 서커스 개최장을 가로질러 가 다음 공연을 준비했다. 헨리가 왜 여태 집필에 착수하지 못했는지는 여전히 그들의 의문으로 남아 있었다.

그날 저녁 헨리는 네덜란드 위트레흐트에서 일기를 마무리했다.

짧은 방문을 되돌아보니 내게 참 좋은 시간이었다. 6월이나 7월에 그들을 다시 만날 날이 벌써부터 기다려진다. 그들에 대한 책을 쓰려는 내 오랜 꿈이 실현될 날도 기다려진다. 로드레이 공중그네 곡예단을 글로 표현하되 그들의 마음에 흡족하게 써야겠다는 의욕이 새삼 돋는다.

33

1월 24일 수요일에 헨리는 아버지와 함께 자신의 64회 생일을 축하했다. 로드레이 곡예단을 담은 〈그물 위에 천사들〉을 비디오로 시청했는데 아버지가 아주 좋아하셨다. 난방 장치가 고장 나서 불을 피우고 함께 다가앉았다. 난로 앞에 바짝 앉아 손을 녹이는 두 노인이 된 것이다.

헨리의 일기는 이렇게 이어진다.

> 오늘 나는 행복하다. 지난 64년간 내게 임했던 모든 은혜를 인해 하나님과 가족과 친구들에게 감사드린다. 앞으로 남은 세월이 기대가 된다. 하나님과 더 깊이 동행하고 사람들과의 우정도 더 돈독히 다지는 시간이 될 것이다.

특별한 바람이라면 글을 쓸 시간과 여유가 더 많았으면 하는 것이다. 내 내면 깊은 곳에서 이전에 쓰던 글과는 사뭇 다른 뭔가 새로운 것이 태동하려는 게 느껴진다. 이야기책, 소설, 영성 일기 등이 되리라.

한편 뉴욕 더블데이 출판사의 편집자 빌 배리는 헨리의 정서적 붕괴가 담겨 있는 1987-1988년의 '비밀 일기'를 1996년 9월에 출간하기로 헨리와 합의했다. 인생 최악의 시절을 기록한 것인데, 다시 그 속으로 뛰어들려니 헨리는 호기심이 들면서도 조심스러웠다. 그 처참했던 몇 달 동안 그는 얼마나 성장했을까? 그 후로 세월이 흐르면서 그의 시각이 한결 깊어지기는 했지만, 그래도 원고 작업이 약간 겁난다. 말할 수 없이 괴로웠던 당시의 경험 속으로 다시 들어가기가 두려운 것이다.

치료받던 그때의 일기를 검토하던 중에 치료사가 확언해 준 이런 말이 나왔다. 믿으세요. 하나님이 신부님에게 사랑을 차고 넘치게 주시되 인간을 통해 주실 것을 믿으세요. 신부님이 바라시는 가장 깊은 만족을 하나님이 살아생전에 주실 것입니다. 그러니 그만 애쓰시고 이제부터는 믿고 받으세요. 이 부분에서 신부님을 붙들어 줄 인간의 손이 필요합니다. 그 말을 읽노라니 로드레이 공중그네 곡예단을 만난 일이 생각났다. 서로 믿어야 하는 인간의 손을 그는 나는사람과 잡는 사람을 보며 배웠던 것이다.

　헨리는 공중그네가 구속(救贖)과 부활의 이야기가 될 수 있다고 생각하면서도, 아직은 거기서 멈추었다. 너무 성급히 영적으로 해석하여 이 경험을 몸과 분리시키고 싶지 않았던 것이다.

> 로드레이 공중그네 곡예단은 제게 성육신과 육화를 가르쳐 줍니다. 몸으로 살라는 것이지요. 진정한 영적 삶은 육화된 삶이거든요. 그러니까 그들은 제가 찾으려는 게 근본적으로 무엇인지를 자신들의 존재 자체로 더 깊이 가르쳐 줍니다.

자신이 바라는 바를 그도 알았다. 몸에 대한 하나의 실화를 전하면서 바로 그 이야기가 영적임을 확실히 보여 주는 것이었다. 영혼은 늘 몸을 입고 있기 때문이다. 하지만 그는 다시 거기서 막혔다. 그가 말하려던 몸에 대한 이야기는 무엇일까? 헨리 자신의 몸의 이야기는 무엇일까?

자신이 기억하는 한 헨리는 우호적인 공동체에 몸으로 속하기를 늘 동경했다. 셀마 행진에 대한 글에서도 그는 자기 차를 얻어 탄 찰스가 나를 흑인이 되게 해 주었다고 술회했다.

찰스에게는 일상인 배타와 혐오를 그는 조금만 경험하고도 충격에 빠졌다. 행진 자체도 당혹감과 기쁨을 동시에 안겨 주었다.

> 나 자신에게 이렇게 말했다. "그래, 그래, 나는 여기에 속해 있다. 이들이 나의 동족이다. 피부색과 종교와 생활 방식은 다를지 몰라도 이들은 나의 형제자매다. 이들도 나를 사랑하고 나도 이들을 사랑한다. 이들의 웃음과 눈물은 내 웃음과 눈물이고, 이들의 기도와 예언은 내 기도와 예언이며, 이들의 고뇌와 희망은 내 고뇌와 희망이다. 나는 이들과 하나다."

그런데 지난 수십 년간 헨리에게 가장 무서웠던 경험 중에, 자기 몸의 경계선에 대한 의식을 그야말로 완전히 잃었던 때가 있었다. 그런 일이 여러 번 있었다. 수천 명의 청중 앞에서 강연을 성공리에 마쳤는데 신체적으로는 자신이 분산되어 흩어지는 기분이었다. 그가 심야에 다급하게 전화하거나 찾아오던 일을 친구들은 기억했다. 그는 자신의 몸 그대로 다시 안전하게 느껴질 때까지 그냥 자기를 붙들어 달라고 했다.

라르쉬 생활 초창기인 1986년의 트로슬리 공동체 때부터 헨리는 그곳의 관계가 다분히 몸에 기초해 있다는 게 거북했다. 그때는 장애인의 몸을 돌보는 책임을 맡기 전이지만, 그래도 생각만 해도 불안했다.

> 1986년 3월 20일 목요일
>
> 지금까지 내 삶은 온통 말 중심이었다. 배우고 가르치고 읽고 쓰고 말하는 삶, 말을 빼놓고는 생각할 수 없는 삶이었다.
>
> 그런데 라르쉬의 기초는 말이 아니라 몸이다. 먹이고 씻기고 만지고 붙들어야 공동체가 세워진다. 말은 부수적이다. 대다수 장애인은 거의 말이 없으며, 전혀 말하지 않는 사람도 많다. 제일 중요한 것은 몸의 언어다.
>
> "말씀이 육신이 되어." 이것이 기독교 메시지의 핵심이다. 예수께서 우리 앞에 내놓으시는 말씀은 눈에 보이고 귀로 들리고 피부로 느껴진다. 이렇듯 몸은 말씀을 알고 말씀과 관계를 맺는 길이다.
>
> 그런데 나는 그 길이 못내 꺼려진다.

헨리가 데이브레이크에 처음 왔을 때 그의 친구 수는 그의 포옹이 엉거주춤해서 웃음이 났다. 그래서 꼭 목석을 껴안는 것 같다고 그를 놀렸다.

헨리는 아담이 부럽다시피 했을까? 그가 보기에 아담은 자신을 돌보는 그에게 일말의 불안감이나 자의식도 없이 몸을 맡겼다.

아담과 그의 몸을 가까이하면서 나 자신과 내 몸과도 더 가까워졌다. 말이든 글이든 내 다변은 늘 나를 유혹하여, 평범한 삶의 일상성과 아름다움과는 단절된 채 고상한 사상과 견해를 우러러보게 했다. 그런데 아담 앞에서는 그게 허용되지 않았다. 그는 마치 내게 이렇게 말하는 것 같았다. "헨리, 당신도 나처럼 몸이 있을 뿐 아니라 몸이 곧 당신입니다. 당신의 말과 육신이 서로 분리되지 않게 하세요. 당신의 말은 육신이 되어 육신으로 남아 있어야 합니다."

정서적 붕괴를 겪고 데이브레이크로 돌아온 후에 헨리는 여러 해에 걸쳐 포옹하는 법을 배웠다. 그의 몸의 긴장이 풀리는 게 수에게도 보였다. 일단 신뢰가 싹트자 그는 두 팔을 활짝 벌려 상대를 반기고 축복했다.

1994년 여름에 전국 천주교 HIV/에이즈 사역 대회에서 헨리는 이렇게 말했다. "다음으로 몸에 대해 말하고 싶습니다. 저로서는 거론하기 무서운 주제지만 이 대회의 큰 부분을 차지하는 게 몸이니까요."

그의 축소된 표현에 청중은 웃음을 터뜨렸다. 그의 말은 이렇게 이어졌다.

알고 보니 몸은 결코 그저 은유가 아닌데, 저는 여태 몸을 다분히 은유로 보고 살아왔더군요. 정작 몸이라는 실재 속에 존재하면서도 그 몸으로 사는 게 자꾸만 더 두려웠습니다.

전체 의미를 아직 몰라 다 말할 수는 없지만, 몸의 의미를 제대로 찾아내야 한다는 것만은 압니다. 저 자신이 몸으로 존재하고 성육신하여 성령이 거하는 전이 되어야 하니까요. 저 자신에게 제가 편해져야 하나님과도 온전히 친밀해질 수 있습니다. 그분이 거하시는 집인 제 몸이 제게도 편해지는 거지요.

이번 대회에서 제가 배웠듯이, 몸이 되어 몸으로 사는 길은 딱 하나가 아니라 많아도 아주 한참 많습니다.

헨리의 삶 속에 로드레이 공중그네 곡예단이 불쑥 들어왔을 때, 여태 그가 찾으려던 몸 중심의 영성이 갑자기 그의 앞에 무언의 예술로 표현되었다. 그래서 그는 어떻게든 온몸으로 거기에 동참하고 싶었다. "로드레이 일행을 처음 보았을 때 제가 한 말은 제 소명을 놓쳤다는 것, 저도 나는사람이 되었어야 한다는 것이었습니다. 물론 제 몸은 아주 숙맥이라서 매사에 서투르지요. 하지만 속으로는 즉 영적으로는 분명히 늘 나는사람이 되고 싶었을 겁니다."

놀랍게도 로드레이 곡예단에게는 신체적 교류가 완전

히 편해져 있었다.

> 아울러 친밀함도 있었다. 잡는 동작이 그랬다. 잡는다는 것은 놀라운 은유다. 자기 쪽으로 날아오는 타인을 잡아 준다. 잡아서 그물로 떨어지지 않게 한다. 추락하지 않도록 서로를 보호해 주는 거니까 친밀도가 아주 높다.
> 로드레이가 공중제비 묘기를 선보이고 나서 떨어지려는 찰나에 존이 그를 잡는다. 그때 관중은 불현듯 "정말 무사하구나" 하고 실감한다. 꼭 필요할 때 누군가 곁에 있어 준 결과다.
> 존은 존대로 다리로 매달려 그네를 타면서 자기 쪽으로 날아오는 사람을 잡을 준비를 한다. 자리를 지키고 있다가 잡아 준다. 두 사람이 서로 잡는 부위는 손이 아니라 팔목이다. 미끄러지듯 팔부터 얽히는데 마치 포옹과도 같아서 푸근하고 안전하다. 사실 존과 칼린은 서커스장 꼭대기에서 서로 잡는 동작을 말할 때 '요람'이라는 단어를 쓴다.
> 이렇게 서로 접촉하는 상호 교류가 내게 정말 와 닿는다. 아주 깊은 감정이다.

비트에게 보낸 편지에 설명했듯이 헨리는 공중그네 친구들의 몸에서 뭔가 영적인 것을 보았다.

인간의 가장 깊은 갈망 중 일부가 로드레이 공중그네 곡예단을 통해 표현됩니다. 자유로이 날고 싶은 갈망과 안전하게 잡히려는 갈망이지요. 어떤 의미에서 그들의 공연은 인간 영혼의 표출입니다. 공중그네 곡예사들의 원기 왕성한 몸속에서 영혼이 성육신하는 것이지요.

자신의 몸이 한결 편하게 느껴지자 헨리는 몇몇 편집자에게 성 문제를 직접 탐색하는 책을 쓸 가능성을 제기했다. 다음은 이듬해 여름에 그가 어느 기자에게 생각에 잠겨 한 말이다. "모든 인간은 성적인 삶을 살아갑니다. 독신자든 기혼자든 기타 무엇이든 똑같지요. 성적인 삶이 곧 삶입니다. 우리의 성적인 삶은 하나님 및 동료 인간과의 교제를 깊어지게 하는 삶이어야 합니다. 그렇지 않으면 그게 아주 해로워질 수 있어요. 아직 이에 대한 정확한 술어를 찾지 못했지만 앞으로 찾고 싶습니다."

점차 헨리는 조금씩 더 자유로워졌고 장난기까지 보였다. 1996년 초에 그는 유명한 바베타 식당의 격조 높은 오찬 석상에서, 기분 좋게 불쑥 이렇게 말해 뉴욕의 편집자들을 웃겨 주었다. "내가 이 식당에 있는 모든 사람과 섹스를 할 마음이 없다고는 생각하지 마세요! 나도 여느 누구처럼 공상합니다!" 편집자들은 깜짝 놀라 멀뚱거리다가 식당 안을 슬그머니 둘러보고는 헨리와 더불어 일제히 웃음을 터뜨렸다.

34

1996년 2월 12일 헨리의 비서가 뉴저지에 있던 그에게 전화해서 알렸다. "신부님, 오늘 데이브레이크로 와 주셔야겠어요. 아담이 죽어 가고 있어요." 헨리는 임종을 지키고자 몇 시간 내로 토론토행 비행기에 올랐다. 그날 일기에는 많은 말이 쏟아져 나왔다.

> 라르쉬 데이브레이크에서 아담과 함께 살면서 나의 기도와 자아상과 영성과 사역은 깊은 영향을 입었다. 아담은 중증 간질 환자이며 여러 장애로 인해 삶에 제약이 많았지만 라르쉬 봉사자, 방문객, 친구 등 수많은 사람의 삶에 심화를 끼쳤다.

캐나다 이민국에서 지체되었지만 결국 헨리는 아담의 병상에 빙 둘러 있던 그의 부모와 데이브레이크 친구들에게 합류했다. 아담의 몸과 소통하고 싶어 나는 그의 이마에 입 맞춘 뒤 머리칼을 쓸어 주었다. 모인 사람들은 아담과 함께 기도했고, 그 후로는 줄곧 그의 숨소리를 들으며 곁을 지켰다.

아담은 그날 밤 편안히 숨을 거두었다. 1996년 2월 14일에 헨리는 장례식장에 갔다. 관에 누운 아담의 시신을 보니 감정이 북받쳤다. 그는 이제 막 잠든 사람처럼 아주 편안해 보였다. 눈물이 쏟아졌다. 그에게서 눈을 뗄 수가 없었다.

아담의 장례식장에서 헨리는 생각에 잠겼다. 알고 보니 아담은 조용히 몸으로 존재함으로써 여태 그를 알던 모든 사람에게 영향을 미쳤다. 이거야말로 몸에 대한 하나의 실화였다. 나중에 헨리는 그것을 이렇게 글로 요약했다.

> 아담은 내게 소속감을 주었다. 아담 덕분에 나는 내가 몸으로 존재한다는 진리에 확실히 눈떴고, 공동체에 단단히 뿌리를 내렸으며, 우리의 공동생활 속에 임재하시는 하나님을 깊이 체험했다. 아담과 몸으로 부대끼지 않았다면 오늘의 나는 어떻게 되었을지 모른다. 데이브레이크에서 첫 14개월 동안 아담을 씻기고 먹이고 그냥 함께 앉아 있는 사이에 나는 그토록 갈구하던 '집'에 와 있었다. 그 집에는 좋은 사람들만 있는 게 아니라 나 자신

의 몸, 공동체라는 몸, 교회라는 몸, 나아가 하나님의 몸이 있었다. 그동안 나는 예수님의 삶에 대해 듣고 읽었지만 그분을 만지거나 볼 수는 없었다. 그런데 아담은 손으로 만져졌다. 누구든지 아담을 손으로 만진 사람은 어딘가 성해졌다. 우리의 공통된 경험이었다.

아담이 사망한 지 몇 주 후에 헨리는 친구 프랭크 해밀턴과 함께 뉴멕시코주에 갔다. 프레드 로저스는 "산타페에 가시거든 꼭 제 친구 짐을 찾아가셔야 됩니다"라고 권했다. 작가이자 출판인인 짐 스미스는 자신의 단골인 엘도라도 호텔에서 점심을 먹자고 했다. 일행은 느긋하게 오찬을 즐기며 각자의 지나온 삶, 신앙, 책에 대해 얘기했다. 물론 산타페 얘기도 빼놓을 수 없었다. 헨리와 프랭크는 짐을 새로 알게 된 게 기뻐서 며칠 후 그를 저녁 식사에 초대했다.

> 아주 놀라운 저녁 시간이었다. 식사 후 나는 짐에게 로드레이 공중그네 곡예단을 담은 비디오 〈그물 위의 천사들〉을 보여 주면서, 그들에 대해 늘 책을 쓰고 싶은데 아직 적절한 형식을 찾지 못했다고 말했다.
>
> 짐의 반응은 사뭇 강경했다. "지금까지 많은 에너지와 관심을 쏟아 오셨으니 책을 쓰셔야 합니다. 공중그네 곡예사들과의 우정을 계기로 신부님은 삶의 의미에 대

해 아주 중요한 뭔가를 말할 수 있습니다. 자신의 직관을 믿으셔야 합니다."

나는 말했다. "맞아요, 그 직관은 깊고 강합니다. 그런데 두렵네요. 로드레이 일행을 처음 보던 날 제 안의 아주 깊고 은밀한 뭔가가 건드려졌거든요. 교제와 공동체와 친밀함에 대해 열일곱 살 때부터 품었던 갈망이 그들을 통해 생생히 되살아난 겁니다.

신학교와 대학교와 오랜 교수 시절에는 이런 갈망이 다분히 속에 묻혀 있었습니다. 간혹 정신적 방황이나 호기심이나 고민을 통해서만 모습을 드러내곤 했지요. 라르쉬에 가면서부터 저는 이 모든 느낌과 감정과 열정에 주목했습니다.

그러다 로드레이 일행을 보면서 새로운 의식의 세계로 빨려들었지요. 거기 공중에서 저의 가장 깊은 열망이 실현되는 것을 보았습니다. 어찌나 강렬했던지 지금도 감히 그것을 글로 옮기지 못하고 있습니다. 글쓰기는 물론이고 제 삶까지도 전혀 새로운 단계로 들어서야 하니까요."

그러자 짐이 말했다. "저도 다 압니다. 비디오를 보고 알았지요. 오랜 세월 신부님 안에 미완으로 남아 있던 뭔가가 로드레이 일행을 통해 완성되고 있습니다. 신부님의 성적인 면, 공동체를 향한 추구, 완성되고 싶은 깊은 갈망 등과 상관있지요. 이 책을 쓰지 않으면 엄청난 성장의 기회를 스스로 거부하는 것입니다."

헨리는 짐의 솔직한 독려에 놀라며 물었다. "그렇다면 그것은 결국 무엇에 관한 책이 될까요?"

짐의 대답은 이랬다. "공동체에 관한 책이지요. 가장 보편적인 의미에서 말입니다. 로드레이 일행의 이야기를 통해 신부님은 모든 사람의 갈망을 표현할 수 있습니다. 관건은 단지 나는 동작과 잡는 동작이 아니라, 그들의 모든 곡예를 떠받치고 있는 보이지 않는 공동체입니다. 그 안에 우정, 가족, 협력, 예술적 표현, 사랑, 헌신 등 아주 많은 게 담겨 있지요. 그것이 신부님의 마지막 주제입니다."

35

1996년 5월에 헨리는 다시 산타페에 가서 일주일 동안 짐의 지도하에 글을 썼다.

> 내가 가장 바라는 바는 좋은 이야기를 쓰되 끝까지 독자들을 끌어들이는 법을 배우는 것이다. 내가 알기로 예수님도 이야기를 들려주셨고 대다수 신앙 스승도 그랬다. 지금 나는 아담에 대한 책을 쓰느라 바쁘고, 로드레이 공중그네 곡예단에 대한 책도 쓸 계획이다. 다만, 내가 하고 싶은 말이 뭔지는 알겠는데 어떤 식으로 말해야 할지를 모르겠다.

헨리가 산타페에 도착한 날은 5월 19일이었고, 마침 이번에도 함께 점심부터 먹었다.

산타페에 온 목적이 글쓰기에 짐의 도움을 받기 위해서이기는 하지만, 우리의 첫 대화는 60세부터 80세까지 남은 인생을 어떻게 살 것이냐에 초점이 모아졌다!

내게 이것은 갈수록 더 중요해지는 질문이며 불안을 자아내기도 한다. 지난 세월 나는 약간의 명성을 얻었다. 사람들은 나를 천주교 사제, 영성 작가, 정신 장애인 공동체의 식구, 하나님과 사람들을 사랑하는 사람으로 생각한다. 이런 명성이 있다는 것은 놀라운 일이다.

그러나 최근 들어 명성이 오히려 점점 더 제약으로 느껴진다. 내 삶이 그 명성에 부합해야 하고 내 말과 행동과 글이 나를 아는 사람들의 기대에 부응해야 한다는 부담이 내 내면을 짓누른다. 천주교회, 라르쉬, 내 가족, 친구, 독자 등 모두들 내가 특정한 틀에 따르기를 원한다.

하지만 나이가 육십 줄에 들어서니 이전의 생각과 느낌과 감정과 열정과는 일치하지 않는 새로운 생각과 느낌과 감정과 열정이 내 안에 고개를 들곤 한다.

주변 세상에 대한 내 책임은 무엇이고 나 자신에 대한 책임은 무엇일까? 내 소명에 충실하다는 것은 무슨 뜻일까? 이전의 생활 방식과 사고방식을 고수해야 할까? 아니면 많은 사람에게 실망을 주더라도 과감히 새로운 방향으로 나아가야 할까?

　예수님이 30대 초반에 돌아가셨다는 사실이 갈수록 눈길을 끈다. 나는 이미 예수님보다 30년도 더 살았다. 그분이 이렇게 오래 사셨다면 어떤 생각으로 어떻게 사셨을까? 잘 모른다.

　하지만 내 경우, 나이가 들수록 이전에 없었던 새로운 의문과 관심사가 많이 생겨난다. 친밀함, 공동체, 기도, 우정, 사역, 교회, 하나님, 삶, 죽음 등 인생의 모든 차원과 관련된 것들이다.

　어떻게 하면 이런 의문을 두려워하지 않고 자유로이 품을 수 있을까? 생겨나는 의문을 결과에 개의치 않고 그냥 둘 수 있을까? 사뭇 두려운 일이다.

그 주중에 조운 크록의 비행기가 헨리를 태우러 왔다. 샌디에이고에서 함께 점심을 먹기 위해서였다. 그즈음 그들은 둘 다 예술가의 전기를 읽었다. 조운은 시인 제라드 맨리 홉킨스에 대해 읽었고, 헨리는 화가 조지아 오키프의 생애에 대한 책을 이제 막 완독했다. 조운은 오키프의 그림으로 만든 카드를 몇 상자 사다 준 헨리에게 따뜻한 감사를 표했다.

　오키프의 사연을 읽고 그림을 볼수록 그녀에게 깊은 호감이 간다. 그녀의 힘들었던 인간관계 그리고 뉴욕과 뉴

멕시코를 오가며 자기만의 예술 형식을 창조하려던 그 고뇌를 보면, 사랑과 애정과 인격적 지지는 물론이고 독립, 자유, 고독, 창작의 재량을 애타게 갈구하던 한 인간이 보인다. 그녀가 창조한 예술 속에는 친밀함과 고독에 대한 간절한 추구가 녹아들어 있다.

점심을 먹은 후에 조운이 아이스크림을 한 컵씩 샀다. 집으로 가는 길에 조운이 아이스크림을 위태롭게 핸들에 올려놓고 떠먹는 바람에 차가 갈지자를 그렸다. 내가 계속 "조심하세요, 회전할 때 옆을 칠 뻔했잖아요. 앞을 봐야지요, 저 차와의 간격이 너무 아슬아슬했어요"라고 외쳤지만 그녀는 "신부님이 겁이 많으시니 참 재미있네요"라고 말했다. 다행히 그녀의 양보로 둘은 도로에서 벗어나 아이스크림을 먹었다.

뉴멕시코로 돌아온 헨리는 다시 집필에 몰두했다. 여생을 내다보며 짐과 함께 자신의 두려움과 의문과 갈망에 대해 나누었던 대화도 곰곰 생각했다. 주말에 그는 잔뜩 쌓인 메모와 원고를 잘 모아 가죽 가방에 넣었다. 낡은 서류 가방이 불룩해졌다. 예술적인 인사들과 함께 시간을 보내며 영감과 자극을 받은 한 주간이었다. 책 초고도 거의 다 완성되었다. 다만 그것은 친구 아담에 대한 책이었고, 루 드레이 곡예단에 대한 책은 여전히 한 줄도 더 쓰지 못했다.

36

수압 리프트가 움직이자 약간 털털거리며 윙 소리가 난다. 희한하게 그 소리가 헨리의 마음을 가라앉혀 준다. 본래 혼자 다니는 걸 좋아하지 않는 그는 데니가 곁에 있어 다행이라는 생각이 든다.

·····

7월 초에 독일 오버우어젤에서 헨리는 기차에서 내려 로드 레이를 찾아 열심히 두리번거렸다. 둘은 반갑게 끌어안은 뒤 급히 서커스장으로 향했다.

1996년 7월 9일

로드레이 일행의 공연을 다시 보며 내가 이렇게 큰 감동을 받을 줄은 몰랐다. 서커스장 지붕 밑에서 이루어지는 그들의 나는 동작과 잡는 동작을 보며 어느새 나는 울고 있었다.

공중을 나는 그들을 보노라니 1991년에 아버지와 함께 그들을 처음 보았을 때의 그 깊은 감정이 그대로 살아났다. 뭐라고 형용하기는 어렵지만 육화된 영성의 체험에서 나오는 감정이다. 육체와 영혼이 온전히 연합한다. 사랑, 우정, 가족, 공동체 등의 영이 아름답고 우아한 몸의 자태로 표현된다. 그 영은 '지금 여기'의 몸을 결코 떠나지 않는다.

로드레이는 헨리를 지켜보며 제니에게 이렇게 아쉬워했다. "헨리가 내 몸속에 들어와, 잡는사람에게 날아갈 때의 희열과 무사히 돌아왔을 때의 쾌감을 느껴 볼 수 있다면 얼마나 좋을까요." 그는 정말 헨리가 그네를 힘껏 떠나 공중으로 쭉 날아올라서 묘기를 선보인 뒤 아래쪽 그네의 마주 오는 사람에게 잡혀 보기를 원했다. 물론 헨리의 몸으로 가당치 않은 일이었지만, 그래도 아예 안 하는 것보다는 주금이라도 경험하는 게 나을 것 같았다. 이튿날 그는 헨리에게 맛보기라도 선사해 주자고 존에게 제안했다. 그래서 헨리는 다시

한 번 공중그네를 시도했는데 이번에는 잡는사람과 함께였다.

연습 시간이 끝날 무렵 로드레이가 내게 그네를 타 보겠느냐고 물었다. 우선 그는 나를 도와 그물로 올라가게 한 다음, 긴 사다리를 타고 발판에까지 오르는 법을 알려 주었다. 로드레이 일행을 안 뒤로 발판에 서 보기는 두 번째인데 역시나 올라서니 겁났다. 위아래와 사방의 공간이 끝없이 광활하고 무서워 보였다. 케리와 슬라바가 내게 안전벨트를 채워 꼭 조인 뒤 그네의 손잡이 막대를 건네주었다. 막대를 잡으려니 손으로 내 몸무게를 지탱할 수 있을지 걱정되었다. 하지만 막상 그들이 등을 떠밀자 편안하게 느껴져 그물 위로 몇 차례 그네를 탔다. 더 높이 올라가려 발차기를 조금 해 보았지만 단순히 호흡이 따라 주지 않았다. 그래서 "뛰어내리세요"라는 로드레이의 신호에 맞추어 그물로 떨어졌다. 전체 과정을 한 번 더 반복했는데 이번에는 자세가 약간 좋아졌다.

이어 로드레이가 내게 잡는사람의 손에 잡혀 있는 기분을 맛보게 해 주겠다기에, 나는 잡는사람 쪽의 사다리를 타고 올라갔다. 존은 막대에 다리를 걸고 고개가 아래쪽으로 가게 매달린 채로 내 팔목을 잡았다. 그렇게 한동안 매달려 있었다. 그의 얼굴을 거꾸로 올려다보니 이렇게 매달린 채로 그네를 타는 기분이 어떨지 알 것 같았다. 시종 아주 즐거운 경험이었다. 행여 내가 공중 그네 곡예사가 된다면 오늘이 거기에 가장 가까이 근접한 날이었다!

오후 공연 후에 로드레이가 나를 트레일러로 초대했다. 그는 그네의 손잡이 막대에 붕대를 새로 감았는데, 이 일에 그렇게까지 신경을 써야 하는지 나는 몰랐다. 거의 매주 새 거즈로 막대를 꽁꽁 감싸 주어야 나는사람이 잡을 때 미끄러지지 않고, 표면이 평평해져 손에 물집도 잡히지 않는다.

제니는 연습 시간과 오후 공연을 녹화해 놓았다. 공중 그네의 막대에 매달려 있는 내 모습을 비디오로 보니 우습기 짝이 없었다. 차마 눈 뜨고 못 볼 광경이었다.

그러나 오후 공연 전체를 느린 동작으로 보는 것은 아주 즐거웠다. 여러 복잡한 묘기를 느린 동작으로 보니 무엇보다도 로드레이 일행의 고도로 숙련된 기술을 한층 실감할 수 있었다.

저녁 공연을 보며 새삼 깨달은 사실이 있다. 로드레이 일행의 공연을 볼 때면 내 마음이 마냥 불안해진다는 것이다. 곡예의 내막을 알수록 관람이 더 힘들어진다. 그들과 친해지고 사고의 소지가 얼마나 많은지 알고 나니,

마치 위험한 일을 하는 자녀를 지켜보는 부모의 심정이 된다. 다행히 다 잘 끝나서 깊이 안도했다. 수많은 관객이 넋을 잃은 채 장내가 떠나갈 듯 발을 구르며 박수를 보냈다.

헨리가 돌아갈 때가 되어 로드레이와 제니는 그를 프랑크푸르트 기차역에 데려다 주었다. 따뜻하고 진심 어린 작별이었다. 지난 몇 년 사이에 우리의 우정이 얼마나 깊어졌고 서로 함께하는 시간이 얼마나 즐거워졌는지를 새삼 느낀다. 오버우어젤에서 보낸 이틀은 내게 큰 힘이 되었다. '모든 것에서 벗어나' 휴식과 회복을 맛보는 최선의 길이라면 단연 로드레이 일행과 함께하는 시간을 빼놓을 수 없다.

37

데니는 주차장을 내려다보며 한숨짓는다. 당연히 사람들이 제법 모여 있다. 장비를 완비한 대형 응급 차량들에 시선이 끌리고, 창문으로 실려 나오는 사람의 모습에 호기심이 일었으리라. 날은 흐리고 약간 선선하다. 호텔 창문에서 구경하는 사람은 더 많을 것이다. 특이한 광경이니 그들을 탓할 일은 아니다. 환자의 프라이버시를 지키기란 어렵다. 특히나 창문을 통한 구조를 어떻게 숨길 수 있겠는가. 헨리의 눈은 감겨 있다. 데니는 그가 구경꾼들의 존재를 알게 되더라도 자신이 너무 노출되었다고 느끼지 않기를 바란다.

"지상에서 우리를 기다리고 있는 앰뷸런스 운전사와 소방내원들이 보입니다." 데니는 헨리에게 그렇게 말한 뒤 약간 미안해하며 덧붙인다. "워낙 특이한 장면이다 보니 사람들이 모였네요. 약간 서커스처럼 되어 죄송합니다."

헨리는 살짝 웃는 듯하지만 대답은 없다.

·····

로드레이 공중그네 곡예단을 보고 온 지 며칠 후, 헨리는 안식년에 쓰려고 구해 둔 일기장들 중 마지막 두 권을 꺼냈다. 둘 다 똑같이 금빛으로 반짝이는 딱딱한 표지에 뉴욕 메트로폴리탄 미술관에 소장된 예술품의 사진이 실려 있다. 4천 년이나 된 석관의 상세도인데, 석관에 묻힌 사람은 크눔나크트라는 이집트 사람이다. 헨리가 자세히 보니 산 자의 땅과 죽은 자의 땅 사이에 문이 그려져 있었다. 문간 위에는 수심에 잠긴 커다란 두 눈이 있어, 영원한 땅에서 산 자의 땅을 내다보고 있다. 그 눈이 날마다 안식년 일기를 써 나가는 그를 맞이했다. 이 눈은 헨리에게 1992년에 자신이 썼던 글을 연상시켰다. 이제 나는 시간 속에 영원을 전해야 함을 안다. 세상에 잠깐 왔다 가는 우리의 덧없는 현실 속에 영원한 기쁨을 말해야 한다. '예언자의 시선'이라 할 수 있으리라. 사람들과 이 세상을 하나님의 눈으로 보는 것이다.

로드레이 곡예단과 함께 느긋하게 보낸 며칠은 요긴한 휴식이었다. 1996년 봄과 여름에는 스트레스가 많았다.

산타페에서 짐 스미스와 함께 대화할 때 제기된 의문을 헨리는 종종 다시 생각했다. 여생을 어떻게 살아갈 것인가? 여러 해째 일부 친구들은 그에게 게이로 커밍아웃해서 역할 모델이 되라고 권했다. 헨리의 성적 성향은 자칫 본인의 동의 없이 밝혀질 수도 있었다. 그도 그것을 알고 자주 불안해했다. 7월에 그는 해결할 수 없는 고민에 대해 한 친구에게 이렇게 썼다. 성 문제는 죽는 날까지 내게 큰 괴로움을 안겨 줄 겁니다. '해법'은 없다고 봐요. 전적으로 '내' 고통임을 인정해야지요. '관계를 통한 해결'은 무엇이든 재앙이 될 겁니다. 고통이 심할지라도 내 서원에 충실하도록 하나님께 부름받았다고 확신합니다. 그래도 이 아픔에 열매가 많으리라 믿습니다.

1996년 7월 31일에 헨리는 친구 네이선 볼에게 속을 털어놓았고, 그날 일기에 이렇게 썼다. 드디어 마음의 준비가 되어, 지난 몇 달간 나를 괴롭혀 온 불안에 대해 네이선에게 얘기했다. 가장 친한 친구에게 내면의 짐을 내려놓자니 약간 멋쩍고 부끄러웠지만, 그래도 털어놓기를 아주 잘했다. 네이선은 내 고민을 들어 주는 거야 어렵지 않지만 내가 오랜 세월 이 아픔을 자기에게 말하지 않고 혼자 품고 있었다는 점이 더 납득하기 어렵다고 했다.

써 놓고 다시 읽다가 그는 자기도 모르게 손톱을 물어

뜯기 시작했다. 문득 손톱을 보니 놀랍게도 이미 하도 씹어서 뭉툭해져 있었다. 네이선의 충실한 우정이 없다면 내가 정서적으로 어떻게 견뎌 낼지 의아할 때가 많다. 그는 그렇게 덧붙였다.

헨리의 안식년에서 그다음 몇 주는 눈코 뜰 새 없이 바빴지만, 그래도 공중그네에 대한 책이 한시도 그의 마음을 떠나지 않았다. 지난봄에 그는 짐 스미스에게 이렇게 썼다. 공중그네는 나의 비밀의 문이었습니다. 하지만 그 문을 나 혼자 통과하지는 못할 것 같더군요. 공중그네는 함께 걸어야 할 땅입니다. 짐은 답장하기 전에 그 말을 여러 번 읽었다. 공중그네가 함께 통과해야 할 문이라는 표현은 애매한 은유였겠지만, 짐은 그대로 좋았다. 그것은 하나의 초대였다.

38

8월에 조운 크록은 신앙생활에 대한 대화를 이어 가고자 주말 동안 헨리를 캘리포니아로 초대했다. 이번에도 그녀의 제트기가 그를 태우러 왔다.

조운은 나를 따뜻하게 맞이해 바로 식당으로 데려갔다. 뉴욕에서 온 그녀의 친구 넷이 기다리고 있었다. 예술에 대한 헨리의 관심을 아는 조운은 자신의 미술 소장품 수집을 도와준 미술 고문을 초대했다. 아주 친절하고 점잖은 남자였다. 그런데 지금 알츠하이머병에 걸려 상시 간호가 필요한 상태다. 지난 8개월간 그의 간호사로 일한 젊은 남자가 식탁에서 그의 곁을 지켰다. 점심을 먹는 동안 그의 상태가 아주 좋아서 모두들 즐거운 대화를 나눌 수 있었다.

그날 헨리는 예술과 종교와 영성에 대한 대화를 즐겼

다. 식후에 조운과 둘이 좀 더 남아 하지스 호수를 둘러보고 작은 멕시코 식당에 들러 음료수를 마셨다. 그녀의 집으로 돌아온 헨리는 낮잠을 한숨 곤히 자고 나서, 다시 둘이서 프랑스 식당 밀플뢰르로 저녁을 먹으러 나갔다.

저녁을 먹으며 우리는 낙태와 생명권 문제에 대해 아주 심각한 대화를 나누었다. 나는 아담 얘기를 많이 했다. 그가 없었다면 나를 비롯한 많은 사람의 삶이 이렇게 풍성한 복을 받지 못했을 것이다.

이튿날 아침 조운은 자신의 재규어 컨버터블에 헨리를 태우고 조반을 사러 갔다. 버거킹의 햄 크루아상이었다. "이건 별식입니다. 나도 참 못됐죠." 맥도날드의 어마어마한 자산을 물려받은 그녀가 헨리에게 말했다.

조운의 테라스에 앉아서 그녀에게 우리와 늘 더 가까워지기를 원하시는 하나님의 마음을 설명했다. 그분은 "우리를 위하시는 하나님"으로서 우리를 보호하시고, "우리와 함께하시는 하나님"으로서 인간의 고난에 동참하시며, "우리 안에 계시는 하나님"으로서 우리 마음 속에 거하신다. 이 세 가지 방식으로 그분은 신실하게 우리를 대하신다.

하나님이 우리에게 바라시는 바는 그분을 두려워하는 게 아니라 사랑하는 것이다. 우리 자신만큼이나 하나님도 우리와 가까워지기를, 사실은 그보다 더 가까워지기를 원하신다. 조운은 바짝 집중해서 들었다. 지극히 사적이고 솔직하고 진실했다는 점에서 아주 좋은 대화였다.

점심시간에 조운은 헨리에게 놀이가 필요하겠다 싶어 이렇게 말했다. "델마 경마장에 갑시다. 거기에 제 칸막이 지정석이 있거든요. 도박도 조금 하면서 맛있는 점심도 먹을 수 있습니다. 신부님께 신앙 교육을 받았으니 이번에는 제가 세상 교육을 시켜 드리지요!"

특이한 경험이었다! 우리가 앉은 칸막이 구역은 도박 기계가 딸린 멋진 라운지이자 경마장이 한눈에 내려다보이는 커다란 발코니였다. 경주 장면을 확대해서 보여 주는 수상기도 있었다. 조운은 내게 50달러 상당의 도박 쿠폰을 주었다. 곧 나도 따고 싶어졌다! 도박의 위력이 순식간에 느껴졌다. "다음번에는 나도 한몫 잡겠지. 어쩌면 다음번에, 어쩌면."

얼마 후 조운이 그만 가자고 했다. 떠날 때 보니 나는 딴 것보다 잃은 게 더 많았다. 조운은 "쿠폰을 현금으로 바꾸세요. 그러면 조금 딴 것 같은 기분이 들겠죠!"라고 말했다. 현금으로 바꾸니 32달러가 남았다.

집에 돌아와서 거실에서 성찬식을 했다. 조운은 "우리 요리사인 앤젤라도 불러야겠어요"라고 말했다. 토요일 오후였지만 헨리는 일요일을 거의 다 뉴저지행 기내에서 보낼 거라서, 주일 미사용 성경 본문을 그대로 썼다. "하나님이여, 민족들이 주를 찬송하게 하시며 모든 민족으로 주를 찬송하게 하소서." 그들은 시편을 함께 읽었다.

조운은 커다란 두 손을 드는 헨리를 보았다. 사제로서 여태 수없이 많이 취했던 자신의 그 몸짓을 헨리는 아주 좋아했다. 그렇게 그는 그리스도의 몸인 성별된 빵을 받들었다.

그날 저녁 식사 때 조운은 떠오르는 생각이 있어 "헨리" 하고 불러 놓고는 잠시 뜸을 들였다. 대개 하나님에 대한 새로운 통찰은 헨리 쪽에서 나왔다. "신부님이 그러셨지요. 하나님은 우리를 위하시고, 우리와 함께하시고, 우리 안에 계신다고요. 이런 생각 혹시 해 보셨나요? 신부님이 미사를 집전하면서 빵을 들고 '그리스도의 몸입니다'라고 말할 때, 그게 꼭 신부님이 늘 얘기하시는 공중그네 공연 같거든요. 마치 예수님이 신부님 쪽으로 날아오시고 신부님은 잡는사람 같습니다."

헨리는 깜짝 놀라 조운을 바라보다가 자신의 손을 보았다. 한 번도 해 보지 못한 생각이었다. 자신의 늙어 가는 손을 글에 언급한 적은 많고, 그 손을 뻗어 사람들을 축복한다는 말도 썼다. 그런데 이제 그는, 이미 오고 계신 하나님께로 자신의 손을 뻗어 그 신성한 순간에 그리스도의 몸을 잡아서 받든다고 상상해 보았다. 그래서 요람이라는 단어를 쓰는 것일까? 40년 가까이 그는 하나님을 잡았던 것이다.

조운은 헨리의 휘둥그레진 눈을 보며 씩 웃었다. "신부님은 제게 늘 믿으라고, 믿고 또 믿으라고 하시잖아요. 어쩌면 하나님도 믿으셔야 하는지도 모릅니다. 신부님을 믿고 우리 모두를 믿으시는 거죠."

그녀는 함께 마시려고 따 둔 1973년산 로스차일드 포도주를 헨리에게 한 잔 더 따라 주었다. 헨리는 조금씩 마시면서 감칠맛 나는 포도주와 이 새로운 통찰을 함께 음미했다.

조운은 좀 더 밀고 나갔다. "작년에 제게 보내 주신 편지를 기억하십니까? 저는 단어 하나하나까지 거의 다 기억나요. 이렇게 쓰셨죠. '이상하게 들리겠지만 우리는 다른 사람들에게 하나님처럼 될 수 있습니다. 사랑하면서 사랑을 보답으로 요구하지 않는 게 가능해져요. 이것은 강하고 힘차고 생명력 있는 아주 능동적인 사랑이지요.' 신부님이 **말씀히신** 사랑은 공중그네 곡예사처럼 잘 훈련된 상태의 원기 왕성한 사랑입니다."

그동안 두 사람은 하나님의 무조건적인 사랑을 믿고 또 자신을 믿는다는 게 참 어렵더라는 말을 자주 했었다. "신부님이 늘 말씀하시는 대로 그 사랑이 우리를 내보내 기쁘게 섬기게 하지요. 하나님이 우리를 믿으신다면 우리도 자신을 믿을 수 있습니다." 조운은 그렇게 덧붙였다.

39

들것에 누운 헨리는 데니가 가르쳐 준 대로 숨을 천천히 쉬는 데 집중한다. 들이쉬고 둘 셋, 내쉬고 둘 셋. 들이쉬고 둘 셋, 내쉬고 둘 셋.

들이쉬고 둘 셋, 내쉬고 둘 셋.

삶이란 위태로운 균형입니다. 가끔 균형을 잃을 때면 저는 글쓰기 덕분에 균형을 되찾지요. 머릿속에 가득한 생각을 그냥 글로 쓰고 싶어요. 그러면 결국 저 자신의 고뇌를 더 잘 알게 됩니다.

균형을 잃는다는 표현은 지난봄에 그가 일기에 고백한 말에도 나온다. 속이 아주 불안하다. 제멋대로 소용돌이치는 사랑, 미움, 거부, 끌림, 감사, 후회의 감정 앞에서 그저 무력감이 든다. 덮어 두었던 깊은 감정들 주변을 맴도는 기분이다. 별일 아닌데도 그런 감정이 불쑥 튀어 올라 균형을 잃곤 한다.

헨리가 다시 들이쉰 숨은 탄식이 되어 나온다. 정말 균형을 잃은 것이다. 어쩌면 덮어 두었던 불편한 감정들은 그의 일생이 균형 잃은 실패의 연속이었다는 증거인지도 모른다. 아직도 아픈지 보려고 덧난 치아를 꾹 눌러 보듯이, 그는 으레 불안하던 부위를 몇 군데 들쑤셔 본다.

로드레이 일행에게 그가 누누이 약속해 온 책은 어떤가? 그들은 최고 수준의 숙련된 예인이다. 헨리가 글을 어떻게 쓰든 그들에게는 실망스러울 게 뻔하다.

상처가 얼마나 얼얼한지 그가 시험해 보는 질문은 또 있다. 그의 일생은 아귀(餓鬼)처럼 이곳저곳 떠돌아다닌 무의미한 이야기였을까? 공중그네를 타 보던 그때만큼이나 한심해 보일까? 자신의 삶을 그렇게 생각할 수도 있었다. 떨어지기 전에 힘없이 매달려 있던, 비디오 속의 자신이 그런 모습이었다.

그러나 들것에 묶여 있는 지금, 그의 질긴 두려움은 힘을 잃는다. 오히려 그런 두려움이 우스워 보일 정도다. 돌이켜 보면 그때 그는 어설프게 공중그네를 쥐고 있던 자신의 모습이 한심했지만, 쾌활한 친구들 앞에서 그 창피함은 금세 즐거움으로 변했다. 비디오를 보던 그들의 웃음에는 악의가 없었다. 헨리가 비디오 속의 자신이 왼발만 둘이고 손가락은 온통 엄지뿐인 것 같다고 개탄하자, 그들은 더욱더 애정 어린 웃음꽃을 피웠다.

그들의 즐거움 속에 무조건적인 수용이 담겨 있었다. 그들이 기뻐하니 헨리도 따라 웃을 수밖에 없었다. 소재가 자신인데도 함께 즐거워한 것이다. 로드레이와 제니 등 누구도 그의 시도를 한심하다고 비판하지 않았다. 오히려 그들 쪽에서 그에게 공중그네 경험을 즐거이 권했고, 열심히 기회를 살린 그를 자랑스러워했다.

아울러 그는 그네에 매달린 자신의 볼품없고 깡마른 몸은 겉모습일 뿐이었다고 생각한다. 속으로는 감동적인 경험이었다! 자신이 해낸 것이다. 그는 출렁거리는 밧줄 사다리를 올라갔고, 단원들의 도움으로 발돋움하여 그네의 손잡이 막대를 잡고 발판을 떠났다. 그의 열의와 용기에 로드레이도 감탄했다. 잠시 잡는사람의 손에 매달려 존의 웃는 얼굴을 거꾸로 본 것도 스릴 있었다. 완전히 손을 놓고 통통 튀는 그물로 떨어진 것까지도 즐거운 경험이었다. 친구들과 함께 했기 때문이다.

아니, 그의 일생은 한심하지 않았다. 셀마에 몸으로 가고 싶은 걷잡을 수 없는 열망을 물리쳤다면, 찰스를 차에 태워 수고 그 비범한 공동체 속에서 두려움과 기쁨으로 걷고 노래하고 먹고 자던 그 경험을 놓쳤다면, 마틴 루서 킹 주니어의 장례식 때 흑인들 곁으로 가지 않고 백인 위주의 고립된 집단에 남아 있었다면, 오히려 그게 한심했을 것이다. 하버드에 남아 하루가 다르게 더 비참하고 외로워져 갔다면, 그게 한심했을 것이다. 데이브레이크 공동체로 오라던 초대를 거부했다면, 빌과 아담 등 수많은 사람과의 뜻밖의 우정을 회피했다면, 정서적 붕괴 이후에 거부당할까 봐 두려워 데이브레이크로 복귀하지 않았다면, 오히려 그게 한심했을 것이다. 너무 무서워서 전국 천주교 HIV/에이즈 사역 대회에 참석하지 않았다면, 오히려 그게 한심했을 것이다.

곡예사들을 꼭 만나고 싶으면서도 자의식에 발이 묶여 서커스장의 관중석에 그냥 앉아 있었다면, 그거야말로 정말 한심했을 것이다.

반대로 그는 자신의 마음에 충실했다. 안전을 포기하고라도 내면의 부름에 따랐다. 아직 손에 잡히지 않는 뭔가를 향해 자꾸 발돋움했다.

물론 균형을 잃었다고 느껴질 때가 많았음을 그도 안다. 나는사람은 완전히 균형을 잃어야 한다. 발판에서 발돋움하여 그네를 잡되 양손에 다 잡히기 전에 몸을 앞으로 날려야 한다. 균형을 잃어야만 가능한 일이다.

헨리의 일생은 신뢰의 삶이었고, 아직 끝나지 않았다. 그는 자신이 창문을 통해 공중으로 나왔다는 사실을 어서 로드레이에게 말해 주고 싶다.

흉부에 각종 모니터가 연결되어 있지만 헨리는 오랜만에 덜 불안하다. 그는 두려움 많고 연약한 자신을 온전히 긍휼히 여긴다. 애써 용기를 내서 너그러운 삶을 선택한다. 살아오면서 그는 많이 넘어졌고 그중 대개는 볼품없었다.

불과 몇 달 전에 그는 조운 크룩을 이렇게 격려했다. 우리를 향한 하나님의 무조건적인 사랑을 철저히 주장할 때 우리는 가해자들을 용서할 수 있습니다. 우리의 용서로 그들을 놓아줄 수 있지요. 들것에 실려 공중에 들린 헨리는 공연이 끝날 때마다 자신들의 성공과 실패를 솔직하게 함께 평가하던 로드레이 공중그네 곡예단을 생각한다. 그러면서 회개와 호의의 작은 기도로 모두를 용서하고 자신을 용서한다.

사노라면 누구나 넘어질 수밖에 없다. 그게 평생의 우리 삶이다. 그동안 헨리가 다른 사람들에게 얼마나 자주 했던 말인가.

가끔 이런 생각을 해 봅니다. 남을 비판할 마음이 더는 없다면 어떻게 될까요? 그러면 이 땅을 사는 제 짐이 아주 가벼워질 것입니다.

자신을 그만 비판하고 자신의 삶까지도 하나님의 눈으로 본다면 어떻게 될까? 그 답도 헨리에게 어렴풋이 보인다. 공중그네 곡예는 혼자서는 불가능하다. 묘기가 완성되려면 발판을 떠나, 잡는사람에게 잘 잡힌 뒤 발판으로 잘 되돌아와야 한다. 그가 기억하고 있듯이, 나는사람은 잡는사람을 믿되 자신을 안전하게 잡아 줄 것만 아니라 다시 날려 보내 줄 것도 믿어야 한다.

> 로드레이 곡예단은 제게 간접적으로 이렇게 말합니다. 두려워하지 말고 조금 날아가서, 두려워하지 말고 2회전이나 3회전이나 수평 회전을 몇 번씩 해 보라고요. 잡는사람을 막상 놓쳐도 그물이 받쳐 줄 테니 걱정할 게 뭐 있나요? 결국은 믿고 모험하는 거지요. 계속 믿는 겁니다. 그게 제 삶에도 그대로 적용됩니다. 삶은 새로운 가능성과 새로운 모험으로 가득하지요. 저도 자꾸 시도해서 삶을 탐험하고 싶을 뿐입니다.

헨리는 짐이 더욱더 가벼워지는 느낌이다.

리프트는 한 번 들썩하면서 바닥에 닿는다.

데니의 목소리가 들려온다. "다 내려왔어요. 가만히 계시면 됩니다. 소방대원 여덟 명이 신부님을 앰뷸런스로 옮길 겁니다!"

눈을 뜬 헨리는 잠시 어리둥절하다가 자신이 완전히 내

려온 것을 보고 놀란다.

여태 올라가는(rising) 것처럼 느껴졌기 때문이다.

맺는말

나는 사람 셋이 그네를 잡고 발판을 휙 떠나 공중에서 자유로이 회전하며 공중제비를 선보이면, 잡는사람 둘이 그들을 안전하게 잡는다. 여기서 나는 하나님께 사랑받는 존재의 신비를 엿보았다. 그 신비 속에서는 완전한 자유와 완전한 연합이 하나이며, 모든 것을 손에서 놓고도 모든 것과 이어지는 게 더는 상호 모순이 아니다.

헨리는 죽지 않았다. 아직은 아니다. 몇 분 만에 그는 무사히 병원에 도착했다.

헨리의 형제자매들이 아버지와 함께 병원으로 왔다. 대서양 건너 헨리의 데이브레이크 공동체는 모여서 그를 위해 기도하면서 그의 친구 네이선을 급파했다. 화요일 아침에 도착하는 밤 비행기였다.

헨리는 네이선에게 "죽을 것 같지는 않지만 혹시 내가 죽거든 모든 사람에게 내가 감사하더라고 전해 주십시오. 나는 너무도 감사합니다"라고 말했다.

목요일 오전에 고비를 넘긴 헨리는 차차 퇴원할 계획이었다. 심장 손상은 최소한에 그쳤다. 데이브레이크의 우리도 안도하며 "하나님은 문을 닫으시면 창문을 여시는구나"라는 우스갯소리까지 했다.

금요일에 헨리는 친구 얀과 네이선과 더불어 저녁 기도를 드린 후 병원 현관까지 함께 걸어가 둘을 배웅했다.

그런 그가 9월 21일 토요일 새벽에 극심한 심장 발작으로 숨을 거두었다. 아직 퇴원하기 전이었다.

곧바로 헨리의 가족들이 왔다. 아버지는 헨리 곁에서 기도한 후, 생전에 헨리가 라르쉬 공동체를 좋아했으니 거기에 묻혀야 한다고 말했다. 위트레흐트에서 장례식을 한 후 온 가족이 헨리의 시신을 따라 캐나다로 오기로 했다.

헨리의 사망 소식이 로드레이 공중그네 곡예단에 전해진 것은 그날 저녁 마지막 공연이 끝난 후였다. 그의 이번 러시아 방문이 끝나면 그를 볼 줄로 기대하고 있던 그들이었다. 그들은 오랫동안 말없이 앉아 친구를 생각했다. 이튿날 오전 연습 시간에는 슬픔이 그들을 짓눌렀다. 오후 공연 때 일행이 무대에 뛰어올라 반짝이는 망토를 한 바퀴 휙 돌린 뒤, 로드레이가 이번 공연을 자신들의 친구 헨리의 영전에 바친다고 짤막하게 말했다. 그를 추모하는 공연은 실수 없이 완벽했다. 마지막 인사 때 로드레이는 헨리가 지난번에 앉아 자신들을 지켜보던 자리를 보았다. 거기 앉아 있는 사람이 헨리였으면 좋았겠다는 생각이 들었다.

나흘 후에 네덜란드에서 치러진 장례식에서 로드레이와 제니는 또 다시 생면부지의 사람들에게 오랜 친구처럼 환영받았다. 헨리의 가족들과는 구면이었는데, 그의 동생 로렌트가 로드레이에게 굳이 자기 대신 운구를 맡겨 그를 감동시켰다. 로드레이는 "다시 내 손으로 헨리의 체중을 떠받치는데 이번에는 안전벨트를 통해서가 아니로구나" 하는 생각이 들었다. 그는 제니와 함께 장례식 내내 울었고, 앞으로 뛰쳐나가 조문객 무리에게 자신이 경험한 다른 헨리를 말해 주고 싶은 충동을 억눌러야 했다. 느긋하고 호기심 많고 약간 엉뚱하고 세심하고 유쾌하고 재미있는 헨리를 말이다.

로드레이와 제니 스티븐스가 위트레흐트에서 참석한 장례식 말고도 캐나다에서 장례식이 또 한 번 있었는데 조문객이 천 명도 넘었다.

헨리의 시신은 아름답게 도료를 칠한 전통적인 천연 목관에 안치되어 비행기로 대서양을 건너왔다. 시신이 캐나다에 도착했을 때는 관이 두 개였다. 생전에 헨리는 데이브레이크 목공소의 우리에게 자신이 죽거든 관을 직접 짜 달라고 부탁했었다. 헨리의 귀환과 유가족들을 기다리던 긴 한 주 동안, 나는 공동체 식구들에게 각자의 감정을 그림으로 표현할 것을 권했다. 활기 넘치는 풍부한 색상의 예술 작품이 가득 쌓였고, 이를 바탕으로 내가 관 뚜껑에 다채로운 그림을 그려 넣었다. 오색찬란한 빛을 발하는 우리의 합작품은 문처럼 보였다. 데이브레이크 인근의 장의사에서 우리는 헨리의 시신을 우리가 직접 만든 직사각형의 소나무 관으로 옮겼다. 여정이 끝났다는 표시로 그의 동생 로렌트와 내가 그의 넥타이를 살짝 풀어 주었고, 곧이어 헨리는 데이브레이크 집으로 돌아왔다.

그런데 그의 여정이 다 끝난 것은 아니었다. 헨리의 시신은 두 번 묻혔다. 생전에 그는 데이브레이크 공동체 식구들과 함께 묻히기를 원했다. 그런데 그가 어느 작은 천주교 묘지에 장사된 지 14년이 지나자, 그의 주변에 데이브레이크 공동체 식구들을 더 누일 공간이 없어졌다.

그의 친구 빌 밴 뷰런이 2009년에 세상을 떠나 라르쉬 데이브레이크 바로 북쪽의 세인트존스 성공회 묘지에 묻혔다. 1800년대 중반에 조성된 이 수수하고 유서 깊은 묘지에는 많은 데이브레이크 식구가 묻힐 만한 공간이 있었다.

그래서 2010년에 동생 로렌트의 요청으로 헨리의 시신은 이장이라는 또 한 번의 여정에 올랐다. 특수 굴착기가 조심스레 유해를 전부 공중으로 떠올려 다른 관에 넣었다.

지금 헨리는 빌과 나란히 누워 있다. 점차 여남은 명의 라르쉬 공동체 식구들이 그 곁으로 갔다. 죽고 나서도 그들의 몸은 영적인 이야기를 들려준다. 모든 것을 손에서 놓고도 모든 것과 이어지는 그 신비를 전해 준다.

삶 또한 그런 것임을 문득 깨달았습니다. 우리도 많은 3회전과 도약을 하도록 부름받았는데, 이때 중요한 것은 잡아 주실 하나님을 믿는 것입니다. 우리 분야의 묘기를 하고 내려올 때 자신이 안전하게 잡힐 것을 알아야 합니다. 저는 과감히 손을 놓으며 이렇게 고백할 수 있을까요? 간혹 약간 두려울 때조차도 결국은 안전하리라고 말입니다. 감사하게도 우리는 힘을 합할 수 있습니다. 서로를 위해 기도합시다. 앞으로 우리가 해 나갈 일에 용기와 확신과 신뢰가 충만하도록 기도합시다.

감사의 말

헨리는 로드레이 공중그네 곡예단이 서로 헌신하는 모습에 매료되었다. 공중그네는 개인 예술이 아니다. 각 곡예사가 서로에게서 최선의 모습을 기대하고, 신속히 용서하고, 자신을 믿어야 한다. 다시 시도하도록 서로를 충분히 지지해주어야 한다. 여기서 헨리는 공동체의 예술성을 보았다. 책을 쓰는 일도 다를 바 없다! 헨리도 나도 혼자만의 노력으로 쓴 책은 없다. 글쓰기 자체야 고독한 작업이지만 결국 책은 협력의 산물이다.

물론 헨리 나우웬 자신에게 제일 먼저 감사드린다. 그는 나와 우리 가족의 소중한 친구이자 라르쉬 데이브레이크의 동료 멤버였다. 그가 갑작스럽게 유명을 달리한 지 25년이 지났지만 그의 기상과 정신은 여전히 살아 있다.

사랑하는 남편 제프 휘트니브라운에게 아무리 감사해도 지나치지 않다. 그가 없었다면 이 책의 미묘한 뉘앙스가 덜 살아났을 테고 쓰는 과정도 훨씬 재미가 덜했을 것이다. 토론토 소재 세인트마이클스 칼리지의 특수 소장본 부서에 나우웬 문서보관소가 있는데, 거기서 우리는 몇 주를 함께 보냈다. 그곳의 사이먼 로저스와 리즐 조슨이 많은 질문과 요청을 쏟아 내는 우리를 참을성 있게 도와주었다.

로드레이 스티븐스에게 깊이 감사드린다. 그는 내게 헨리에 대한 자신의 많고도 생생한 기억을 사용하게 해 주었다. 헨리와 교류하며 지내던 5년 동안 그에게 쌓인 추억이었다. 로드레이 자신의 놀라운 일생에 대한 회고록이 간절히 기다려진다.

집필 초기에 나는 친구 루스 래커프에게 헨리의 삶이 소설보다도 기묘하다며 집필의 고충을 토로했다. 그러자 루스는 헨리의 이야기의 핵심을 짚어 주었다. 하나는 헨리와 그 자신의 몸의 관계이고, 또 하나는 종종 무시되거나 소외되는 다양한 공동체에 그의 마음이 끌렸다는 점이다. 힐베르쉼에서 창문을 빠져나오는 마지막이자 가장 극적인 비행 동안, 헨리가 자신의 과거를 회상한다는 이야기 구조도 루스의 발상이었다. 이 책의 틀을 잡아 준 루스에게 감사한다.

심장 발작을 일으킨 환자를 어떻게 창문으로 이송해 낼 수 있을까? 네덜란드의 응급 구조 전문가인 데니 울터켄스에게 감사드린다. 힐베르쉼에서 헨리가 구조될 때의 세부 사항 일체는 데니의 꼼꼼한 설명 덕분에 1996년 당시의 규범과 절차에 준하여 최대한 정확하게 재현되었다.

오랜 세월 이어져 온 감사도 있다. 수십 년간 친구로 지내면서 환대와 지속적인 격려를 베풀어 준 로렌트 나우웬과 그의 일가족에게 나의 따뜻한 감사와 사랑을 전한다. 프란츠와 레니 조나 부부와 로버트 조나스에게도 애정 어린 감사를 표한다.

격려와 지혜와 유쾌한 통찰을 아낌없이 베풀어 준 헨리의 가까운 친구들에게 특별히 감사와 존경을 보낸다. 특히 패트리샤 빌 개비건과 바트 개비건 부부, 프랭크 해밀턴, 마이클 허랭크, 피터와 앙커 너스 부부, 캐시 브루너, 칼 맥밀런, 론 P. 반 덴 보쉬 등이다. 헨리의 예순 번째 생일에 자신이 했던 말을 인용하도록 허락해 준 로버트 모건에게도 특별히 감사드린다.

책을 쓰는 동안 친구들과 가족들이 다양한 초고를 읽어 준 것은 내게 복이었다. 데이비드 월시, 실리아 맥클린, 마거릿 포드, 모니카 휘트니브라운, 재커리 브래버존, 조던 램버스, 바버라 휘트니, 짐 로니, 플라비아 실라노, 재닌 랭건, 조엔 힝그스, 메리 루 헤퍼티, 스테파니와 조 맨시니, 진 크라우더, 마이클 흐러니억, 재닛 벌라쿠, 데이비드 휘트니브라운, 다이앤 마셜, 제이미 베넷, 스펜서 던, 매기 엔라이트 등이다.

갑작스레 도움이나 조언을 청하는 나를 너그러이 받아 준 모든 사람에게 진심으로 감사한다. 캐스린 딘, 다이애나 커패조, 케리 윌킨스, 바이센티우 벌라쿠, 레이첼 앤더슨, 데이브와 모린 카터휘트니, 조와 도나 애비콜번, 조너선 헤이먼, 마이크 블레어, 빅토리아 맥케이, 진 총, 로버트 엘스버그, 마이클 히긴스, 이언 그윈롭슨, 조 미헤브크, 로절리 벤더 등이다. 브리티시컬럼비아주 빅토리아에 있는 먼로스 서점의 모든 훌륭한 직원도 빼놓을 수 없다.

이 책을 쓰는 몇 년 동안 브리티시컬럼비아주 빅토리아 대학교의 종교사회 연구소와 온타리오주 워털루의 세인트제롬스 대학교, 이 두 기관에 있는 내 동료들에게 고마운 빚을 졌다.

공중그네 공연처럼 책도 보이지 않는 거대한 공동체와 팀 덕분에 세상에 나올 수 있다. 이 작업을 기획하고 내게 헨리의 공중그네 자료를 재량껏 사용하게 해 준 헨리 나우웬 유작센터의 수 모스텔러와 모든 사람에게 감사드린다. 그들은 내가 잘 '잡아' 내리라고 믿어 주었다. 특히 캐런 파스캘, 가브리엘 언쇼, 주디스 레키, 샐리 키프 코언, 스티븐 래저러스, 션 멀루니에게 따뜻한 감사를 표한다. 캐나다 작가연합과 워런 셰퍼에게도 감사드린다. 셰퍼는 작가로서 더 바랄 게 없을 만큼 친절하고 예리한 계약 변호사다.

하퍼원 출판사의 편집자 케이티 해밀턴은 내 원고를 처

음 읽을 때부터 열렬히 지지해 주었고, 샨텔 톰과 미키 모들린은 혼신을 다해 친절하고도 유능하게 일을 진행했다. 발행인 주디스 커와 제작, 홍보, 영업 담당자들에게도 감사드린다. 요컨대 이 책은 훌륭한 하퍼원 팀 전원의 도움으로 빛을 보게 되었다.

끝으로 독자들에게 감사하고 싶다. 여러모로 헨리는 다른 사람들로 더불어 날고 떨어지고 붙잡는 자유를 찾고자 했다. 우리도 서로 연대하여 짐을 분담하면 그만큼 힘이 나고 영적으로 새로워진다. 그 이유를 우리는 라르쉬, 셀마, 마틴 루서 킹 주니어의 장례식, 에이즈 팬데믹 때문에 모인 사람들, 공중그네 순회 곡예단과의 우정 등 헨리의 이야기에서 볼 수 있다.

헨리는 로드레이 공중그네 곡예단을 입에 올릴 때마다 눈빛이 반짝이면서 얼굴에 환한 웃음이 번지곤 했다. 그들을 떠올리기만 해도 그의 온몸에 기쁨이 차올랐다. 그는 이 경험을 간절히 나누고 싶어 했고, 이를 통해 독자들이 완전한 몰입과 완전한 즐거움의 자리에 이르기를 바랐다. 우리가 살고 있는 이 시대에는 누구라도 낙심하거나 외로워지기 쉽다. 그럴수록 다른 사람들과 소통하려는 발돋움이 어느 때보다도 더 중요하다. 무엇으로도 대체할 수 없는 각자의 불완전한 공동체 속에서, 당신도 헨리의 뜻밖의 이야기에 힘입어 기쁨과 자유와 아름다움을 발견하기를 바란다.

1990년대 초 로테르담에서 헨리 나우웬, 캐럴린 휘트니브라운과 그녀의 아이들.

주

권두 인용문
7 "내가 처음 본 로드레이 공중그네 곡예단은": 얀 반 덴 보쉬가 제작한 영화 *Angels Over the Net* (Hilversum: The Company Media Produkties, 1995)의 편집 이전 장면에서 영어로 진행된 헨리 나우웬 인터뷰. 편집을 거치기 전의 이 장면이 나우웬 문서보관소에 DVD 사본으로 소장되어 있다.

7 "이어진 10분간의 곡예를 통해": Henri J. M. Nouwen, "Chapter I," 9-10. 타자로 작성된 이 미간행 초고가 나우웬 문서보관소에 소장되어 있다.

머리말
10 헨리의 사망 소식을: 로드레이 스티븐스가 헨리의 부음을 듣고 공연을 헨리에게 헌정하고 장례식에 참석한 이야기는 그의 미간행 회고록 "What a Friend We Had in Henri," 1에 나온다. 이 회고록이 나우웬 문서보관소에 소장되어 있다.

11 "고뇌"와 "상처"가 깊었다는: *Wounded Prophet* (Michael Ford), *Genius Born of Anguish* (Michael Higgins & Kevin Burns), *Lonely Mystic* (Michael Ford) 등 다수의 전기에도 헨리의 이런 면이 강조되어 있다. (『상처 입은 예언자 헨리 나우웬』, 포이에마)

11 헨리가 가장 중요하게 여긴 저서는: 헨리의 친구인 바트와 패트리샤 개비건 부부는 그와 나눈 대화를 이렇게 회고했다. "그는 서커스 이야기가 신자에게만 아니라 일반 독자에게도 읽히기를 원했다. 처음 시도하는 일이었다. 그는 이 책을 일생의 가장 중요한 저서로 보았다." Bart Gavigan & Patricia Gavigan, "Collision and Paradox," 출전: *Befriending Life: Encounters with Henri Nouwen*, Beth Porter 편집 (New York: Doubleday, 2001), 55-56. 헨리와 개비건 부부의 이 대화를 이 책 14장에 수록했다. (『헨리 나우웬 내 영혼의 친구』, 아침영성지도연구원)

12 헨리도 그 공동체 식구였다: www.larche.org의 안내문을 참조하라. "라르쉬는 지적 장애 여부를 떠나 다 같이 협력하여 모두의 세상을 가꾸어 가는 국제기관이다. 상호 관계를 바탕으로 설립되어 누구나 참여하고 도움을 주고받는다." 헨리는 1985-1986년에 프랑스 라르쉬 공동체에서 살다가 1986년에 캐나다 온타리오주 리치몬드 힐에 있는 라르쉬 데이브레이크로 옮겼다.

12 개정판 서문을 썼고: 다음 여러 책을 참조하라. Henri Nouwen, "Introduction," *The Road to Daybreak* (London, DLT, 1997), 기념판(2013년 재판) (『데이브레이크로 가는 길』, 포이에마). Henri J. M. Nouwen, "Introduction," *A Spirituality of Homecoming* (Nashville: Upper Room Books, 2012) (『귀향의 영성』, 두란노). "How Not to Comfort a New Orleans Hurricane Survivor," 출전: *Turning the Wheel: Henri Nouwen and Our Search for God*, Jonathan Bengtson & Gabrielle Earnshaw 편집 (Ottawa: Novalis, 2007), 135-144. (『헨리 나우웬의 하나님 찾기』, 동명사) "Henri

at Daybreak: Celebration and Hard Work," 출전: *Remembering Henri: The Life and Legacy of Henri Nouwen*, Gerald S. Twomey & Claude Pomerleau 편집 (Maryknoll, NY: Orbis Books, 2006), 119-137. "Safe in God's Heart," *Sojourners Magazine* 25, no. 6 (1996년 11-12월). "Lives Lived—Henri J. M. Nouwen," *Globe and Mail*, 1996년 10월 2일.

15 내가 작가의 재량으로: 이 허구의 설정에는 그만한 근거가 있다. 1990년의 저서 『거울 너머의 세계』에서 헨리는 자신이 고통스러운 응급 상황에서도 생각하고 반추할 수 있었다고 고백했다. 다음 책을 참조하라. Henri J. M. Nouwen, *Beyond the Mirror: Reflections on Death and Life* (New York: Crossroad, 1990), 23-24, 39. (『거울 너머의 세계』, 두란노) 1993년의 "Circus Diary—Part I"에서는 위기의 때일수록 인간의 의식이 또렷해지면서 삶이 느린 동작으로 경험될 수 있다며 "자신의 일생 전체가 1초 만에 지나가는 것을 보았다는 사람들도 있다"라고 썼다(이 책 17장에 인용했다). 다음 책을 참조하라. Nouwen, "Circus Diary—Part I: Finding the Trapeze Artist in the Priest," *New Oxford Review* 60, no. 5 (1993년 6월), 5월 10일 토요일 일기. 나아가 라퍼쇼엑 호텔에서 응급 구조사가 헨리에게 드로페리돌(진정제)과 펜타닐(진통제)을 투약했을 소지가 높고, 이 약효로 통증과 불안이 완화되어 그는 대화를 나누거나 심지어 수다를 늘어놓고 싶었을 수도 있다. 다만 입에 산소마스크가 씌워져 있어 생각을 나누기가 힘들었을 것이다. 그래서 속으로 혼잣말을 하는 것으로 설정했다.

15 "로드레이 일행을 위대한 영적 진리의": "Circus Diary—Part II: Finding a New Way to Get a Glimpse of God," *New Oxford Review* 60, no. 6 (1993년 7-8월): 10, 1992년 5월 17일 일요일 일기.

1장

18 **빳빳한 흰색 제복 차림의**: 응급 구조사의 대응에 대한 구체적인 세부 사항은 네덜란드의 앰뷸런스 간호사이자 응급 구조 의료 전문가인 데니 울터켄스에게 상세히 자문하여 재구성했다.

18 헨리가 힐베르쉼에 도착하여 전화로 의료의 도움을 청한 일은 다음 두 책에 기술되어 있다. Michael Ford, *Wounded Prophet: A Portrait of Henri J. M. Nouwen* (New York: Doubleday, 1999), 201. (『상처 입은 예언자 헨리 나우웬』, 포이에마) Michael Ford, *Lonely Mystic: A New Portrait of Henri J. M. Nouwen* (New York: Paulist Press, 2018), 143-146. 다음 두 책도 참조하라. Michael O'Laughlin, *Henri Nouwen: His Life and Vision* (Maryknoll, NY: Orbis Books, 2005), 162. Jurjen Beumer, *Henri Nouwen: A Restless Seeking for God* (New York: Crossroad, 1997), 173.

20 **일단 녹음테이프에 구술을 시도했다**: 헨리가 카세트테이프에 구술한 첫인상을 나중에 캐나다에서 그의 비서 코니 엘리스가 글로 풀어내서 "The Flying Rodleighs—The Circus"라는 제목을 붙였다. 이 미간행 타자 원고가 나우웬 문서보관소에 소장되어 있다.

20 **"나를 정말 감동시키고 매료한 것은"**: Nouwen, "The Flying Rodleighs—The Circus," 1-3, 4.

2장

26 **"이야기를 한 장면씩 전개해 나가라"**: Theodore A. Rees Cheney, *Writing Creative Nonfiction: How to Use Fiction Techniques to Make Your Nonfiction More Interesting, Dramatic, and Vivid* (Berkeley, CA: Ten Speed Press, 1991), 33. 헨리가 소장했던 글쓰기에 관한 책들은 그가 살던 라르쉬 데이브레이크 숙사의 서재에 여태 남아 있으며, 그가 밑줄을 치고 여백에 메모한 것까지

그대로 있다.

26 "독일 남부 도시 프라이부르크는": Henri J. M. Nouwen, "Chapter I," 1-3. 로드레이 공중그네 곡예단과의 첫 만남을 기술한 헨리의 2차 시도는 그렇게 시작된다. 이 글의 제목을 그는 "Chapter I", "Chapter II"라고만 달아 놓았다. 앞서 주에 밝힌 "Chapter I"처럼 "Chapter II"도 미간행 타자 원고로 나우웬 문서보관소에 소장되어 있다. 이번 장에 인용된 나우웬의 글은 출처를 따로 밝히지 않은 한 모두 그의 미간행 원고 "Chapter I"에서 가져왔다.

27 "자기를 거부하려는 뿌리 깊은 유혹을": 헨리의 많은 저서에 다루어진 주제다. 특히 그는 게이와 레즈비언에게 자기를 거부할 남다른 위험이 있다고 보았다. 그것이 다음 책의 한 장인 "The Self-Availability of the Homosexual"이라는 글에 나타나 있다. *Is Gay Good? Ethics, Theology, and Homosexuality*, W. Dwight Oberholtzer 편집 (Philadelphia: Westminster Press, 1971). 이 글에 대한 해설은 다음 책을 참조하라. Michael Ford, *Lonely Mystic*.

27 "논픽션 작가는 자신을 제한하여": Cheney, *Writing Creative Nonfiction*, 127.

28 "그런데 이번에 프라이부르크에서": Nouwen, "Chapter I," 4, 6-9.

30 "장면은 삶의 동작을 재현한다": Cheney, *Writing Creative Nonfiction*, 49. 헨리는 이 대목에 밑줄을 쳐 놓았다.

34 로드레이 곡예단은 아주 멋있었다: 헨리가 구술한 글에 여자들의 공연 복장이 "수영복"으로 지칭되어 있다. "The Flying Rodleighs—The Circus," 5.

34 헨리는 늘 남자에게 매력을 느꼈고: 다음 두 책을 참조하라. Ford, *Wounded Prophet* (『상처 입은 예언자 헨리 나우웬』, 포이에마), 73. Ford, *Lonely Mystic*, 56. 헨리는 자신의 성적 지향을 거론할 때 상대를 신중히 가려서 했다. 많은 독자가 직감으로 그가 게이임

을 알았지만 본인이 커밍아웃한 적은 없다. 출간을 염두에 둔 어떤 글에도 그는 이 문제를 언급하지 않았다. 다만 앞으로 그럴 수 있는 가능성에 대해서는 출판인들과 협의했다. 다음 세 책을 참조하라. Ford, *Wounded Prophet*, 66-67, 141-144, 191-194. Gabrielle Earnshaw, *Love, Henri: Letters on the Spiritual Life* (New York: Convergent, 2016), xiv-xv. (『사랑을 담아, 헨리』, IVP) Ford, *Lonely Mystic*, 56-72.

3장

39 불과 9개월 전에 프라하에서: 본래 헨리가 1995-1996년 안식년 일기에 친필로 쓴 1996년 1월 20일 토요일 일기로 나우웬 문서보관소에 소장되어 있다. 다음 책도 참조하라. Henri J. M. Nouwen, *Sabbatical Journey: The Diary of His Final Year* (New York: Crossroad, 1998), 91. (『안식의 여정』, 복 있는 사람)

40 대학 시절 친구들의 눈에도: 다음 글을 참조하라. Carolyn Whitney-Brown, "Lives Lived: Henri J. M. Nouwen," *Globe and Mail*, 1996년 10월 2일. 다음 책도 참조하라. Peter Naus, "A Man of Creative Contradictions," *Befriending Life*, 80-81. (『헨리 나우웬 내 영혼의 친구』, 아침영성지도연구원)

40 평생 헨리는 다른 몸을 원했다: 유년기와 사춘기에 퀴어로 "성장하는" 복잡한 문제를 민감하게 논한 학술서로 다음을 참조하라. Kathryn Bond Stockton, *The Queer Child, or Growing Sideways in the Twentieth Century* (Durham, NC: Duke University Press, 2009). 이 책의 저자는 1980년대에 예일 대학교 신학부에서 헨리에게 배운 제자였다. 흥미롭게도 그녀는 동성과 키스한 자신의 첫 경험을 "스스로를 창밖으로 내던진" 것이라 표현했다. *Making Out, Avidly Reads* 시리즈 (New York: New York University Press, 2019), 15-17.

40 어머니는 그가 아기였을 때: 다음 책을 참조하라. Ford, *Wounded Prophet*, 72-73. (『상처 입은 예언자 헨리 나우웬』, 포이에마) 헨리의 책에도 많은 사람이 아사한 1944-1945년 네덜란드의 배고픈 겨울이 언급된다. 그때 나우웬 집안의 배고픈 정원사가 헨리의 사랑하는 반려 염소인 월터를 훔쳐다가 자기 식구들에게 먹인 일을 그는 아이로서 깊이 슬퍼했다. Henri J. M. Nouwen, *Here and Now: Living in the Spirit* (New York: Crossroads, 1994), 48-49. (『여기 지금 우리와 함께하시는 하나님』, 은성)

41 자신에 대해 더 말해 주고 싶어진다: 마이클 포드가 썼듯이 나우웬은 "낯선 사람과도 아주 친밀한 대화를 트려던 성향"이 있었다. *Wounded Prophet*, 144. 같은 책 213도 참조하라.

41 1995년에 어느 인터뷰에서: 영화 *Angels Over the Net*의 편집 이전 장면에서 영어로 진행된 나우웬 인터뷰.

4장

42 이번 장에 인용된 나우웬의 글은 출처를 따로 밝히지 않은 한 모두 그의 미간행 원고 "Chapter I"에서 가져왔다.

42 슬픔이 꼭 두려움처럼 느껴진다고: C. S. 루이스의 *A Grief Observed* (1961년 초판)는 이 문장으로 시작된다. 헨리에게도 더 이른 판이 있었겠지만 데이브레이크 그의 서재에 남아 있는 것은 1989년 판이다. C. S. Lewis, *A Grief Observed* (San Francisco: Harper & Row, 1989), 3. (『헤아려 본 슬픔』, 홍성사)

44 칼린은 서커스단 소유주인 지모나이트 씨가: 이 내용은 다음 글을 참조했다. Stevens, "What a Friend We Had in Henri," 2.

5장

48 이번 장에 인용된 나우웬의 글은 출처를 따로 밝히지 않은 한 모두 그의 미간행 원고 "Chapter I"에서 가져왔다.

48 그는 7년 넘게 아티반을: 헨리의 아티반 복용과 이 문제로 의사와 상의한 일 그리고 인용 부분은 1995-1996년 안식년 일기에 친필로 쓴 "1996년 3월 21일 목요일"의 미간행 일기에 나와 있다.

50 인간 보편의 경험을 글로 쓰는 것도: 다음 책을 참조하라. Henri J. M. Nouwen, *Our Greatest Gift: A Meditation on Dying and Caring* (New York: HarperCollins, 1994), 4-5. (『죽음, 가장 큰 선물』, 홍성사)

51 로드레이는 한숨을 쉬며: 로드레이 스티븐스의 관점에서 본 세부 사항은 모두 다음 글을 참조했다. Stevens, "What a Friend We Had in Henri," 2-3.

6장

60 1988년 헨리가 큰 사고를: Nouwen, *Beyond the Mirror*. (『거울 너머의 세계』, 두란노)

61 "다 틀렸다": Nouwen, *Beyond the Mirror*, 31.

61 "어떤 강한 손이 나를": Nouwen, *Beyond the Mirror*, 31.

61 "고통이 심했는데도": Nouwen, *Beyond the Mirror*, 39.

61 "트라피스트 수도회에서 혼자 보낸": Nouwen, *Beyond the Mirror*, 15-16.

62 네덜란드 사람이었다: 네덜란드인은 대개 세심하고 가지런하다고 알려져 있다. 다음 책에 헨리가 자신에 대해 기술한 말을 참조하라. Nouwen, *Beyond the Mirror*. "나는 아주 급한 내 성질과 늘 통제하려는 욕구를 잘 알고 있었다"(39).

62 셀마 행진은: 이 책 11장의 주들과 다음 책을 참조하라. Nouwen,

"We Shall Overcome: A Pilgrimage to Selma, 1965," 출전: *The Road to Peace: Writings on Peace and Justice*, John Dear 편집 (Maryknoll, NY: Orbis Books, 1998), 75-95. (『평화에 이르는 길』, 성바오로출판사)

63 그 화폭의 실물 크기는 거대해서: 이 그림에 대한 설명과 그림을 관람하도록 헨리에게 건네진 의자에 대해서는 다음 책을 참조하라. Henri J. M. Nouwen, *The Return of the Prodigal Son: A Meditation on Fathers, Brothers, and Sons* (New York: Doubleday, 1992), 7-10. (『탕자의 귀향』, 포이에마)

64 "나는 여기에 글을 쓰러 왔지": Nouwen, "Chapter I," 25.

64 "이튿날 아침 책상에 앉아": Nouwen, "Chapter II," 1. 이후로 이번 장에 인용된 나우웬의 글과 세부 사항은 출처를 따로 밝히지 않은 한 모두 그의 미간행 원고 "Chapter II"에서 가져왔다.

65 그날 아침 로드레이는 새로운 연기를: Stevens, "What a Friend We Had in Henri," 4.

7장

71 "공중그네 공연은 혹시": Nouwen, "Chapter II," 8-10. 이번 장에 인용된 나우웬의 글은 출처를 따로 밝히지 않은 한 모두 그의 미간행 원고 "Chapter II"에서 가져왔다.

73 연습이 끝나자: 헨리의 말을 제외한 이번 장 나머지의 이야기는 다음 글을 참조했다. Stevens, "What a Friend We Had in Henri," 4-6.

8장

77 "끝날 때 그들은": Nowen, "The Flying Rodleighs—The Circus," 29.

78 "한 채널에서는": 나우웬의 1985-1986년 일기 중에서 1986년

3월 6일의 미간행 일기에 나와 있다. 이것을 타자로 옮긴 미간행 원고가 나우웬 문서보관소에 소장되어 있다. 헨리는 티나 터너 콘서트를 터너와 데이비드 보위만으로 단순화했지만, 티나 터너의 1985년 버밍엄 공연을 유튜브 동영상으로 보면 브라이언 애덤스(Bryan Adams)가 터너와 함께 "사랑뿐이네"(It's Only Love)를 노래한 뒤 터너와 보위는 "오늘밤"(Tonight)을 함께 불렀다.

9장

82 "이후 며칠 동안 나는 서커스에": Nouwen, "Chapter II," 14-16. 이번 장에 인용된 나우웬의 글은 출처를 따로 밝히지 않은 한 모두 그의 미간행 원고 "Chapter II"에서 가져왔다.

84 곡예단이 오후 공연을 앞두고: Stevens, "What a Friend We Had in Henri," 5-6.

10장

91 "일요일은 바룸 서커스단이": Nouwen, "Chapter II," 21-27.

11장

95 "이 모두가 불안한 감정": 헨리가 셀마에 가서 행진에 참여하고 토피카로 돌아온 이야기는 다음 글을 참조했다. Nouwen, "We Shall Overcome," 75-95. 이번 장에 인용된 나우웬의 글과 세부 사항은 출처를 따로 밝히지 않은 한 모두 "We Shall Overcome"에서 가져왔다.

99 "평화를 이루려는 저항은" 및 "개인은 아무리 훌륭하고 강해도": Henri J. M. Nouwen, *Peacework: Prayer, Resistance, Community* (Maryknoll, NY: Orbis Books, 2005), 97. (『기도하라 저항하라』, 성 바오로출판사)

99 피살 소식을 접했다: 헨리가 마틴 루서 킹 주니어의 장례식에 참석한 이야기는 다음 글을 참조했다. Henri J. M. Nouwen, "Were You There? The Death of Dr. Martin Luther King Jr., 1968," 출전: *The Road to Peace*, John Dear 편집, 96-105. (『평화에 이르는 길』, 성바오로출판사) 킹의 장례식과 관련하여 이후로 이번 장에 인용된 나우웬의 글과 세부 사항은 출처를 따로 밝히지 않은 한 "Were You There?"에서 가져왔다.

102 "알다시피 분열과 불화와 폭력이": 영화 *Angels Over the Net*의 편집 이전 장면에서 영어로 진행된 나우웬 인터뷰.

12장

104 불과 5년 전에 헨리도: 1986년 가을에 헨리가 데이브레이크로 이사한 이야기는 다음 두 책을 참조했다. Sue Mosteller, "Funeral Eulogy for Henri Nouwen," 출전: *Seeds of Hope: A Henri Nouwen Reader*, Robert Durback 편집 (New York: Image Books, 1997), 17-18. (『희망의 씨앗』, 두란노) Ford, *Wounded Prophet*, 157-158. (『상처 입은 예언자 헨리 나우웬』, 포이에마) 다음 책도 참조하라. Mary Bastedo, "Henri and Daybreak: A Story of Mutual Transformation," 출전: *Befriending Life*, 27-29. (『헨리 나우웬 내 영혼의 친구』, 아침영성지도연구원)

105 그 공동체의 터줏대감 수 모스텔러는: 이 시점 이후로 헨리 나우웬의 삶에서 수 모스텔러의 중요성은 아무리 강조해도 지나치지 않다. 다음 책을 참조하라. Gabrielle Earnshaw, *Henri Nouwen and the Return of the Prodigal Son: The Making of a Spiritual Classic* (Orleans, MA: Paraclete Press, 2020), 67.

106 그가 수십 년째 품어 온 열망과: 라틴아메리카 시절을 담은 헨리의 일기는 다음 책으로 출간되었다. *Gracias! A Latin American Journal* (Maryknoll, NY: Orbis Books, 1983). (『주님, 감사합니다』,

아침영성지도연구원)

106 "라르쉬의 사명은 주인공들과": Henri J. M. Nouwen, *Adam, God's Beloved* (Maryknoll, NY: Orbis Books, 1997), 41. (『아담: 하나님이 사랑하신 자』, IVP)

107 "저는 장애인 여섯과 봉사자 넷으로": Henri J. M. Nouwen, "Adam's Story: The Peace That Is Not of This World," 출전: *Seeds of Hope*, Durback 편집, 254-255. 본래 1987년 2월 10일 케임브리지에 있는 하버드의 세인트폴스 성당에서 했던 강연이다.

109 "지난 몇 달 동안 우리 숙사의": Henri J. M. Nouwen, "L'Arche and the World," 출전: *The Road to Peace*, John Dear 편집, 166-167. (『평화에 이르는 길』, 성바오로출판사)

110 "아담은 우리 식구들 중에서": Nouwen, "Adam's Story," 255-256.

111 "나는 기겁했다": Nouwen, *Adam*, 42.

112 "아담을 깨워 약부터 먹이고": Nouwen, "Adam's Story," 256.

112 "그의 등 뒤에서 내 몸으로": Nouwen, *Adam*, 43, 46.

13장

115 "내가 생각하는 바룸 서커스단과": Nouwen, "Circus Diary—Part I," 9, 5월 6일 수요일 일기.

115 그런데 왜 그는 1987년에 정서적으로: 헨리의 정서적 붕괴에 대한 이야기는 다음 두 책을 참조하라. *Adam*, 78-80. (『아담: 하나님이 사랑하신 자』, IVP) Henri J. M. Nouwen, *The Inner Voice of Love: A Journey Through Anguish to Freedom* (New York: Doubleday, 1996), xiii-xvii. (『마음에서 들려오는 사랑의 소리』, 바오로딸) 아울러 다음 책도 참조하라. Ford, *Wounded Prophet*, 168-171. (『상처 입은 예언자 헨리 나우웬』, 포이에마)

115 "이슈 지향의 삶"에서 "사람 지향의 삶"으로: 헨리는 이 변화가

라르쉬 생활을 통해 이루어졌다고 단언했다. 다음 글을 참조하라. Nouwen, "L'Arche and the World," 168.

116 "알고 보니 그동안 내가 내면의 장애를": 이제부터 인용되는 글은 출처를 따로 밝히지 않은 한 Nouwen, *Adam*, 78-80에서 가져왔다.

119 함께 있는 사람들의 삶에 참견하고: 헨리가 1987-1988년에 친필로 쓴 일기의 "1988년 2월 22일" 일기로 나우웬 문서보관소에 소장되어 있다. 이 일기의 일부가 나중에 Nouwen, *The Inner Voice of Love*로 간행되었다.

120 "내 안에 새로운 영성이 태어나고": 헨리가 1987-1988년에 친필로 쓴 일기의 "1988년 2월 22일" 일기.

120 그의 거주지는 공동체의 수련원 건물로: 라르쉬 데이브레이크 공동체에서 헨리가 살던 집이 캐럴린 휘트니브라운의 기억 속에 남아 있다.

14장

121 1991년에 서커스 트레일러를 쭉 이끌고: Stevens, "What a Friend We Had in Henri," 6-7.

122 "바룸 서커스단이 프라이부르크를 떠난 후": Nouwen, "Circus Diary—Part I," 8. 이후로 인용한 나우웬의 글은 출처를 따로 밝히지 않은 한 모두 "Circus Diary—Part I"에서 가져왔다.

123 "훌륭했습니다!": Stevens, "What a Friend We Had in Henri," 7-11.

125 캐나다로 돌아온 지 얼마 안 되어: 헨리가 개비건 부부와 나눈 대화는 다음 글에서 가져왔다. "Collision and Paradox," *Befriending Life*, 55-56. (『헨리 나우웬 내 영혼의 친구』, 아침영성지도연구원) 2020년 12월에 이 부부는 자신들의 더 많은 기억으로 이 글을 증보했다.

15장

129 "나는 비디오카메라로 녹화하고 있던": Nouwen, "The Flying Rodleighs—The Circus," 8-10, 14-15.

131 일주일 동안 로드레이 공중그네 곡예단과: 다음 글을 참조하라. Whitney-Brown, "Henri at Daybreak," 122-125.

132 1월에는 라르쉬 데이브레이크 공동체 회관에서: 데이브레이크에서 열린 헨리의 60회 생일 파티를 녹화한 그 공동체의 동영상이 나우웬 문서보관소에 소장되어 있다. 파티 이야기는 그 동영상과 나의 기억에 기초한 것이다.

16장

137 "모험 요소는 무엇인가?": 이후에 인용된 헨리의 글은 개비건의 워크숍 기간에 그가 필기한 공책에서 뽑았다. 그 미간행 공책이 나우웬 문서보관소에 소장되어 있다.

17장

140 "내가 경험한 로드레이 공중그네 곡예단을": Nouwen, "Circus Diary—Part I," 9. 이번 장에 인용된 나우웬의 글은 출처를 따로 밝히지 않은 한 모두 "Circus Diary—Part I"에서 가져왔다. 헨리의 글에서 전문 곡예 부분만 내가 로드레이 스티븐스의 조언을 받아 조금씩 다듬었다.

141 두 주 동안 동행해도 되겠느냐고: 1992년 5월에 헨리가 로드레이 곡예단을 방문하여 순회에 동행한 이야기는 다음 글을 참조했다. Stevens, "What a Friend We Had in Henri," 12-14.

18장

151 이번 장에 인용된 나우웬의 글은 출처를 따로 밝히지 않은 한 모두 "Circus Diary—Part I"에서 가져왔다.

152 사흘이 지났을 뿐인데도: 헨리와 곡예단의 교류에 대한 이 이야기는 다음 글을 참조했다. Stevens, "What a Friend We Had in Henri," 14-16.

153 "방금 하신 말은 공중그네에만 아니라": 영화 *Angels Over the Net*의 편집 이전 장면에서 영어로 진행된 나우웬 인터뷰. 이 인용문은 영화 *Angels Over the Net*의 최종 영어판에도 포함되었다.

19장

158 이번 장에 인용된 나우웬의 글은 출처를 따로 밝히지 않은 한 모두 "Circus Diary—Part I"에서 가져왔다.

159 로드레이 일행은 헨리 때문에: Stevens, "What a Friend We Had in Henri," 16.

165 "어젯밤 독일의 도로로 다텔른에서": 이제부터 인용되는 나우웬의 글은 "Circus Diary—Part II"에서 가져왔다.

166 제니는 로드레이를 흘긋 보며: 다음 글에 기초했다. Stevens, "What a Friend We Had in Henri," 16.

20장

177 "여기 체류하는 기간이 길어질수록": 이번 장에 인용된 나우웬의 글은 출처를 따로 밝히지 않은 한 모두 "Circus Diary—Part II"에서 가져왔다.

179 "글의 구조를 짜려면": Cheney, *Writing Creative Nonfiction*, 140. 헨리는 이 문단 옆에 쭉 줄을 그어 놓았다.

182 로드레이는 남아서 무대 장치를: Stevens, "What a Friend We Had in Henri," 16-17.

21장

183 "프란츠는 서커스에 대한 나의 열의를": 이번 장에 인용된 나우웬의 글은 출처를 따로 밝히지 않은 한 모두 "Circus Diary—Part II"에서 가져왔다.

185 아파트 3층에 자리한: 헨리는 여러 차례 프란츠와 레니의 집에 묵으며 *Our Greatest Gift* 등 여러 권의 책을 집필했다. (『죽음, 가장 큰 선물』, 홍성사)

188 "모든 사람의 말을 들으라": Cheney, *Writing Creative Nonfiction*, 127. 헨리는 이 문단에 밑줄을 쳐 두었다.

189 이른 아침에 정겨운 작별을 나눈 뒤: Stevens, "What a Friend We Had in Henri," 18.

22장

193 "여태 내 영성은 지극히 개인주의적이고" 및 "내면의 조화와 평정을 가꾸는 데": 다음 책에 쓴 헨리 나우웬의 "서문"에서 인용했다. Gustavo Gutierrez, *We Drink from Our Own Wells: The Spiritual Journey of a People* (Maryknoll, NY: Orbis Books, 1984), xvi. (『해방신학의 영성』, 분도출판사)

194 "제가 아주 똑똑히 보았거니와": 다음 영화에 나오는 얀 반 덴 보쉬와의 인터뷰. *Henri Nouwen: The Passion of a Wounded Healer*, Christian Catalyst Collection, EO Television. 아마존 프라임을 통해 시청할 수 있다(2021년 1월 현재).

194 캠핑카를 덜컹거리며 그가 떠난 지: 1992년 6월에 헨리가 로드 레이에게 보낸 편지는 다음 글을 참조했다. Stevens, "What a Friend We Had in Henri," 19.

194 존 디어에게 이렇게 썼다: Dear, *The Road to Peace*, xxiv. (『평화에 이르는 길』, 성바오로출판사)

195 11월 말에 로드레이에게 새로 쓴 편지에: Stevens, "What a Friend

We Had in Henri," 19.
195 로드레이 일행의 이야기에 세 가지 이동을: 이 개요 초안은 나우웬 문서보관소에 소장되어 있는 1992년 헨리의 미간행 공책에 적혀 있다. 이번 장에 인용된 이 개요의 글은 모두 그 공책에서 가져왔다.
197 "그저 또 하나의 책을": 영화 *Angels Over the Net*의 편집 이전 장면에서 영어로 진행된 나우웬 인터뷰. 이 인용문의 압축판이 영화의 최종 영어판에도 포함되었다.
198 "나는 왜 공중그네 곡예에 대해": Nouwen, "Circus Diary—Part II," 8.

23장

201 예수님의 비유를 담아낸 그림이다: 예수께서 들려주신 탕자의 비유는 신약성경 누가복음 15장 11-32절에 나온다.
201 여러 해 동안 그 그림을 묵상했다: Nouwen, *The Return of the Prodigal Son*, 3-15, 19. (『탕자의 귀향』, 포이에마)
202 영국에 있을 때 친구 바트 개비건은: Nouwen, *The Return of the Prodigal Son*, 18.
202 자기 몸의 실상이 헨리에게 조금씩: Nouwen, *The Return of the Prodigal Son*, 19-20.
203 탈고 후에 그는: 이 책의 불발된 제목들은 나우웬 문서보관소에 소장되어 있는 원고 Draft 4의 제목 페이지에 헨리의 친필로 적혀 있다. 헨리의 가장 유명한 저서인 이 책의 집필에 대한 자세한 내용이 다음 책에 더 많이 실려 있다. Gabrielle Earnshaw, *Henri Nouwen and the Return of the Prodigal Son*.
204 "새로운 것을 시도하는 그들의 모습은": Nouwen, "The Flying Rodleighs—The Circus," 8-9.

24장

207 "로드레이 공중그네 곡예단을 처음 보았을 때": 1994년 12월 2일에 나우웬이 바트 개비건에게 보낸 편지로 나우웬 문서보관소에 소장되어 있다.

207 "내게 참으로 매혹적인 것은": 영화 *Henri Nouwen: The Passion of a Wounded Healer*에 나오는 얀 반 덴 보쉬와의 인터뷰.

207 헨리의 친구 프랭크 해밀턴은: 1993년 6월에 헨리가 로드레이 곡예단을 방문할 때 프랭크 해밀턴이 동행을 제의한 일은 다음 인터뷰를 참조했다. Henri Nouwen Oral History Project의 일환으로 2005년 11월 1일에 수 모스텔러가 진행한 "프랭크 해밀턴과의 인터뷰," 녹취록 35페이지. 이 인터뷰의 녹음테이프와 녹취록이 나우웬 문서보관소에 소장되어 있다.

209 론은 커피만 홀짝이느라: 2020년 11월에 론 P. 반 덴 보쉬가 내게 사신(私信)으로 보내온 이메일.

209 "나는 공중그네의 삶을 내부에서": 영화 *Angels Over the Net*의 편집 이전 장면에서 영어로 진행된 나우웬 인터뷰. 첫 문장을 제외한 인용문 전체가 영화의 최종 영어판에도 포함되었다.

210 헨리는 1993년 6월에 프랭크와 함께: Stevens, "What a Friend We Had in Henri," 19-22.

211 "어떻게들 생각합니까?": Henri Nouwen Oral History Project의 일환으로 2005년 11월 1일에 수 모스텔러가 진행한 "프랭크 해밀턴과의 인터뷰" 내용을 각색했다.

212 이튿날 제니의 점심 식사는: Stevens, "What a Friend We Had in Henri," 22.

212 하루는 오후에 헨리가 론에게: Stevens, "What a Friend We Had in Henri," 22.

25장

214 1993년 방문의 절정은: 헨리의 공책 "Flying Rodleighs Technical Description of the Trapeze Act Circus Barum 1992"에 친필로 기록한 미간행 원고의 "1993년 6월 6일" 부분으로 나우웬 문서보관소에 소장되어 있다.

216 로드레이는 발판에 선 헨리를: Stevens, "What a Friend We Had in Henri," 22.

218 "헨리, 나는 그들이 정말": 수 모스텔러가 진행한 "프랭크 해밀턴과의 인터뷰" 내용을 각색했다.

219 "그들의 곡예는 러시아의 어떤 성상과도": 헨리의 책에 대한 이 난상 토론 장면에서 인용 서체로 표시한 직접 인용문들은 헨리의 미간행 친필 기록물인 "Notes by Frank"에서 가져왔다. 이는 1992년에 쓰기 시작해서 1993년으로 이어진 공책의 일부인데, 표지에 "Circus Barum, Diary, Notes"라는 제목이 붙어 있는 이 공책이 나우웬 문서보관소에 소장되어 있다. 헨리의 기록물에서 론이나 프랭크는 가끔 화자로 지칭된다. 프랭크 해밀턴은 내가 헨리의 공책을 바탕으로 재구성한 그들의 대화가 자신의 기억과 정확히 일치한다고 확인해 주었다. 서두에 성상을 언급할 때 프랭크는 성상에 대한 헨리의 다음 책을 염두에 두었을 수 있다. *Behold the Beauty of the Lord: Praying with Icons* (South Bend, IN: Ave Maria Press, 1987). (『주님의 아름다우심을 우러러』, 분도출판사)

26장

222 로드레이가 헨리와 재회한 것은: Stevens, "What a Friend We Had in Henri," 24-25.

223 『죽음, 가장 큰 선물』을 한 권 보냈다: Stevens, "What a Friend We Had in Henri," 27.

223 로드레이에게 종교적 배경이: 헨리의 미간행 녹취록 "Interviews with Karlene Stevens and Rodleigh Stevens, November 1991." 나우웬 문서보관소에 소장되어 있다.

223 "어느 날 단장인 로드레이와 함께": Nouwen, *Our Greatest Gift*, 67. (『죽음, 가장 큰 선물』, 홍성사)

27장

227 "저는 이 공중그네 곡예사들이": 1994년 5월 3일 위스콘신주 밀워키에서 개최된 "Dialogue '94: A Call to Partnership" 대회에서 헨리는 COMISS (Coalition On Ministry In Specialized Setting) 메달을 받았다. 목회와 상담과 교육 분야에 국제적으로 현저히 공헌한 인물에게 주는 상이다. 수상식과 그의 생생한 강연을 유튜브에서 볼 수 있다. www.youtube.com/watch?v=9hHB0Ph6eKc.

228 1994년에 에이즈는: 에이즈 팬데믹이 어떻게 확산되었는지 알려면 웹사이트 https://www.hiv.gov/hiv-basics/overview/history/hiv-and-aids-timeline을 참조하라. 헨리는 팬데믹 초기부터 에이즈 네트워크 사람들과 연대하고 지지하며 친구들의 죽음을 애도했다. 다음 책을 참조하라. Henri J. M. Nouwen, *Love, Henri: Letters on the Spiritual Life*, Gabrielle Earnshaw 편집 (New York: Convergent Books, 2016), 112-113. (『사랑을 담아, 헨리』, IVP)

229 "한 주간 내내 이곳에 있으면서": 나우웬은 1994년에 시카고에서 개최된 제7차 "National Catholic HIV/AIDS Ministry Conference"에서 7월 26일에 "As I Have Done So You Are Called to Do"라는 제목으로 강연했다. 이제부터 인용되는 헨리의 말은 모두 나우웬 문서보관소에 소장되어 있는 그 강연의 녹음테이프에서 가져왔다. 다음 책에 강연의 축약본이 수록되어 있

다. Henri Nouwen, "Our Story, Our Wisdom," 출전: *The Road to Peace*, Dear 편집, 175-183. (『평화에 이르는 길』, 성바오로출판사)

28장

237 그의 아버지는 평생 지식인을 좋아해서: 헨리는 아버지가 지적인 사람과 지적인 책과 지적인 분석을 특히 높이 평가했다는 말을 자주 했다.

238 "공연 중에서 내게 깊은 감동을": 1994년 12월 2일에 나우웬이 바트 개비건에게 보낸 편지.

238 1994년 여름에 헨리는: 영화 *Angels Over the Net*의 준비와 제작에 관한 이야기는 다음 글을 참조했다. Stevens, "What a Friend We Had in Henri," 28-33.

239 "로드레이 곡예단은 몸으로 소통하는": 1994년 12월 2일에 나우웬이 바트 개비건에게 보낸 편지.

239 헨리의 친구 얀은: 인용된 얀 반 덴 보쉬와 헨리의 말은 모두 영화 *Angels Over the Net*의 편집 이전 장면에서 영어로 진행된 인터뷰에서 가져왔다. 이 모든 인용문의 약 4분의1은 영화의 최종 영어판에도 포함되었다.

242 "우리 모두는 3회전과 2회전과": 영화 *Angels Over the Net*의 편집 이전 장면에서 영어로 진행된 나우웬 인터뷰. 이 인용문은 영화의 최종 영어판에도 포함되었다.

243 "현재 저는 정신 장애인들과 더불어": 영화 *Angels Over the Net*의 편집 이전 장면에서 영어로 진행된 나우웬 인터뷰. 이 인용문 전체가 영화의 최종 영어판에도 들어 있는데, 다만 의미 전달을 명확하게 하고자 내가 로드레이에 대한 헨리의 말을 라르쉬 공동체에 대한 말의 뒤로 옮겼다.

29장

245 그의 친구들인 수 모스텔러와: 두 번째 대회 때 헨리가 얼마나 불안했는지에 대해서는 수 모스텔러가 내게 말해 주었다. 1995년의 이 에이즈 대회에서 있었던 위령의 춤과 이에 대한 헨리의 반응은 헨리와 나의 친구인 캐시 브루너에게 직접 들었다.

246 이번에는 과감히 제목을: 1995년 7월에 시카고에서 개최된 제8차 "National Catholic HIV/AIDS Ministry Conference"에서 나우웬이 "Befriending Death"라는 제목으로 한 강연. 강연 전문을 National Catholic AIDS Network에서 간행물로 제작했으며, 그 간행물이 녹음테이프와 함께 나우웬 문서보관소에 소장되어 있다. 이후로 이번 장에 인용한 나우웬의 말은 출처를 따로 밝히지 않은 한 모두 "Befriending Death"에서 가져왔다.

250 "제가 로드레이 일행의 공연을 보고": 영화 *Angels Over the Net*의 편집 이전 장면에 나오는 나우웬 인터뷰. 이 인용문은 영화의 최종 영어판에도 포함되었다.

30장

253 표지를 환하게 장식한: 안식년에 들어설 때 헨리는 딱딱한 표지의 멋진 일기장들에 특히 흡족해 했다. 1995-1996년 안식년 초기에 그가 화사한 표지들을 들어 보이며 우리의 감탄을 자아내던 일이 내 기억 속에 남아 있다.

253 "1995년 9월 2일 토요일, 온타리오 오크빌": 나우웬이 1995-1996년 안식년 일기에 친필로 쓴 "1995년 9월 2일 토요일" 일기. 이 대목의 압축판이 다음 책에도 실려 있다. Nouwen, *Sabbatical Journey*, 3. (『안식의 여정』, 복 있는 사람)

253 "지난 25년간 나는 많은 에세이와": 나우웬이 1995-1996년 안식년 일기에 친필로 쓴 "1995년 9월 8일 금요일" 일기. 이 대목은 다음 책에도 실려 있다. Nouwen, *Sabbatical Journey*, 10-11.

254 석 달 후인 12월 초: 나우웬이 1995-1996년 안식년 일기에 친필로 쓴 "1995년 12월 3일 일요일" 일기.

31장

257 보스턴 로건 국제공항의: 나우웬이 1995-1996년 안식년 일기에 친필로 쓴 "1995년 12월 14-17일" 일기. 부분부분 편집되어 다음 책에 실려 있다. Nouwen, Sabbatical Journey, 65-69. (『안식의 여정』, 복 있는 사람)

258 재능이 뛰어난 음악가인 조운은: 헨리와 조운과 한자리에 있었던 어떤 사람은 내게 그 둘이 "영락없는 닮은꼴"이었다고 말했다. 피아니스트 경력 등 조운 크록의 폭넓은 관심 분야에 대한 자세한 내용은 다음 책을 참조하라. Lisa Napoli, *Ray & Joan: The Man Who Made the McDonald's Fortune and the Woman Who Gave It All Away* (New York: Dutton Penguin Random House, 2016). 1998년에 조운이 어린이에 대해 그리고 어린이들에게 한 말들을 유튜브 https://www.youtube.com/watch?v=VgLbicSvJxY에서 볼 수 있다. 1980년대 중반에 조운은 노터데임 대학교에 Kroc Institute for International Peace Studies(국제 평화학 크록 연구소)를 설립했고(https://kroc.nd.edu/를 참조하라), 2000년에는 샌디에고 대학교에 Joan B. Kroc School of Peace Studies(조운 B. 크록 평화학과)를 개설했다 (https://www.sandiego.edu/peace/를 참조하라). 조운 B. 크록이 지역 사회와 세계에 공헌한 개략적 내용은 그녀가 샌디에고 여성 명예의 전당에 오를 때 제작된 2004년의 다음 동영상을 참조하라. www.youtube.com/watch?v=qgA0AMimHBI.

258 "내 경험상 부자들도 방식만 다를 뿐": Henri J. M. Nouwen, *Spirituality of Fundraising* (Nashville: Upper Room Books, 2011), 18. (『모금의 영성』, 포이에마)

262 "무조건적인 사랑은 조건이나 대가성이나": "A Reflection on Unconditional Love for Joan Kroc," 출전: Nouwen, *Love, Henri*, 332. (『사랑을 담아, 헨리』, IVP)

262 "공중그네 곡예사들을 보면": Nouwen, "The Flying Rodleighs—The Circus," 26.

262 "이런 무조건적인 사랑이 바로": Nouwen, *Love, Henri*, 332-333.

264 "그들의 헌신과 훈련과 협력": Nouwen, "The Flying Rodleighs—The Circus," 26.

264 "이것은 다 받아 주고 항상 동조해 주는": Nouwen, *Love, Henri*, 334.

32장

265 "한꺼번에 너무 많은 일이 벌어져": 나우웬이 1995-1996년 안식년 일기에 친필로 쓴 "1995년 10월 20일 금요일" 일기. 이 대목을 편집한 압축판이 다음 책에도 실려 있다. Nouwen, *Sabbatical Journey*, 40-41. (『안식의 여정』, 복 있는 사람)

266 "볼거리는 되었지만": 나우웬이 1995-1996년 안식년 일기에 친필로 쓴 "1995년 12월 28일 목요일" 일기. 이 대목은 다듬어져 내용이 다음 책에도 실려 있다. Nouwen, *Sabbatical Journey*, 74-75.

267 며칠 후에 헨리는 뜻밖에: 나우웬이 1995-1996년 안식년 일기에 친필로 쓴 "1996년 1월 7일 일요일" 일기. 이 대목은 편집되어 다음 책에도 실려 있다. Nouwen, *Sabbatical Journey*, 82-83.

268 로드레이는 그가 너무 피곤해 보여: 로드레이가 헨리와의 우정을 되돌아보는 이 대목은 다음 글을 참조했다. Stevens, "What a Friend We Had in Henri," 37, 41-42.

271 "짧은 방문을 되돌아보니": 나우웬이 1995-1996년 안식년 일기에 친필로 쓴 "1996년 1월 7일 일요일" 일기. 이 대목은 편집되

어 다음 책에도 실려 있다. Nouwen, *Sabbatical Journey*, 83.

33장

272 난방 장치가 고장 나서: 나우웬이 1995-1996년 안식년 일기에 친필로 쓴 "1996년 1월 24일 수요일" 일기. 이 대목은 다음 책에도 실려 있다. Nouwen, *Sabbatical Journey*, 94. (『안식의 여정』, 복 있는 사람)

273 1987-1988년의 '비밀 일기'를: 1987-1988년의 정서적 붕괴 기간에 쓴 헨리의 글은 나우웬 문서보관소에 소장되어 있는 1987-1988년의 친필 일기 원본에서 인용했다. 이 일기의 많은 대목이 편집되어 *The Inner Voice of Love*에 포함되었다. (『마음에서 들려오는 사랑의 소리』, 바오로딸)

273 "원고 작업이 약간 겁난다": 나우웬이 1995-1996년 안식년 일기에 친필로 쓴 "1996년 1월 26일 금요일" 일기. 이 대목은 다음 책에도 실려 있다. Nouwen, *Sabbatical Journey*, 94.

273 "믿으세요. 하나님이 신부님에게": 나우웬이 1987-1988년의 일기에 친필로 쓴 "1월 17일 일요일" 일기.

274 "로드레이 공중그네 곡예단은 제게": 영화 *Angels Over the Net*의 편집 이전 장면에 나오는 나우웬 인터뷰.

274 셀마 행진에 대한 글에도: Nouwen, "We Shall Overcome," 77.

275 "나 자신에게 이렇게 말했다": Nouwen, *Our Greatest Gift* (『죽음, 가장 큰 선물』, 홍성사), 25.

275 그가 심야에 다급하게 전화하거나: 다음 책에 인용된 파커 파머(Parker Palmer)와 유시 노무라(Yushi Nomura)의 말을 참조하라. Ford, *Wounded Prophet*, 37-38. (『상처 입은 예언자 헨리 나우웬』, 포이에마)

276 "지금까지 내 삶은 온통": "1986년 3월 20일 목요일" 일기로 다음 잡지에 수록되었다. Henri J. M. Nouwen, "To Meet the Body

Is to Meet the Word," *New Oxford Review* 54, no.3 (1987년 4월): 3-4. 헨리의 1985-1986년 일기에서 발췌한 부분이 그의 책 *The Road to Daybreak*로 간행될 때 이 인용문은 포함되지 않았다. (『데이브레이크로 가는 길』, 포이에마)

277 "아담과 그의 몸을 가까이하면서": Nouwen, *Adam*, 49. (『아담: 하나님이 사랑하신 자』, IVP)

277 "다음으로 몸에 대해 말하고": Nouwen, "As I Have Done So You Are Called to Do."

278 "로드레이 일행을 처음 보았을 때": 영화 *Angels Over the Net*의 편집 이전 장면에서 영어로 진행된 나우웬 인터뷰. 이 인용문은 영화의 최종 영어판에도 포함되었다.

279 "아울러 친밀함도 있었다": Nouwen, "The Flying Rodleighs—The Circus," 27-28.

280 "인간의 가장 깊은 갈망 중 일부가": 1994년 12월 2일에 나우웬이 바트 개비건에게 보낸 편지.

280 "모든 인간은 성적인 삶을": Ford, *Lonely Mystic*, 58.

280 1996년 초에 그는 유명한: 그 자리에 있었던 한 편집자가 들려준 말이다.

34장

281 1996년 2월 12일 헨리의 비서가: 나우웬이 1995-1996년 안식년 일기에 친필로 쓴 "1996년 2월 12일 월요일" 일기.

281 "라르쉬 데이브레이크에서 아담과 함께": 나우웬이 1995-1996년 안식년 일기에 친필로 쓴 "1996년 2월 12일 월요일" 일기. 이 대목들은 다음 책에도 실려 있다. Nouwen, *Sabbatical Journey*, 103. (『안식의 여정』, 복 있는 사람)

282 "관에 누운 아담의 시신을 보니": 나우웬이 1995-1996년 안식년 일기에 친필로 쓴 "1996년 2월 14일 수요일" 일기. 이 대목은 다

들어져 다음 책에도 실려 있다. Nouwen, *Sabbatical Journey*, 107.
282 "아담은 내게 소속감을 주었다": Nouwen, *Adam*, 126-127. (『아담: 하나님이 사랑하신 자』, IVP)
283 "아주 놀라운 저녁 시간이었다": 나우웬이 1995-1996년 안식년 일기에 친필로 쓴 "1996년 3월 6일" 일기. 이 대목은 편집되어 다음 책에도 실려 있다. Nouwen, *Sabbatical Journey*, 121-122.

35장

286 "내가 가장 바라는 바는": 나우웬이 1995-1996년 안식년 일기에 친필로 쓴 "1996년 5월 17일 금요일" 일기. 이 대목은 다음 책에도 실려 있다. Nouwen, *Sabbatical Journey*, 167. (『안식의 여정』, 복 있는 사람)
287 "산타페에 온 목적이": 나우웬이 1995-1996년 안식년 일기에 친필로 쓴 "1996년 5월 19일 일요일" 일기. 이 대목은 편집되어 다음 책에도 실려 있다. Nouwen, *Sabbatical Journey*, 168.
288 그 주중에 조운 크록의 비행기가: 조운과 함께 점심을 먹은 일은 나우웬이 1995-1996년 안식년 일기에 친필로 쓴 "1996년 5월 22일 수요일" 일기에 기록되어 있고, 오키프에 대한 그의 묵상은 "1996년 5월 20일 월요일" 일기에서 가져왔다.

36장

290 본래 혼자 다니는 걸 좋아하지 않는: 헨리가 다음 책에 그렇게 썼다. *Here and Now*, 85-86. (『여기 지금 우리와 함께하시는 하나님』, 은성)
291 "로드레이 일행의 공연을 다시 보며": 나우웬이 1995-1996년 안식년 일기에 친필로 쓴 "1996년 7월 9일 화요일" 일기. 이 대목은 다음 책에도 실려 있다. Nouwen, *Sabbatical Journey*, 194-195. (『안식의 여정』, 복있는 사람)

291 로드레이는 헨리를 지켜보며: Stevens, "What a Friend We Had in Henri," 39. 그날 헨리의 손을 잡은 사람은 조 대신 입단한 존 보크스였다. 이야기에 자꾸 새 이름이 더해지는 걸 피하려고 내가 그를 헨리의 친구 존 그릭스라 칭했다. 존은 계속 단원으로 활약 중이었다.

292 "연습 시간이 끝날 무렵": 나우웬이 1995-1996년 안식년 일기에 친필로 쓴 "1996년 7월 10일 수요일" 일기. 이 대목은 약간 편집되어 다음 책에도 실려 있다. Nouwen, *Sabbatical Journey*, 195-196.

294 "따뜻하고 진심 어린 작별이었다": 나우웬이 1995-1996년 안식년 일기에 친필로 쓴 "1996년 7월 11일 목요일" 일기.

37장

296 헨리는 안식년에 쓰려고 구해 둔 일기장들 중: 헨리가 안식년에 쓴 일기장들은 나우웬 문서보관소에 소장되어 있다. 일기장 발행사에서 뒤표지 안쪽에 표지 사진의 출처를 밝혀 놓았다. 메트로폴리탄 미술 박물관 웹사이트에 헨리의 마지막 두 일기장의 표지 사진이 이렇게 설명되어 있다. "관 외부 좌측면에 건축 장면이 그려져 있고 바다 중앙에 작은 문간이 있다. 이는 망자의 혼령이 죽은 자와 땅과 산 자의 땅 사이를 오갈 수 있다는 고왕국의 가문(假門)에 해당한다. 이 경우 두 문빗장으로 고정된 두 나무 문짝과 비슷하게 그려졌다. 문 위에 산 자의 땅을 내다보는 두 눈이 있다." 다음 웹사이트를 참조하라. "Coffin of Khnumnakht," the Met, https://www.metmuseum.org/art/collection/search/544326.

296 "이제 나는 시간 속에 영원을": Nouwen, *The Return of the Prodigal Son*, 15. (『탕자의 귀향』, 포이에마)

297 일부 친구들은 그에게 게이로 커밍아웃해서: 다음 두 책을 참

조하라. *The Essential Henri Nouwen*, Robert A. Jonas 편집 (Boulder, CO: Shambhala Publications, 2009), xxviii-xl. Ford, *Wounded Prophet*, 193-194. (『상처 입은 예언자 헨리 나우웬』, 포이에마)

297 헨리의 성적 성향은: 헨리의 친구들이 내게 말해 준 내용이다.

297 "해결할 수 없는 고민" 및 "성 문제는 죽는 날까지": 1996년 7월에 쓴 헨리의 편지들로 그의 문서 보관자의 다음 책에 인용되어 있다. Gabrielle Earnshaw, *Love, Henri*, xv. (『사랑을 담아, 헨리』, IVP)

297 "지난 몇 달간 나를 괴롭혀 온": 나우웬이 1995-1996년 안식년 일기에 친필로 쓴 "1996년 7월 31일 수요일" 일기. 다음 책에는 약간 고쳐 씌어 있다. *Sabbatical Journey*, 207. (『안식의 여정』, 복있는 사람)

297 자기도 모르게 손톱을 물어뜯기: "헨리의 몸놀림은 유난히 어색했다. 내면의 싸움이 그의 걸음걸이에 또는 속살이 보이도록 물어뜯은 손톱에 그대로 드러났다." 개비건 부부가 다음 책에 쓴 말이다. "Collision and Paradox," *Befriending Life*, 55. (『헨리 나우웬 내 영혼의 친구』, 아침영성지도연구원)

298 "네이선의 충실한 우정이 없다면": 나우웬이 1995-1996년 안식년 일기에 친필로 쓴 "1996년 7월 31일 수요일" 일기.

298 "공중그네는 나의 비밀의 문이었습니다": 공중그네에 대한 이 말은 헨리가 쓴 것을 짐 스미스가 1996년 3월 25일 헨리에게 보낸 답장에 다시 인용한 것이다. 스미스의 그 미간행 편지가 나우웬 문서보관소에 소장되어 있으며, 그의 허락을 받고 사용했다. 스미스는 답장을 쓸 때 이 대목을 강조하며 옮겨 적었다.

38장

299 "조운은 나를 따뜻하게 맞이해": 나우웬이 1995-1996년 안식년

일기에 친필로 쓴 "1996년 8월 16일 금요일" 일기.

301 **"델마 경마장에 갑시다"**: 나우웬이 1995-1996년 안식년 일기에 친필로 쓴 "1996년 8월 17일 토요일" 일기. 압축되어 다음 책에도 실려 있다. *Sabbatical Journey*, 214-215. (『안식의 여정』, 복 있는 사람)

303 **40년 가까이 그는 하나님을**: 나우웬은 1957년 7월 21일에 네덜란드 위트레흐트 대교구에서 천주교 사제로 서품되었다.

303 **그녀는 함께 마시려고 따 둔**: 친필로 쓴 일기에 헨리는 그 저녁 식사를 이렇게 묘사했다. "7시에 조운과 함께 멕시코 음식으로 저녁을 아주 맛있게 먹었다. 엔칠라다와 밥에 1973년산 로스차일드라는 생전 처음 맛보는 적포도주 한 병이 곁들여졌다! 조운은 '벨벳처럼 부드럽게 내려가지요? 20년 전에 제 남편 레이가 샀던 건데, 2000년이 되기 전에 마셔야 한다고 쓰여 있네요'라고 말했다." 나우웬이 1995-1996년 안식년 일기에 친필로 쓴 "1996년 8월 17일 토요일" 일기. 조운이 헨리에게 그가 하나님을 잡는 사람 같다고 말하는 이 대화는 내가 남편 제프리 휘트니브라운에게서 얻은 통찰에 기초하여 지어낸 것이다.

303 **"이상하게 들리겠지만 우리는 다른 사람들에게"**: Nouwen, *Love, Henri*, 333. (『사랑을 담아, 헨리』, IVP) 1996년 8월의 그 주말을 조운과 함께 보내고 나서 헨리는 이렇게 썼다. "조운과 내가 서로 더 편해지고 정말 친구가 되고 있는 기분이다. 그 우정이 있기에 우리는 진짜 관심사에 대해 솔직하고 허심탄회하게 얘기할 수 있다. 아주 호화로운 주변 환경도 전보다는 방해가 덜 되는 것 같았다. 함께 보낸 시간이 알차고 영적으로 값지게 느껴졌다." 나우웬이 1995-1996년 안식년 일기에 친필로 쓴 "1996년 8월 18일" 일기. 그로부터 7년 후 조운 크록이 암으로 죽어 갈 때 "그녀가 할 수 있는 일이라고는 고 헨리 나우웬 신부에게서 받은 가죽 성경을 펼쳐 보는 것 말고는 별로 없었다." Napoli, *Ray & Joan*,

12.

304 "신부님이 늘 말씀하시는 대로": 조운은 손녀 아만다의 스물한 번째 생일에 보낸 편지에 이렇게 썼다. "섬기는 삶이 행복한 삶임을 믿기 바란다. 다른 사람들을 기쁘게 섬겨라……." 아만다가 조운의 편지를 낭독하는 동영상을 유튜브에서 볼 수 있다. https://www.youtube.com/watch?v=BQ8znSUilLc.

39장

305 "삶이란 위태로운 균형입니다": 영화 *Henri Nouwen: The Passion of a Wounded Healer*에 나오는 얀 반 덴 보쉬와의 인터뷰.

305 "속이 아주 불안하다": 나우웬이 1995-1996년 안식년 일기에 친필로 쓴 "1996년 5월 4일 토요일" 일기. 이 대목은 편집되어 다음 책에도 실려 있다. Nouwen, *Sabbatical Journey*, 160. (『안식의 여정』, 복 있는 사람)

306 그의 일생은 아귀처럼 이곳저곳: 헨리가 티베트 불교의 아귀 개념에 흥미를 느꼈다는 말이 1995-1996년 안식년 일기에 친필로 쓴 "1996년 2월 6일" 일기에 나온다. "1996년 2월 7일" 일기에는 자신이 하루 종일 아귀가 된 기분이었다는 자성의 유머도 기록되어 있다. 다음 책을 참조하라. Nouwen, *Sabbatical Journey*, 99-100.

306 돌이켜보면 그때 그는 어설프게: 나우웬이 1995-1996년 안식년 일기에 친필로 쓴 "1996년 7월 10일 수요일" 일기. 로드레이 스티븐스도 다음 글에 이 장면을 묘사했다. Stevens, "What a Friend We Had in Henri," 22-23.

309 "우리를 향한 하나님의 무조건적인 사랑을": Nouwen, *Love, Henri*, 333. (『사랑을 담아, 헨리』, IVP)

309 "가끔 이런 생각을 해 봅니다": Nouwen, "As I Have Done So You Are Called to Do." 다음 책도 참조하라. Nouwen, *Here and Now*,

60-61. (『여기 지금 우리와 함께하시는 하나님』, 은성)

309 "하나님의 눈으로": Nouwen, *The Return of the Prodigal Son*, 15. 이 책 37장에도 인용했다. (『탕자의 귀향』, 포이에마)

309 "묘기가 완성되려면": Henri J. M. Nouwen, "Technicalities of Trapeze Movements: I. the Full-Twisting Double Lay-Out by Rodleigh," 1992년 5월, 9. 헨리가 친필로 쓴 공책을 타자로 옮긴 이 미간행 원고가 나우웬 문서보관소에 소장되어 있다.

310 "로드레이 곡예단은 제게 간접적으로": 영화 *Angels Over the Net* 의 편집 이전 장면에서 영어로 진행된 나우웬 인터뷰. 이 인용문은 영화의 최종 영어판에도 포함되었다.

311 여태 올라가는(rising) 것처럼 느껴졌기 때문이다: 이 책 2장의 주들을 참조하라. "공중그네는 내 꿈이 되었다. 내게 공중그네 곡예사란 자아를 넘어서려는 인간의 갈망을 실현했다는 상징이었다. 자신을 초월하여(rising) 삶의 본질을 엿보는 것이다." 헨리가 살아 있는 동안 마지막으로 간행된 책의 마지막 문장은 이렇다. "예수께서 마시신 것처럼 함께 그 잔을 마실 때 우리는 살아 계신 그리스도의 한 몸으로 변화된다. 세상의 구원을 위해 늘 죽고 늘 부활한다(rising)." Nouwen, *Can You Drink the Cup?* (Notre Dame, IN: Ave Maria Press, 1996), 111. (『이 잔을 들겠느냐』, 바오로딸)

맺는말

312 "나는 사람 셋이 그네를 잡고": Nouwen, "Chapter I," 9-10.

312 헨리는 죽지 않았다: 헨리가 병원에서 보낸 마지막 며칠에 대한 내용은 *Sabbatical Journey*, 223-226에 실린 네이선 볼의 맺는말에 나와 있다. (『안식의 여정』, 복 있는 사람) Ford, *Wounded Prophet*, 200-207도 참조하라. (『상처 입은 예언자 헨리 나우웬』, 포이에마) 나중에 볼은 이렇게 썼다. "헨리의 심장 발작은 과연

그를 다른 세상으로 인도해 준 선물이었다……. 그는 고뇌가 많았고, 그런 고뇌를 직접 친구들에게 또는 많은 저서를 통해 솔직히 털어놓았다. 이것만은 분명하다. 죽을 때 헨리는 자신, 가족들, 라르쉬 신앙 공동체, 친구들, 사제의 소명, 그리고 64년 동안 영원한 사랑으로 등대가 되어 주신 하나님과 화목한 상태였다." *The Inner Voice of Love*는 헨리가 안식년 중에 집필했고 캐나다에서 그의 장례식이 있던 날 서점에 배포된 책인데, 그 책을 그는 이런 말로 마무리했다. "내 속에서 들려온 사랑의 소리는 이전 어느 때보다도 그윽하고 또렷했다. 그 음성을 계속 신뢰하고 싶다. 그 음성에 이끌려 내 덧없는 삶 너머, 하나님이 전부이신 세계로 가고 싶다"(118). (『마음에서 들려오는 사랑의 소리』, 바오로딸)

313 헨리의 사망 소식이: Stevens, "What a Friend We Had in Henri," 1.

315 헨리의 귀환과 유가족들을 기다리던: 두 관에 대한 세부 사항은 그 당시 데이브레이크 공동체 식구였던 나 자신의 기억이다. 그때 데이브레이크 목공소에서 일하고 있던 나는 공동체 식구들에게 헨리를 기념하는 그림을 그리도록 부탁한 뒤, 나중에 그 그림들을 내가 헨리의 관 뚜껑에 옮겨 그렸다. Whitney-Brown, "Henri at Daybreak"를 참조하라. 사진과 간단한 설명은 내 데이브레이크 블로그의 다음 게시물을 참조하라. "The Painted Doors of the Dayspring Chapel," 2019년 9월 1일, https://larchedaybreak.com/the-painted-doors-of-the-dayspring-chapel%EF%BB%BF-by-carrie-whitney-brown/.

315 헨리의 시신은 두 번 묻혔다: 헨리의 유해는 2010년 11월에 세인트존스 성공회 교회로 이장되었다. 이 두 번째 매장에 매한 세부 사항은 수 모스텔러가 들려주었다. 다음 기사도 참조하라. Michael Swan, "Famous Catholic Author Nouwen Moved

to Anglican Cemetery," *Catholic Register*, 2010년 11월 25일, https://www.catholicregister.org/item/9400-famous-catholic-author-nouwen-moved-to-anglican-cemetery.
316 "삶 또한 그런 것임을": 1994년 5월 COMISS 메달을 받은 헨리의 수상 소감을 풀어쓴 것이다.

헨리 나우웬 저서 목록 (출간순)

1. 『친밀함』, 두란노

Intimacy (1969), Harper Collins

나우웬의 첫 저서로 "하나님과 맺는 관계와 동료 인간과 맺는 관계에서 어떻게 창의적이고 만족스런 관계를 찾을 수 있을까?"라는 일생의 중심 질문을 다루었다. 친밀감과 거리감의 균형, 다양한 관계를 생산적으로 지속하는 데 따르는 어려움, 친밀함과 사역자의 성·기도·신앙·정신 건강의 연관성 등을 탐색한다

2. 『기도의 사람 토머스 머튼』, 청림출판

Bidden om het leven: Het Contemplatief engagement van Thomas Merton (1970); *Thomas Merton: Contemplative Critic* (1972); 2004년에 *Encounters with Merton: Spiritual Reflections*으로 간행됨, Crossroad

토머스 머튼의 영성과 삶에 대한 짤막한 묵상집이다. 묵상의 출발점으로 머튼의 저작(당시의 미간행 원고 포함)을 선별 수록했다.

3. 『영성의 씨앗』, 그루터기하우스

Creative Ministry (1971), Penguin Random House

사역자를 위한 나우웬의 고전으로 주제는 사역이라는 직업과 영성의 관계다. 교육, 설교, 목회 상담, 사회 참여, 경축 등 나우웬이 생각하는 사역자의 다섯 가지 주요 책임을 장별로 다루었다. 이런 기본 직무가 사역자의 영적 삶과 긴밀하게 얽혀 있음을 보여 준다.

4. 『열린 손으로』, 성바오로

Met Open Handen: Notities over het Gebed (1971); *With Open Hands* (1972), Ave Maria

나우웬의 이 고전은 마음을 열고 하나님을 신뢰할 것을 부드럽게 촉구하면서 침묵, 받아들임, 희망, 연민의 정, 예언자적 비판 등 기도의 제반 요소를 통찰한다. 도발적 질문으로 성찰을 유도하는 한편 단순하고 아름다운 기도문은 위로와 확신을 준다. 일곱 개 언어로 50만 부 이상이 팔린 이 영성 고전은 재발행을 거듭하면서 감동적 사진과 수 몽크 키드의 서문을 수록했다.

5. 『상처 입은 치유자』, 두란노

The Wounded Healer: Ministry in Contemporary Society (1972), Penguin Random House

사역자를 위한 나우웬의 고전으로 "현대 사회에서 사역자란 무엇인가?"라는 질문을 다루었다. 심리학 공부에서 얻은 특유의 치밀함으로 그는 현대 북미 사회가 뿌리와 소망 없이 외로운 상태라고 예리하게 진단한다. 그의 처방대로 사역자는 시류에 편승하여 사무적 자세에 빠져들 게 아니라 온전히 고난 속으로 들어가 자신의 상처를 치유의 자원으로 내놓도록 부름받았다.

6. 『나 홀로 주님과 함께』, 아침

Out of Solitude: Three Meditations on the Christian Life (1974), Ave Maria

나우웬의 고전인 이 짤막한 책은 마가복음 1:32-39, 마가복음 6:32-44, 요한복음 16:16-22에 대한 세 편의 설교를 다듬은 것이다. 그는 행동하는 삶을 준비하려면 고독의 "외딴 곳"을 찾고, 사람을 돌보려면 "고통에 참여하고," 기대감을 품고 살려면 인내하며 기뻐해야 한다고 역설한다. 나우웬의 친구이자 꾸준한 동역자인 론 반 덴 보슈의 사진 작품이 책을 더욱 빛내 준다.

7. 『나이 든다는 것』, 포이에마

Aging: The Fulfillment of Life (1974), Penguin Random House

현재의 나이와 관계없이 노화가 우리 모두에게 어떤 의미일 수 있는지를 월터 개프니와 함께 들려주는 감동과 감화의 수상집이다. 85장의 사진 덕에 한결 돋보이는 이 책은 노년을 쓸쓸한 나날이 아닌 희망의 장으로 삼는 법을 보여 주고, 아울러 노년층을 우리 삶 속에 받아들여 그들의 도움으로 세대 간의 단절을 치유할 것을 일깨운다.

8. 『영적 발돋움』, 두란노

Reaching Out: The Three Movements of the Spiritual Life (1975), Penguin Random House

"어떻게 하면 예수 그리스도의 영으로 살 수 있을까?"를 다룬 나우웬의 고전이다. 그에 따르면 진정한 그리스도인다운 삶을 힘들게 하는 요소는 내면의 불안, 타인을 향한 혼재된 감정, 하나님이 부재하신다는 뿌리 깊은 의심 등이다. 그가 내놓는 처방은 자아와 타인과 하나님을 향한 발돋움이다. 즉 외로움에서 고독으로, 적대감에서 따뜻한 환대로, 환상에서 기도로 이행해야 한다는 것이다.

9. 『제네시 일기』, 포이에마

The Genesee Diary (1976), Penguin Random House

나우웬의 고전이다. 트라피스트회 수도원에 7개월간 머물 때 그는 이 특별한 기회에 영적 삶의 중요한 주제들을 탐색하여 "긍정적인 마음과 부정적인 생각이 요동치는 작은 세계의 밑바닥에 고요히 흐르는 무언가"를 발견했다. 처음 몇 주는 상충되는 갈망과 고민에 지배당했으나 대림절 끝 무렵에 평온한 기대감을 새로 얻기까지 그는 비판적 정직성을 잃지 않는다. 자아를 찾으려는 이들에게 영감과 도전을 주는 책이다.

10. 『예수님을 생각나게 하는 사람』, 두란노

The Living Reminder: Service and Prayer in Memory of Jesus Christ (1977), Harper One

특별히 사역자를 위해 쓴 이 책에서 나우웬은 사역과 영성·섬김·기도의 필수 관계를 탐색한다. 그가 말하는 사역자란 곧 소속 공동체의 사람들에게 예수 그리스도를 생각나게 하는 사람이며, 생각나게 하는 부분은 그분의 치유하심과 붙드심과 인도하심 등 세 가지다.

11. 『로마의 어릿광대』, 가톨릭대학교출판부

Clowning in Rome: Reflections on Solitude, Celibacy, Prayer, and Contemplation (1979), Penguin Random House

로마에서 보낸 기간을 기록한 이 책에는 나우웬 최고작들의 특징인 묵상과 영적 통찰이 담겨 있다. 그 몇 달 동안 그에게 가장 큰 영향을 미친 것은 추기경단이나 붉은 여단(이탈리아의 극좌파 비밀 테러단—옮긴이)이 아니라 숭대한 장면 사이사이에 벌어진 소소한 일들이었다. 알고 보니 그 도시의 길거리에서 자주 본 어릿광대들의 말이야말로 진정하고 참된 이야기였다.

12. 『위로의 편지: 어머니를 회상하며』, 가톨릭출판사

In Memoriam (1980); *A Letter of Consolation*과 함께 *A Sorrow Shared*로 복간됨 (2010), Ave Maria

나우웬이 자기 어머니의 질병과 죽음을 묘사한 아주 짤막한 책이다. 모자간의 깊은 유대감을 담아낸 지극히 개인적인 글이면서 또한 죽음을 예수님의 고난의 관점에서 본 논고이기도 하다.

13. 『모든 것을 새롭게』, 두란노

Making All Things New: An Invitation to the Spiritual Life (1981), Harper Collins

이 짤막한 책은 주로 그리스도인을 위해 썼지만 "영적 자유를 갈망하는" 부동층을 위한 것이기도 하다. 나우웬은 "염려하지 말라" 하신 예수님의 말씀에서 출발하여, 염려가 일상생활에 미치는 악영향을 고찰한 뒤 그분이 그런 염려에 어떻게 대응하시는지를 묘사한다. 책 끝에 제시된 몇 가지 구체적 훈련을 통해 우리의 염려를 줄이면 성령께서 "모든 것을 새롭게" 하실 수 있다. 나우웬의 도움으로 독자는 자신의 삶 속에 깊이 임재하시는 하나님께 "예"로 반응하면서 영적 갈급함을 따라가 신성한 중심에 이를 수 있다.

14. 『마음의 길』, 두란노

The Way of the Heart: The Spirituality of the Desert Fathers and Mothers (1981), Harper Collins

4-5세기 이집트 사막에서 생활한 사막 교부들의 저작에서 길어 올린 책이다. 나우웬은 그들이 "우리 사역자의 삶에 매우 중요한 관점"을 제시해 준다고 믿었다. 짤막하고 단순한 책이지만 깊은 영향력으로 고독과 침묵과 기도라는 훈련을 더 진지하게 대하게 해 준다. 쉽게 읽히면서도 독자를 세워 준다.

15. 『자비를 구하는 외침』, 한국기독교연구소

A Cry for Mercy: Prayers from the Genesee (1981), Penguin Random House

나우웬은 뉴욕주 북부의 제네시 골짜기에 있는 트라피스트회 수도원을 자주 방문했다. 현대 수도원 생활을 감동적으로 그려 낸 『제네시 일기』도 거기서 영감을 얻은 것이다. 5년 후에 그곳을 다시 찾은 그는 관상 생활의 리듬에 이끌려 묵상에 주의를 집중했다. 훈련 삼아 날마다 기도문을 하나씩 썼는데 그 노력의 결실이 이 책이다. 개인의 성찰과 묵상에 유익한 도구다.

16. 『긍휼』, IVP

Compassion: A Reflection on the Christian Life (1982), Penguin Random House

이 도전적인 책은 "우리 세상에서 어떻게 긍휼을 품고 살아갈 것인가?"라는 질문에 대한 답이다. 그 주제를 하나님과 그분의 긍휼, 제자도와 인내의 실천, 기도 훈련과 행동 반응 등 3부에 걸쳐 고찰한다. 긍휼히 여기는 삶의 모본이신 예수님께 크게 주목한다.

17. 『위로의 편지: 어머니를 회상하며』, 가톨릭출판사

A Letter of Consolation (1982); *In Memoriam*과 함께 *A Sorrow Shared*로 복간됨 (2010), Harper Collins

어머니를 사별한 지 6개월 만에 나우웬이 12일에 걸쳐 아버지에게 쓴 편지다. 3년 후 그는 자신의 슬픔의 "열매"를 다른 사람들도 "맛보아야" 한다고 믿고 이 편지를 책으로 펴내기로 했다. 어머니의 죽음이 특히 그리스도인인 자신과 아버지의 삶에 어떤 의미인지를 탐색한 글이다. 나우웬 가정사가 많이 상술된 매우 사적인 책이지만, 다루어진 여러 주제는 사랑하는 이를 잃은 사람이라면 누구에게나 위로가 된다.

18. 『주님, 감사합니다』, 아침영성지도연구원

Gracias!: A Latin American Journal (1983), Harper Collins / Orbis

선교사의 소명을 타진하고자 페루에 체류한 6개월간의 일기집이다. "앞으로 라틴아메리카에서 살며 활동하는 게 나를 향한 하나님의 부르심일까?" 이 물음에 답하려는 나우웬의 노력이 기록되어 있다. 지극히 개인적인 글이면서 또한 교회가 어떻게 세상 속에 현존해야 하는가에 대한 요긴한 주해이기도 하다.

19. 『두려움을 이긴 사랑: 순교자의 사랑 이야기』, 그루터기하우스

Love in a Fearful Land: A Guatemala Story (1985), Ave Maria / Orbis

친구인 존 베시 신부의 초청으로 나우웬이 과테말라의 산티아고 아티트란 교구를 방문한 열흘간의 기록이다. 베시는 1981년 7월 28일에 피살된 스탠 로더 신부의 후임으로 그곳에 파송되었다. 친구이자 동료로서 나우웬과 동행한 피터 웨스켈이 이 여정을 사진에 담아냈다. "한 순교자의 삶과 그 후임자에 대한" 책이다.

20. 『두려움을 떠나 사랑의 집으로』, 포이에마

Lifesigns: Intimacy, Fecundity and Ecstasy in Christian Perspective (1986), Penguin Random House

프랑스 트로슬리의 라르쉬 공동체에 거주할 때 쓴 이 책에서 나우웬은 요한복음을 상고하면서 하나님과의 교제(친밀함), 많은 열매(풍성함), 충만한 기쁨(희열)이라는 주제를 탐색한다. "두려움의 집"에서 "사랑의 집"으로 옮겨 가자고 초대한다. 그의 1985년 하버드 강연을 풀어낸 책 *Following Jesus: Finding Our Way Home in an Age of Anxiety* (『예수의 길』, 두란노)와 함께 읽으면 좋다. 라르쉬로 이주하기 전의 이 강연에서 그는 많은 동일한 주제를 다른 각도에서 살펴본다.

21. 『헨리 나우웬의 영성 편지』, 복있는사람

Brievan aan Marc: over Jezus en de Zin van Het Leven (1987); *Letters to Marc about Jesus: Living a Spiritual Life in a Material World* (1988), Harper Collins / Darton, Longman & Todd

책의 발단은 네덜란드인 독자층을 대상으로 그리스도인의 삶에 대한 책을 써 달라는 출판사의 청탁이었다. 이에 나우웬은 자신의 19세 조카 마크에게 그 주제로 편지글을 쓰기로 했다. 결국 예수님에 대한 그리고 우리의 존재 의미에 대한 나우웬의 사상으로 초점이 옮겨 갔다. 서간체를 유지했지만 출간할 원고는 훨씬 넓은 독자층을 염두에 둔 것이었다. 프랑스 트롤리브로이의 라르쉬 공동체에 거주한 1986년 2월부터 9월까지 그는 모두 일곱 통의 편지를 썼다.

22. 『주님의 아름다우심을 우러러』, 분도출판사

Behold the Beauty of the Lord: Praying with Icons (1987), Ave Maria

이 짤막한 책에서 나우웬은 독자를 초대하여 동방정교회의 네 가지 성상을 관상하게 한다. 삼위일체 성상, 블라디미르의 성모 성상, 즈베니고로드의 구세주 성상, 성령 강림 성상인데 그에 따르면 각 성상에 특별한 초대가 담겨 있다. 첫째는 사랑의 집에 살라는 초대, 둘째는 하나님께 속하라는 초대, 셋째는 하나님의 얼굴을 보라는 초대, 넷째는 세상을 해방하라는 초대다. 이 네 가지 성상을 잘 관찰함으로써 독자의 "삶 속에 사랑과 위엄으로 임재하시는 하나님에 대한 인식이 깊어지기를" 그는 바랐다.

23. 『데이브레이크로 가는 길』, 포이에마

The Road to Daybreak: A Spiritual Journey (1988), Darton, Longman & Todd / Penguin Random House

나우웬의 세 번째 간행된 일기집이다. 1985년 8월부터 이듬해 9월까지 쓴 이 일기에 학계를 떠나 라르쉬 데이브레이크에 합류하기까지의 그의 분별 과정이 기록되어 있다. 캐나다 토론토 인근에 있는 데이브레이크는 지적 장애인들과 함께하는 생활 공동체다. "어떻게 끝까지 예수님을 따를 것인가?" 자신에게 그렇게 묻고 답하는 과정에서 그는 마음이 동해 매일의 삶을 글로 기록했다.

24. 『예수님의 이름으로』, 두란노

In the Name of Jesus: Reflections on Christian Leadership (1989), Crossroad

그리스도인 지도자를 위한 나우웬의 고전이다. 지도자에게 닥쳐오는 영적 도전과 유혹을 다분히 개인 차원에서 간명하게 풀어냈다. 나우웬은 리더십의 실천을 묵상 기도, 고백, 신학적 사고라는 영성 훈련과 연계한다. 예수님이 광야에서 시험받으신 이야기와 베드로가 목자로 부름 받은 이야기를 통해 현대 지도자에게 세 가지 이행을 제안한다. 현실 지향에서 기도하는 삶으로, 인기 관리에서 진정한 목양으로, 인도하는 자리에서 인도받는 자리로 이행하라는 것이다. 100여 페이지의 적은 분량이지만 많은 사람이 해마다 다시 읽는 책이다.

25. 『나의 마음이 님의 마음에다』, 성바오로

Heart Speaks to Heart: Three Gospel Meditations on Jesus (1989), Ave Maria

예수 성심의 헌신을 현대적으로 해석해 달라는 청탁을 받고 쓴 아주 짤막한 책이다. 대신 나우웬은 "예수님의 마음이 내 마음을 만지시게 하기로" 하고 세 편의 묵상을 기도문 형식으로 써서 그분의 마음에 바친다. 의심과 충정과 연약함으로 씨름하는 그의 내밀한 마음을 엿볼 수 있다. "이 기도를 올리는 사람마다 예수님의 마음에서 흘러나와 치유하고 새롭게 하는 사랑도 경험하기를" 그는 바랐다.

26. 『예수님과 함께 걷는 삶』, IVP

Walk with Jesus: Stations of the Cross (1990), Orbis

나우웬이 1989년 교통사고를 당해 병원에서 회복 중일 때 화가이자 삽화가인 헬렌 데이비드 브라카토 수녀가 그린 십자가의 길 15처소의 연작을 보며 쓴 책이다. 세상의 빈민을 접하며 받은 인상으로 각 그림에 대한 짤막한 묵상을 쓰되, 그 생생한 잔상을 그는 예수님의 수난과 부활 그리고 자신의 고난과 외로움과 희망의 여정과 연계한다. 나아가 독자를 그리스도인의 참모습과 이어 준다. 예수님과 친밀한 사람일수록 상처 입은 세상과 연대해야 한다는 것이다.

27. 『거울 너머의 세계』, 두란노

Beyond the Mirror: Reflections on the Life and Death (1990), Crossroad

1989년에 나우웬이 목숨을 잃을 뻔했던 사고를 당한 직후에 쓴 책이다. "하나님을 새롭게 알게" 해 주고 자신의 소명과 정체성을 명확히 깨우쳐 준 임사 체험을 기록했다.

28. 『이는 내 사랑하는 자요』, IVP

Life of the Beloved: Spiritual Living in a Secular World (1992), Crossroad

나우웬의 고전이다. "삶이란 결국 무엇인가?"를 고민하는 세속 사회인들을 위해 영성에 관한 책을 써 달라는 친구 프레드 브래트먼의 부탁을 받고 1990년부터 썼다. 프레드와 그의 친구들에게 보내는 편지글 형식의 이 책에는 우리 모두가 하나님의 사랑받는 자녀로서 그 정체성을 진리로 믿고 살아갈 수 있다는 나우웬 특유의 통찰이 남겨 있다. 브래트먼의 세속 세계관으로 보기에는 너무 종교적인 책이었지만, 그동안 수많은 독자에게 감화를 끼쳤고 지금도 나우웬의 베스트셀러 중 하나다.

29. 『탕자의 귀향』, 포이에마

The Return of the Prodigal Son: A Story of Homecoming (1992), Penguin Random House

나우웬의 고전이자 최고의 베스트셀러다. 6주간의 강연 여행에 지친 그는 프랑스 라르쉬 공동체에서 쉬던 중 렘브란트의 그림 〈탕자의 귀향〉에 심취한다. 그림 속 세 주인공 각자에게 동화하면서 전통적 비유를 참신하게 해석하다가 이런 결론에 이른다. "나는 작은아들이자 큰아들이기도 하지만 거기에 머물러서는 안 되고 아버지가 되도록 부름 받았다." 결국 사랑에 대해 그가 하려는 모든 말을 담아낸 작품이 되었다.

30. Jesus and Mary: Finding Our Sacred Center (1993)

절판되었다가 *Finding Our Sacred Center: A Journey to Inner Peace* (2011)에 일부 수록됨, Twenty-Third Publications

마리아에 대한 설교와 나우웬의 루르드 순례 여정 등 두 편의 영성 에세이가 수록된 짤막한 책인데 절판되었다. 그의 루르드 여행에 대한 에세이는 *Finding Our Sacred Center: A Journey to Inner Peace* (Twenty-Third Publications, 2011)에 다시 실렸으나 이 책도 절판되었다.

31. 『여기 지금 우리와 함께하시는 하나님』, 은성

Here and Now: Living in the Spirit (1994), Crossroad

사역 연차 40년이 지나 60대의 나이에 들어서까지도 영적 삶을 보는 나우웬의 관점이 늘 한결같았음을 보여 주는 책이다. 현재로 산다는 것, 기쁨, 고통 겪어내기, 회심, 삶의 훈련, 영적인 삶, 기도, 긍휼, 가족, 인간관계, 나는 누구인가 등 총 11장으로 구성되어 있다.

32. 『죽음, 가장 큰 선물』, 홍성사

Our Greatest Gift: A Meditation on Dying and Caring (1994), Harper Collins

1993년 라르쉬 데이브레이크의 핵심 멤버 중 하나인 모리스 굴드가 사망한 직후에 쓴 책이다. 두 부분으로 나누어 "죽음을 잘 맞이하기"와 "죽음을 앞둔 사람을 돌봄"을 다루었다. 1부의 주제는 죽음과 친해지고 죽음을 준비하여 온 인류와 연대하는 것이고, 2부는 각자의 죽음을 받아들여야 두려움 없이 서로를 잘 돌볼 수 있다는 내용이다.

33. 『뜨거운 마음으로』, 분도출판사

With Burning Hearts: A Meditation on the Eucharistic Life (1994), Orbis

엠마오로 향하던 두 제자 이야기를 통해 독자에게 성만찬의 의미를 더욱 깊이 깨우쳐 주는 책이다. "어떻게 내 삶 전체가 성만찬이 될 수 있으며, 어떻게 매일의 성찬식이 그것을 가능하게 할까?" 이 물음에 대한 나우웬의 답이다. 상실, 현존, 초청, 교제, 선교 등 성찬식의 다섯 가지 주요 측면에 초점을 맞추었으며, 특히 원망에서 감사로 넘어가는 영적 이행에 주목한다.

34. 『영성에의 길』, IVP

The Path Series (1995); *Finding My Way Home: Pathways to Life and the Spirit*으로 간행됨 (2001), Crossroad

라르쉬 데이브레이크 공동체의 최중증 장애인 중 하나인 아담을 돌보며 배운 교훈을 담아낸 소책자사. "능력의 길"에서는 세상 권력, 투텍삼, 하나님의 능력 등의 주제를 탐색한다. "평안의 길"은 더 넓은 세상에 평화를 이루려면 우선 우리 마음부터 평안을 얻어야 한다는 내용이다. "기다림의 길"에서 기다림은 삶에 임하는 기본자세다. 성경의 여러 이야기를 통해 나우웬은 하나님을 기다림과 하나님의 기다림이라는 두 주제를 살펴본다.

35. 『마음에서 들려오는 사랑의 소리』, 바오로딸

The Inner Voice of Love: A Journey Through Anguish to Freedom (1996), Penguin Random House

나우웬의 고전이다. 간행된 때는 그의 돌연사 직전인 1996년이지만 집필 기간은 1987년 12월부터 이듬해 6월까지다. 우울증이 깊던 시기에 자신에게 쓴 62개의 "영적 명령문"으로 이루어져 있다. 모두 자신만을 위한 명령이라서 "비밀 일기"라 칭하던 것을 웬디 그리어를 비롯한 친구들의 권유로 일반 독자에게 공개했다.

36. 『이 잔을 들겠느냐』, 바오로딸

Can You Drink the Cup? (1996), Ave Maria

이 책의 출발점은 마태복음 20:20-23의 성경 본문이다. 예수께서 세베대의 두 아들 야고보와 요한에게 "내가 마시려는 잔을 너희가 마실 수 있느냐"라고 물으시는 장면이다. 나우웬에 따르면 이는 우리 모두 앞에 놓인 중대한 영적 도전이다. 예수님이 마시신 잔을 우리도 마실 수 있을까? 우리도 그분처럼 각자의 삶이라는 잔을 들어 올려 그대로 살아 내고 마실 것인가?

37. 『안식의 여정』, 복있는사람

Sabbatical Journey: The Diary of His Final Year (1997), Darton, Longman & Todd/Crossroad

나우웬이 안식년인 1995-1996년에 쓴 일기집이다. 안식년이 끝날 무렵인 1996년 9월에 그가 타계함에 따라 책은 사후에 간행되었다. 헨리 나우웬 유작 관리인인 수 모스텔러 수녀가 서문을 썼고 나우웬 사후에 일기를 편집하여 출간했다.

38. 『아담: 하나님이 사랑하시는 자』, IVP

Adam: God's Beloved (1997), Orbis

장애인 친구 아담 아네트가 죽은 후에 쓴 책이다. "관에 누운 아담의 시신을 보는 순간부터 이 사람의 삶과 죽음이 내게 신비로 다가왔다……. 그의 죽음은 내게 깊은 감화를 끼쳤다. 어떤 책이나 교수보다도 그가 더 나를 예수께로 이끌었기 때문이다." 생애 마지막 해에 집필되어 사후에 간행된 이 책에는 그리스도인 나우웬의 깊은 확신이 담겨 있다.

39. 『영혼의 양식』, 두란노

Bread for the Journey: A Daybook of Wisdom and Faith (1997), Harper Collins

그리스도인의 영적 삶에 대한 365편의 묵상으로 이루어진 책이다. 생애 마지막 해에 쓴 나우웬의 묵상에 그의 신앙과 신조가 고스란히 드러나 있다. 다루어진 주제는 예수님, 말씀과 성찬, 교회, 부활, 성도의 교제, 천국, 지옥, 그리스도의 재림과 종말 등이다.

이상의 책 설명은 개브리엘 언쇼가 작성한 초안을 2023년 1월 22일 헨리 나우웬 유작센터의 리사 피어슨이 편집한 것이다.

그룹 나눔 자료

함께 이야기하기 위하여

『날다, 떨어지다, 붙잡다』를 공저한 헨리 나우웬과 캐럴린 휘트니브라운은 지적 장애가 있는 이들과 그렇지 않은 이들이 상부상조하는 라르쉬 공동체에 거주했다. 그룹 나눔에서 이 가이드를 사용할 거라면 미리 계획하라. 누구나 다 책을 빨리 또는 쉽게 읽지는 못하는 법인데 어떻게 그룹에 속하려는 사람을 전부 초대하여 함께할 것인가?

책을 미리 읽어 오거나 모여서 부분부분 낭독하는 것도 좋다. 헨리의 경험은 로드레이 공중그네 곡예단의 공연을 보면서 시작되었다. 유튜브 채널 "헨리 나우웬과 캐럴린 휘트니브라운"에서 공연 동영상을 볼 수 있다.

사람마다 안전하게 환영받는 느낌이 들게 해 주라. 서로 나눌 시간을 주되 중간에 말을 끊거나 비판하지 말고 기밀을 유지하라. 시간을 들여 서로의 말을 깊이 경청하라. 발언이 끝날 때마다 한동안 침묵하여 저마다의 독특하게 기여하는 부분을 충분히 흡수하라. 마음과 경험을 나눈다는 것은 너그러이 베푸는 행위인

만큼 모임을 마칠 때마다 잊지 말고 서로에게 감사를 표하라.

머리말

1 공중그네 곡예처럼 이 책도 단독 공연이 아니다. 책의 두 저자와 그들의 관계에 대해 우리가 아는 바는 무엇인가? 로드레이 스티븐스와 데니 울터켄스도 어떻게 이야기를 전하는 캐럴린 휘트니브라운 팀의 일원인가?
2 헨리 나우웬이 로드레이 공중그네 곡예단의 이야기를 쓰고 싶었던 이유는 자신의 경험을 독자에게 나누고 싶었기 때문이다. 캐럴린은 로드레이가 헨리의 네덜란드 장례식에 참석하는 데서부터 이야기를 전개한다. 머리말을 통해 당신이 헨리에 대해 알게 된 것은 무엇인가?

제1부 소명

1 『날다, 떨어지다, 붙잡다』는 위기 상황으로 시작된다. 그 위기는 무엇인가? 당신의 삶이나 당신에게 중요한 사람의 삶에 찾아왔던 위기에 대해 말해 보라.
2 헨리가 즐겨 설명하던 대로 단어 "소명"은 "부르다"라는 뜻의 라틴어 vocare에서 유래했다. 캐럴린은 제1부 제목을 "소명"으로 정했는데, 거기에 등장하는 소명은 어떤 것들인가? 살아오면서 당신이 부름 받았다고 느껴진 때나 당신이 누군가를 부르던 때를 떠올려 말해 볼 수 있을까?
3 처음 경험한 로드레이 공중그네 곡예단을 회고하면서 헨리는 그들의 공연을 통해 "여태 이해하지 못했던 세계를 엿볼 수 있

었다. 훈련과 자유, 다양성과 조화, 모험과 안전, 개성과 공동체, 무엇보다도 나는 동작과 잡는 동작이 어우러진 세계였다"라고 설명한다(30쪽). 그의 첫 경험에 수반된 이런 다양한 차원을 생각해 보라. 당신이 뭔가에 대해 뜻밖에 강한 신체 반응을 보인 적은 언제인가? 그 경험을 이야기해 보라.

제2부 낙하

1 제2부에서 헨리는 관계 덕분에 자신도 낙하할 수 있음을 깨닫는다. "개인은 아무리 훌륭하고 강해도 금세 지치고 낙심하지만, 저항 공동체는 끝까지 버텨 낼 수 있다. 구성원들이 약해져서 절망하는 그 순간에도 말이다. 평화 유지가 지속되려면 우리가 더불어 살면서 힘을 합해야만 한다"(99쪽). 공동체 소속은 절망의 때에 헨리에게 어떻게 도움이 되었는가? 당신의 삶에 있었던 "낙하"나 실패나 탈진이나 절망의 시기를 생각해 보라. 끝까지 견딜 수 있었던 이유는 무엇인가?
2 8장에서 헨리는 두 공연을 보던 일을 회고한다. 하나는 티나 터너와 데이비드 보위의 공연이고 또 하나는 바흐의 마태 수난곡을 노래하는 성가대다. 이어지는 설명대로 그는 양쪽 모두에 마음에 끌린다. 현 시점의 삶에서 당신이라면 어느 쪽 공연에 더 마음이 끌리겠는가? 그 이유는 무엇인가?
3 아담의 아침 일과를 도와주라는 부탁을 받았을 때 헨리는 몹시 불편했다. "나는 아담의 방으로 들어가 이 낯선 사람을 깨우기가 두려웠다"(111쪽). 관계를 가꾸고 한 인간으로서 성장하기 위해 당신이 두려움을 극복해야 했던 때가 기억나는가? 당신을 도와준 사람들이 있는가?

제3부 팀워크

1 헨리는 이렇게 썼다. "처음부터 느꼈지만 이 단체는 정말 사이가 좋아야 한다. 내가 보기에도 그들은 이 일을 정말 재미있게 즐겼다. 그들의 열정이 내게도 고스란히 전염되었다"(21쪽). "그래서 어떻게 협력하고 함께 연습하는가 등도 전체의 한 중요한 요소다. 그들은 서로의 사정에 정말 민감하다"(130쪽). 로드레이 공중그네 곡예단의 팀워크, 데니와 응급 구조대의 팀워크, 공저자인 캐럴린 휘트니브라운과 헨리 나우웬의 팀워크를 생각해 보라. 이런 협력과 팀워크의 이야기는 당신에게 어떤 감화를 주는가? 당신 혼자가 아니라서 뭔가를 더 성공리에 또는 더 즐겁게 할 수 있었던 때가 기억나는가?

2 "질퍽거리는 서커스장 부지로 걸어오면서 이 모두가 서로 어떻게 맞물릴까 하는 의문이 들었다. 서커스를 미화할 이유는 없다. 텐트 밖에서는 물론이고 텐트 안에서도 시시한 일이 많이 벌어진다. 그렇다고 교회를 낭만적으로 생각할 이유도 없다. 전혀 영적이지 못한 일도 거기서 많이 벌어진다. 그래도 인간의 마음은 자신의 소아보다 더 크고 위대한 무엇을 추구한다. 서커스장이나 교회에 들어서는 모든 사람은 별이나 그 너머에 이르는 뭔가를 찾고 있다"(156쪽). 당신이 속해 있는 조직이나 공동체를 생각해 보라. 그곳의 "시시한" 면은 무엇이며, 더 큰 목적과 의미를 추구하는 마음은 어떻게 표출되는가? 당신이 소속되어 있거나 당신에게 감화를 주는 공동체나 단체에 대해 나누어 보라.

제4부 잡는사람을 믿어야 한다

1 헨리는 친구 바트 개비건에게 이렇게 썼다. "나는사람이 두 팔

과 손을 뻗고 서커스장 전 구간을 날아갑니다. 그러면 잡는사람이 움직이는 그네에서 그를 잡지요. 로드레이의 말이 정말 심금을 울리더군요. '다 날아간 뒤에는 잡는사람이 알아서 해 줄 것을 믿고 내 손을 뻗어야 합니다. 내가 범할 수 있는 최악의 과오는 상대를 내가 잡으려고 하는 것이지요.' 생각해 보니 그 말 속에 이웃을 믿고, 하나님을 믿고, 사랑을 믿고, 우리의 궁극적인 안전을 믿어야 한다는 인간의 숙제가 담겨 있더군요"(238쪽). 잡는사람이 제 역할을 다하려면 어떻게 거기에 나는사람의 믿음이 전제되는가? 누군가 당신을 그렇게 잡아 준 적이 있는가?

2 상대가 잡아 준 뒤에도 나는 동작은 끝나지 않는다. 캐럴린의 설명처럼 "나는사람은 위로 솟아오를 때, 잡는사람이 자신을 잡아서 추진력을 더해 준 뒤 다른 잡는사람에게로 힘차게 보내 줄 것을 믿었다. 계속 함께 움직이는 그 속에 신뢰와 모험이 있었다"(205쪽). 누구나 자신이 나는사람처럼 더 느껴질 때도 있고, 세심하게 잡는 입장이 될 때도 있다. 살아오면서 당신이 신뢰와 모험을 동시에 경험했던 예를 떠올려 말해 보라. 당신이 보냄 받아 새로운 모험에 나섰던 적도 좋고, 당신 쪽에서 누군가를 잡았다가 보내 준 경험도 좋다.

3 1994년 전국 천주교 HIV/에이즈 사역 대회에 참석한 이들에게 헨리는 마음이 넓어진다는 은유를 이렇게 나누었다. "어쩌면 제 평생은 각종 경계선이 밀려나고 허물어지는 삶이었는지도 모릅니다. 경계선이 하나씩 무너질 때마다 두려웠지요. …… 저 자신에게 하는 말이자 여러분에게도 해당되는 부분이 있겠지만, 경계선이 허물어지면 우리는 때로 불안해져서 이렇게 말합니다. '이제 어디에 선을 긋지? 여긴가, 아니면 여긴가? 이게 다인가?' 이제 더는 그런 게 없습니다. 문득 알고 보면 우리 마음이 넓어지고 있으며 이 확장에는 경계선이 없습니다"(231-232쪽). 경계선이 해체되어 마음이 무한히 넓어진다는 헨리의 은유에 당신

도 공감하는가? 왜 그렇거나 그렇지 않은가?

제5부 비행

1. 캐럴린은 제4부 "잡는사람을 믿어야 한다"를 헨리의 이런 말로 맺는다. "그런데 몸이 영적인 이야기를 합니다"(250쪽). 1994년 전국 천주교 HIV/에이즈 사역 대회에서 그는 이렇게 말했다. "알고 보니 몸은 결코 그저 은유가 아닌데, 저는 여태 몸을 다분히 은유로 보고 살아왔더군요. 정작 몸이라는 실재 속에 존재하면서도 그 몸으로 사는 게 자꾸만 더 두려웠습니다. 전체 의미를 아직 몰라 다 말할 수는 없지만, 몸의 의미를 제대로 찾아내야 한다는 것만은 압니다. 저는 성령의 성전으로 성육신하여 몸속에 존재하니까요. 저 자신에게 제가 편해져야 하나님과도 온전히 친밀해질 수 있습니다. 그분이 거하시는 집인 제 몸이 제게도 편해지는 거지요. 이번 대회에서 제가 배웠듯이, 몸이 되어 몸으로 사는 길은 딱 하나가 아니라 많아도 아주 한참 많습니다"(278쪽). 자기 몸과의 관계에 대한 헨리의 새로운 인식이 어떻게 그가 라르쉬와 로드레이 공중그네 곡예단을 경험한 데서 비롯했다고 보는가? 몸이 영적인 이야기를 하는 것을 당신은 그동안 어떻게 경험했는가?

2. 캐럴린의 상상 속에서 헨리는 자신의 일생을 되돌아본다. 편안하고 익숙한 환경에서 과감히 벗어나 두려움을 떨치고 자신의 마음을 따라간다. "로드레이 곡예단은 제게 간접적으로 이렇게 말합니다. 두려워하지 말고 조금 나아가서, 두려워하지 말고 2회전이나 3회전이나 수평 회전을 몇 번씩 해 보라고요. 잡는사람을 막상 놓쳐도 그물이 받쳐 줄 테니 걱정할 게 뭐 있나요? 결국은 믿고 모험하는 거지요. 계속 믿는 겁니다. 그게 제 삶에도

그대로 적용됩니다. 삶은 새로운 가능성과 새로운 모험으로 가득하지요. 저도 자꾸 시도해서 삶을 탐험하고 싶을 뿐입니다"(310쪽). 헨리의 이야기가 어떻게 당신 안에 다른 사람들과의 새로운 모험에 나서려는 갈망을 불러일으킬 수 있을까?

맺는말

1 헨리와 캐럴린이 책 전반에 걸쳐 새로운 이미지로 구축한 영적 삶이란 곧 아름다움과 훈련과 재미와 팀워크가 수반되는 공동체의 경험이자 평화 유지의 행위다. 나우웬이 숨을 거두자 그의 가족과 여러 공동체가 모여 두 번의 장례식, 세 개의 관, 두 번의 매장으로 그의 생애를 기렸다! 캐럴린은 헨리의 감사와 격려의 말로 책을 마무리한다. "감사하게도 우리는 힘을 합할 수 있습니다. 서로를 위해 기도합시다. 앞으로 우리가 해 나갈 일에 용기와 확신과 신뢰가 충만하도록 기도합시다"(316쪽). 책을 읽고 나서 "용기와 확신과 신뢰"라는 세 단어가 당신에게 어떻게 다가오는가?

날다, 떨어지다, 붙잡다

완전한 자유에 눈뜨는 뜻밖의 이야기

초판 1쇄 인쇄 2023년 8월 14일
초판 1쇄 발행 2023년 8월 25일

지은이	헨리 나우웬·캐럴린 휘트니브라운		
옮긴이	윤종석		
펴낸이	박명준		
편집	박명준	펴낸곳	바람이 불어오는 곳
디자인	김진성	출판등록	2013년 4월 1일 제2013-000024호
제작	공간	주소	03041 서울 종로구 자하문로 5, 5층
		전자우편	bombaram.book@gmail.com
		문의전화	010-6353-9330 팩스 050-4323-9330
		홈페이지	bombarambook.com

ISBN 979-11-91887-14-3 03840

- 이 책의 판권은 지은이와 바람이 불어오는 곳에 있습니다.
  이 책의 내용의 전부 또는 일부를 재사용하려면 반드시 양측의 서면 동의를 받아야 합니다.

- 잘못된 책은 구입하신 곳에서 교환할 수 있습니다.

바람이불어오는곳은
삶의 여정을 담은 즐거운 책을 만듭니다.

🅕 🅞 bombaram.book